ESCUCHO SU Susurrar

Un encuentro con el corazón de Dios

BroadStreet
ESPAÑOL

BroadStreet Publishing® Group, LLC
Savage, Minnesota, USA
BroadStreetPublishing.com

ESCUCHO SU *Susurrar*: Un encuentro con el corazón de Dios

ISBN: 978-1-4245-6872-7 (piel símil)

e-ISBN: 978-1-4245-6873-4 (libro electrónico)

Las citas bíblicas que están en itálico expresan el énfasis de los autores.

Las ediciones en stock o personalizadas de los títulos de BroadStreet Publishing se pueden comprar al por mayor para uso educativo, comercial, ministerial, de recaudación de fondos o promoción de ventas. Para obtener información, envíe un correo electrónico a pedidos@broadstreetpublishing.com.

Diseño de portada e interior por Garbor Design | garborgdesign.com

Traducción, adaptación del diseño y corrección en español por LM Editorial Services | lmeditorial.com | lydia@lmeditorial.com con la colaboración de Yvette Fernández-Cortez (traducción) y www.produccioneditorial.com (tipografía)

Impreso en China / Printed in China
24 25 26 27 28 * 6 5 4 3 2 1

Introducción

Es bueno estar a solas con Jesús en las primeras horas de la mañana. Muchas veces, antes de que salga el sol, pasamos tiempo escuchando a Dios y oyendo la voz que hemos llegado a amar. Dios les susurra a quienes lo buscan. Sí, su voz es un estruendo poderoso, pero Él también susurra sus palabras de amor en nuestro corazón.

Amamos y servimos a Dios, quien se deleita en escuchar nuestra voz cuando oramos. Cuán dichosos podemos ser cuando el Dios de gloria escucha nuestros suspiros y nuestro clamor. Incluso nuestras lágrimas son palabras líquidas, y Él puede leerlas todas. Nuestro Dios responde a las oraciones. Él nos susurra sus mensajes de amor y verdad.

La oración puede tener dos lados. Nosotros clamamos y Él nos responde con su enorme amor, susurrando en nuestro corazón: «Te conozco. Veo lo que estás atravesando y te ayudaré». Hoy puedes inclinarte hacia el corazón de Dios y escuchar personalmente las palabras que Él te diga.

Esta es una compilación de los mensajes de amor que hemos escuchado en nuestro corazón. Aunque Dios nos ha dado estas palabras en lo personal, cada suspiro también tiene una aplicación para la vida. Por ejemplo, Dios nos permite, a cada uno, que sepamos que Él es suficiente y que respondamos a la invitación que nos hace para que le entreguemos nuestro corazón. Dios no está mudo. Él tiene voz, y nosotros podemos escucharlo. Confiamos en que estos susurros encenderán el deseo para escuchar la voz gentil de Dios.

Los susurros no reemplazan la palabra de Dios eterna e inspirada. La Biblia habla claramente y nos da la verdad sin filtros. Mantén tu Biblia a la mano mientras lees estas páginas. Escudriña las Escrituras para asegurarte de que los susurros están de acuerdo con la Palabra de Dios. Dios ama a su pueblo y anhela que su gente lo conozca, que escuche su voz y obedezca su Palabra.

Dedicatoria

Quiero agradecer a Gretchen Rodríguez por escribir este proyecto junto conmigo. Nuestros publicistas y amigos de BroadStreet Publishing Group también merecen nuestro agradecimiento de todo corazón.

Y, claro está, quiero agradecer al Dios Padre, al Espíritu Santo y a mi Señor Jesucristo por su amor infinito en el que yo apenas empiezo a profundizar. ¡Gracias, gracias a *ti,* Dios mío!

Brian Simmons

Enero

Te amo porque eres mi hijo

Te amo sencillamente porque eres mi hijo, y por eso, te disfruto. No te hice para que pudieras andar cumpliendo mis órdenes. Te creé porque quería compartir mi amor contigo. Antes de que te formara en el vientre de tu madre, yo te anhelaba y te tenía en mi corazón.

No te hice para que pudieras *hacer* algo por mí. Sencillamente quiero derramar mi amor en ti, sin reservas. Es un amor tan profundo que es difícil describirlo en palabras. Eso es lo que siento por *ti*. Yo no te di un listado de cosas por hacer cuando naciste. Tampoco te creé como parte de una producción en masa. Empecé a derramar amor en ti cuando estabas en el vientre de tu madre. Te formé sin prisas y tejí cada detalle de tu ser. Te amo sencillamente porque sí.

Pues Dios amó tanto al mundo que dio a su único Hijo, para que todo el que crea en él no se pierda, sino que tenga vida eterna. Dios no envió a su Hijo al mundo para condenar al mundo, sino para salvarlo por medio de él.

JUAN 3:16-17

Quiero que cada parte de ti sea libre

Quiero que seamos uno, quiero que vivas en unidad conmigo. Déjate fusionar completamente conmigo: espíritu, mente y cuerpo. Quiero que percibas mi presencia en tu espíritu, tu mente y en tu cuerpo. Estoy tan cerca de ti como lo está tu respiración.

Quiero que cada parte de ti sea libre. Cuando tus problemas consumen tu mente, no estás sintiendo la plenitud de mi amor. Quiero que encuentres la libertad verdadera en una unidad completa conmigo. Así que concentra tus pensamientos y tu alma en mí. Confía en mí, y entrégame completamente tu voluntad. Deja tus preocupaciones en mis manos. Yo quiero tomar tus cargas y temores. Deja que yo tenga el control, y finalmente podrás sentir la libertad y la unidad conmigo. Déjame darte la paz que anhelas.

Por lo tanto, permitir que la naturaleza pecaminosa les controle la mente lleva a la muerte. Pero permitir que el Espíritu les controle la mente lleva a la vida y a la paz.

ROMANOS 8:6

Mírate a través de mis ojos

Quiero que te veas a ti mismo con ojos de amor y aceptación. Tú crees en mí y en mi amor por ti, y yo quiero que también creas en ti. Permite que tu confianza en mí crezca grandemente, especialmente en las áreas donde te sientes fuera de lugar y tienes temor. Veo tus debilidades, pero aun así, ¡yo creo en ti!

En vez de verte al espejo y dudar de ti mismo, confía en mi juicio. He dicho que todo lo puedes hacer a través de mí. Si no lo crees, entonces no solo dudas de ti mismo, sino también de mí. Eres más poderoso de lo que crees. La sabiduría de todos los tiempos vive en ti. ¡Tienes todo mi favor! Te he dado dones únicos para que los compartas con el mundo. ¡Eres una obra maestra! Yo te ungí. Eres mi novia radiante, llena de mi gloria. Confía y halla tu fortaleza en mí. No portes una máscara que oculte quien eres. Te formé tal como eres y yo no cometo errores. Descubre profundidades grandiosas en mí, y en el proceso, descubrirás más sobre ti mismo.

Nosotros sabemos cuánto nos ama Dios y hemos puesto nuestra confianza en su amor. Dios es amor, y todos los que viven en amor viven en Dios y Dios vive en ellos; y al vivir en Dios, nuestro amor crece hasta hacerse perfecto. Por lo tanto, no tendremos temor en el día del juicio, sino que podremos estar ante Dios con confianza, porque vivimos como vivió Jesús en este mundo.

1 Juan 4:16-17

Te ofrezco la visión verdadera

De ahora en adelante, deja a un lado tu ceguera y recibe el ungüento que sanará tus ojos, la revelación de mi amor, y mira todo de una manera distinta. Quiero que seas conocido como un hijo del Dios viviente cuando hables con pureza y visión clara. Cuando tus ojos hayan sanado y tu dirijas tu mirada a mi trono, te mostraré los secretos de lo que ha de venir.

Hoy, te doy una *visión verdadera* que brota de la revelación y el entendimiento. Tus ojos recibirán unción para ver por encima del presente con una fe que confía en las realidades invisibles. Te formé para que vieras claramente, por encima de los ilusionismos con los que el enemigo procura distraerte. Te he dado este don de la gracia que discierne para que puedas llegar esperanza a los que han perdido la valentía, para que puedas permanecer confiado, sabiendo que mi verdad prevalecerá cuando pulule el caos abrumador. Lleva este ungüento de amor que sana los ojos a la gente, y observa lo que haré mientras tú pronuncias mis palabras y ves con mis ojos.

Así que te aconsejo que de mí compres oro—un oro purificado por fuego—y entonces serás rico. Compra también ropas blancas de mí, así no tendrás vergüenza por tu desnudez, y compra ungüento para tus ojos, para que así puedas ver. Yo corrijo y disciplino a todos los que amo. Por lo tanto, sé diligente y arrepiéntete de tu indiferencia.

APOCALIPSIS 3:18-19

Disfruto la caricia de tu adoración

Me encanta que me adores, que me des tu afecto más profundo. Nunca retengas lo que yo más atesoro: tu alabanza, tu voz, tus canciones de adoración. Son como una caricia para mí. Tu adoración está especialmente perfumada para que yo me deleite; es preciada y de gran valor para mí. Pagué por ella con la muerte de mi Hijo muy amado para que tú pudieras disfrutar la adoración como nunca. Cuando surge de tu corazón, yo la llevo a mi trono; es una ofrenda de amor muy hermosa.

Hoy abriré una dimensión completamente nueva, un elemento nuevo de tu adoración. Haré que fluya de ti en ondas de alabanza y que surja de las profundidades de la adoración. Cada vez que adores a través del dolor, surgirá como una ofrenda fragante ante mi trono.

Desde mi cámara sagrada te llamo. Ven y pasa un tiempo conmigo y ofrece esos sacrificios de alabanza. Te haré entrar a la intimidad de la cámara del séptimo cielo, donde compartiremos juntos la copa de mi amor. Así que, ven a mi herencia gloriosa. Ven y entra en el deleite del amor. Te amo, novia mía.

Que tus besos sean tan apasionantes
como el mejor de los vinos...
Sí, vino que le desciende suavemente a mi amante,
que fluye delicadamente sobre los labios y los dientes.

CANTARES 7:9

Tú eres mi herencia gloriosa

Mi deleite en ti es verdadero, pues tú eres mi herencia gloriosa. Te he tomado, te he cargado y ahora eres mío. Los seres humanos heredan casas y tierra y riquezas, pero tú eres *mi* herencia.

Tu amor es para mí el más fino de los vinos, embriagante y placentero. Tu adoración es una ofrenda que me complace cada día. Eres mi recompensa y herencia eterna. Nuestro gozo será eternamente el tenernos el uno al otro. Nada puede aminorar la felicidad que compartimos entre tú y yo. Mi Hijo sangró y murió por ti, pues tú eres el regalo de amor que le prometí cuando bajó a la tierra, la herencia gloriosa del Hijo.

Mis misericordias duran eternamente, mi bondad amorosa fluye a lo largo de tus días. Te cuidaré y protegeré tu camino, pues la sangre sagrada se entregó para que fueras mía. Anhelo bendecirte. ¡Me gozo al verte crecer! Algunos podrían decirte palabras oscuras de temor y rechazo, pero mis palabras siempre traerán vida a tu alma y fortaleza a tu corazón. Sé sensible a mi voz, y me escucharás susurrarte hoy: *Tú eres mi herencia gloriosa.*

Pido que les inunde de luz el corazón, para que puedan entender la esperanza segura que él ha dado a los que llamó—es decir, su pueblo santo—, quienes son su rica y gloriosa herencia.

Efesios 1:18

Soy suficiente para ti

Soy suficiente para ti. Cuando encuentras dificultades y limitaciones, yo susurraré en tu corazón: *yo soy suficiente.* No voy a protegerte de cada adversidad, sino que a medida que la atraviesas con tus ojos fijos en mí, sí, incluso en el más profundo dolor, yo sigo siendo suficiente. Seré tu escudo y tu fortaleza en medio de tu dificultad.

Cuando estés solo y busques compañía, yo soy suficiente. Cuando tu corazón esté afligido por muchas cosas, trae tu alma ante mí, pues yo soy suficiente. Cuando las mentiras que los hombres han dicho perturben tu mente, yo las quitaré, pues mi Palabra es suficiente.

Tus pensamientos no pueden reprimir el amor que siento por ti. Y nunca podrás comprender en tu mente los planes que tengo para ti. Yo estoy contigo. Mi Espíritu anhela satisfacer cada parte de ti: tu mente, tu alma, tus deseos, tus anhelos. Cuando llega la oscuridad, yo soy suficiente para lograr que atravieses la noche. Ven y aprende el secreto que todos mis amados aprenden: Yo soy suficiente para ti.

—No, Señor, no lo conocemos—dijo Tomás—. No tenemos ni idea de adónde vas, ¿cómo vamos a conocer el camino? Jesús le contestó: —Yo soy el camino, la verdad y la vida; nadie puede ir al Padre si no es por medio de mí. Si ustedes realmente me conocieran, también sabrían quién es mi Padre. De ahora en adelante, ya lo conocen y lo han visto.

Juan 14:5-7

Sí me oyes

Sí me oyes. A veces, lo dudas; pero hoy he venido a afirmarte. Mi voz brota de la llenura anhelante y amorosa de tu corazón. Es cuando tu mente está obsesionada con pensamientos sobre mí (y eso te aparta de todos los otros pensamientos) que me descubres surgiendo aceleradamente de tu interior. A veces, mi voz suena pacífica, silenciosa y reafirmante. Otras veces, revelo imágenes: cosas por las que quiero que ores o ideas que debes implementar. Muchas veces, la Escritura se alinea con tu corazón recordándote lo que yo ya te había dicho. En todas estas formas y más, me oyes.

Te creé para que pudieras oír mi voz, y a mí me encanta hablar contigo. Todo lo que necesitas hacer es que tu corazón esté de acuerdo con el mío. Acércate. Descansa. Fija tu atención en mí y deja que yo haga el resto. No hay que luchar para entrar en mi presencia. No se requiere poder ni esfuerzo personal, sino solamente estar frente a mí para que puedas recibir. Aquí es donde se da el abandono auténtico y el amor glorioso. El lugar de la quietud, cuando percibes el mover de mi Espíritu y sabes que yo no tengo límites en las diferentes formas en que te puedo hablar.

Mis ovejas escuchan mi voz;
yo las conozco, y ellas me siguen.

JUAN 10:27

Camina conmigo en una fe más grande

Tu fe nunca debe disminuir, pues mi Palabra está establecida eternamente en el cielo y no cambiará. Aunque se desplomaran todas las estrellas del cielo y todas las montañas se desmoronaran en el mar, mi pacto de amor y mi Palabra firme no serán sacudidos. Yo no soy el autor del temor. No soy el dios de la duda, ¡sino el Dios del sí y el amén! La confusión no es otra cosa más que polvo de la tierra, soplado por el viento por medio de la obra de tu enemigo; y esa no es tu porción. ¡La fe es tu porción! La fe es la luz que crea, faculta, sustenta y sana.

Amado, cuando tu fe parece débil, yo no te juzgo. Pero sí quiero que me pidas ayuda. Tráeme tus temores y colócalos ante mi trono. Yo soy lo suficientemente grande para manejar tus más grandes temores y dudas. Yo seré tu fortaleza frente al temor. Puedes superarlo porque yo estoy contigo. Recuerda lo que he hecho por ti en el pasado. Alábame, especialmente cuando hacerlo es un sacrificio, y yo te guiaré.

Pero nosotros no somos de los que se apartan de Dios hacia su propia destrucción. Somos los fieles, y nuestras almas serán salvas.

HEBREOS 10:39

Ven a mi encuentro hoy

Este es el día que hice. Anhelo que me encuentres en él. Procura descubrir los gozos que tengo para ti. Cree que estoy contigo, en ti y para ti. Todo lo que necesitas, no solo para *pasar* este día, sino para *disfrutarlo*, lo hallarás en mí. Permíteme ser tu confianza, tu identidad y tu provisión. Bebe del río de mi presencia que te refresca de adentro hacia afuera.

Todos los días te ofrezco el gozo de mi compañía. Me encanta la manera en que acudes a mí, incluso en medio de tus ocupaciones, y me ofreces tus pensamientos, tu canción o una mirada. Un movimiento de tu corazón hacia mí significa más que palabras reverentes, dichas trabajosamente solo por obligación. Quiero que disfrutes nuestra comunión y que confíes en que, independientemente de lo que traiga el día, yo estoy contigo en todo momento. ¿Sientes el movimiento de mi corazón acercándote a mí hoy? Respira profundo, toma mi mano y confía en mí hoy. Eso es todo lo que te pido; que tomes un día a la vez y encuentras la hermosura de mi presencia en él.

Este es el día que hizo el Señor;
nos gozaremos y alegraremos en él.

Salmos 118:24

Conoce el camino eterno

Anhelo que me conozcas y abraces mis caminos. Ven y aprende el camino eterno. Pues mis veredas te llevarán a más gozo, hasta rebalsar. Si recibes mi amor, incluso en las dificultades, conocerás el secreto de la maravilla de la eternidad. No permitas que las apariencias te engañen; mi amor triunfará en toda lucha que enfrentes. Incluso hoy, he preparado una guarida de misericordia para ti.

Quiero darte una fe ilimitada, una fe que pueda solamente venir de mí. Permíteme saturarte de un amor tan magnífico y satisfactorio que nunca volverás a dudar de él. Mi amor te quitará el descontento que has sufrido en este mundo. Te colocará en un cimiento que no podrá ser destruido por las tormentas. Si andas en mis caminos, los caminos superiores del cielo, te ayudaré a interpretar correctamente las situaciones y te daré la sabiduría necesaria para navegar cada una de ellas. Aprovecha mis caminos eternos y permíteme satisfacer los anhelos de tu alma.

Examíname, oh Dios, y conoce mi corazón;
pruébame y conoce los pensamientos que me inquietan.

Salmos 139:23

Mi gracia te sorprenderá

Te ofrezco gracia para el día de hoy. El ayer es un ladrón que procura arrastrarte al remordimiento y los recuerdos dolorosos. El mañana puede ser aterrador cuando no conoces mi corazón amoroso. Cuando fijas tu corazón en lo que puede o no deparar el futuro, abandonas el gozo de este momento. No te hice par que vivieras en el pasado o en el futuro, sino para que me disfrutes ahora mismo. Confía en mí por el porvenir y entrega el pasado en mis manos redentoras.

Este es el día que hice para ti, para que estés contento y percibas mi amor en todo. Ahora mismo, ponme como el centro de tu atención, y todo lo demás tomará el lugar que le corresponde. Que nada moleste tu gozo hoy, ni siquiera las dificultades que el enemigo esparce en tu camino. Yo soy todo y lo único que necesitas, quien te ofrece sabiduría, favor, fortaleza, paz y gozo cuando te sometes a mí en cada momento. Mantén tu enfoque en mí, y mi gracia te sorprenderá.

«Mi gracia es todo lo que necesitas; mi poder actúa mejor en la debilidad». Así que ahora me alegra jactarme de mis debilidades, para que el poder de Cristo pueda actuar a través de mí.

2 Corintios 12:9

13 DE ENERO

Te llevaré a lugares más profundos

Profundiza en mi amor victorioso que supera todas las cosas. Quiero envolverte con mi presencia y acogerte con mi amor. Los demás podrían ver este amor como una debilidad o podrían no entender su justa trayectoria; sin embargo, el amor se volverá una virtud radiante y abrasadora en tu alma. Mi amor te capacitará para que soportes todas las cosas. Usa mi fortaleza que está en ti. Siente mi presencia. Profundiza en mi amor infalible, y descubrirás el sendero de la santidad verdadera.

Este amor profundo rebosa de un tesoro glorioso que no puede interpretarse por medio de la sabiduría natural. Tus ojos se abrirán y verás tus problemas de manera muy diferente, pues tus dificultades son invitaciones a una verdad más poderosa. Cuando hayas llegado al final de tus propios recursos, mi amor te traerá milagros. El amor abrirá tu corazón hacia los demás, y los verás como oportunidades para demostrar un amor más grande. La compasión, mi compasión pura, fluirá a través de ti con un poder demoledor que abre caminos. Yo te entrego este amor profundo y más poderoso.

Dios no nos ha dado un espíritu de temor y timidez sino de poder, amor y autodisciplina. Así que nunca te avergüences de contarles a otros acerca de nuestro Señor, ni te avergüences de mí, aun cuando estoy preso por él. Con las fuerzas que Dios te da prepárate para sufrir conmigo a causa de la Buena Noticia.

2 TIMOTEO 1:6-8

Estoy preparándote

Estoy capacitándote y preparándote para los días venideros. Tu llamado es único, así como lo es la preparación por la que te estoy llevando. Nada puede estorbar lo que estoy haciendo en ti. Tendrás todo lo que he planeado, pues ¡la llenura de mi poder viene hacia ti!

Pronto, muy pronto, estarás sorprendido de los cambios que he hecho en tu vida. Pasarás de estar en las sombras a vivir en el resplandor de mi gloria, irás de la confusión a la seguridad. ¿Por qué dudas? José nunca habría llegado al lugar de gobernar y reinar si hubiera vivido en la duda; por el contrario, él tuvo fe incluso en los días oscuros de su prisión.

¡Estoy preparándote! No juzgues mis planes para tu vida por el desorden temporal que te rodea o la situación en la que te encuentras. Yo capacité a Moisés para ser mi líder, mi representante, en el desierto. Capacité a David para que fuera un guerrero en la soledad de las colinas, mientras cantaba salmos de alabanza para mí. Capacité a Juan el Bautista en la esterilidad del desierto. Así que continúa confiando por encima de lo que puedes ver, y encontrarás que mis planes se desenvuelven ante tus ojos.

Adquiere sabiduría; desarrolla buen juicio. No te olvides de mis palabras ni te alejes de ellas. No des la espalda a la sabiduría, pues ella te protegerá; ámala, y ella te guardará.

PROVERBIOS 4:5-6

Confiar en mí trae claridad

La gracia que te doy está presente incluso en la incertidumbre y la espera. Confía, y la luz brillará. Cree, y lo siguiente será el entendimiento. Pronto descubrirás que todo lo que necesitas lo encontrarás en mí.

Hay un costo para obtener un entendimiento mayor, el precio de la rendición total, la cual declara que yo soy el único Dios, y que soy lo suficientemente grande para hacerme cargo de tu situación. En cada paso que des, deja que tu corazón declare tu dependencia total en mí. Cuando cedes voluntariamente tus preguntas, temores, expectativas y dudas, confiando en que yo puedo darte claridad, mi paz asentará tu alma. Mi movimiento será un misterio para llevarte a una luz más grande. Tu confianza es una fragancia de olor dulce a la que no puedo negarme. Entrégame las riendas de tu vida, relájate y observa cómo te encamino a lugares placenteros. La espera duele menos cuando sabes que estoy justo allí contigo en medio de ella. Mi gracia poderosa se derrama en las dificultades y en tus deleites. Confía hasta que aparezca la luz del amanecer de un nuevo día.

Confía en el Señor con todo tu corazón; no dependas
de tu propio entendimiento.
Busca su voluntad en todo lo que hagas,
y él te mostrará cuál camino tomar.

Proverbios 3:5-6

Mi amor por ti es grande

Recibe aún más de mi amor. Aspíralo hasta lo más profundo de tu ser. Mi amor te transforma y cambia tu manera de pensar, tus oraciones y la esencia de tu vida. La profundidad de mi amor va más allá del entendimiento natural. Es más de lo que puedes imaginar o percibir. Se requeriría toda una eternidad para entender la maravilla de mi amor por ti. No está hecho para entenderlo a través de la doctrina o la enseñanza. Sino para ser vivido en el gozo y en la tristeza. Mi corazón está unido al tuyo, cuando sufres de dolor, yo lo sufro contigo.

Cuando ves al cielo y observas la inmensidad de mi universo, debes saber que mi amor es aún más grande. La enorme expansión del tiempo y el espacio no logran contener las profundidades de mi amor por ti. Creé todas las cosas como regalos para ti. Eres la perla de gran valor, y vendí todo lo que tenía para comprarte. Eres el tesoro escondido en el campo, y vine a este mundo para encontrarte. Nunca dudes de mi amor, ni permitas que su fuego disminuya en tu corazón. Avivaré tu corazón para que conozcas mi gran amor por ti y sientas mi deleite eterno en ti.

Mi amado es mío, y yo soy suya.
Él apacienta entre los lirios.

CANTARES 2:16

Descansa a mi lado

Los cielos han abierto sus puertas para que me traigas tus cargas. Te he sentado a mi lado en el ámbito celestial donde descansamos en unidad. Te veo a la par mía, en un lugar de descanso a mi lado. Todo lo que te ha afligido no puede entrar aquí; la puerta se cierra a lo temporal y pasajero. La eternidad está dentro de tu corazón, porque tú y yo somos uno.

A medida que ocupas tu lugar a mi derecha, absorbe la gloria que te rodea hasta que sepas que estoy cerca de ti. Te he santificado en mi presencia. Las semillas que planté en ti hace mucho tiempo empiezan a crecer. Un jardín paradisiaco florece en tu corazón mientras mi Espíritu les da vida y fruto a esas semillas dormidas. Olvidarás tu aflicción y dolor cuando este jardín crezca y emane vida en tu alma. Estarás radiante de mi gloria y degustarás mi bondad. Ven y descansa a mi lado hasta que abras tus ojos para verme cara a cara.

«Vengan a mí todos los que están cansados y llevan cargas pesadas, y yo les daré descanso. Pónganse mi yugo. Déjenme enseñarles, porque yo soy humilde y tierno de corazón, y encontrarán descanso para el alma».

MATEO 11:28-29

Deja que yo sea tu Padre amoroso

Anhelo enseñarte lo que significa ser hijo del Dios viviente. Sin importar cómo era la relación con tu padre terrenal, tú tienes un Padre en el cielo, quien siente un amor ardiente por ti. Te atesoro y te daré los frutos de tus derechos como hijo. Permíteme enseñarte los secretos de lo que significa ser mi hijo. Dirige tus ojos hacia mí y date cuenta de que tienes mi total atención.

Si los recuerdos de tu niñez te traen dolor y te impiden conocerme completamente, yo sanaré ese dolor y te daré una nueva historia en mí. Juntos escribiremos una historia nueva de amor, paciencia, ánimo y protección. Si pudiste encontrar mi amor a través de tu padre terrenal, permíteme edificar sobre eso y revelarte un camino aún más glorioso. Independientemente de tu pasado, quiero darte un nuevo marco de referencia. Quiero que sepas que yo siempre soy bueno, fiel y amable. Puedes esperar gozo. Y nunca tendrás que preguntarte si yo estaré contigo, porque tú nunca más volverás a tener una razón para dudar de mi amor.

Así que si ustedes, gente pecadora, saben dar buenos regalos a sus hijos, cuánto más su Padre celestial dará buenos regalos a quienes le pidan.

Mateo 7:11

Estás en Cristo

Te trataré de la misma manera en que trato a mi Hijo, pues te he colocado en Él, mi amado. Te consideraré como mi amado, con el favor que Jesús merece. Él ha tomado todo lo que tú merecías y lo llevó por ti en la cruz del Calvario. Ahora, tomaré todo lo que Él merece y lo pondré sobre ti. Te he colocado en Él para que yo pueda tratarte como a Él. Esto es nuestra misericordia y nuestra gracia. Nuestro regalo para ti. Nuestro deleite.

Tú habitas en mi corazón. Te he colocado dentro de la relación que tengo con mi Hijo y mi Espíritu. Te acepto completamente. Te amo infinitamente. Permite que este amor penetre en ti con una luz divina. Descansa en el conocimiento de que estás colocado firmemente en Cristo. Aférrate a este conocimiento. Deja que se filtre en lo más profundo de tu ser. Permite que cambie tu percepción de ti mismo, para que te veas como te veo yo: perfecto, santo, sin culpa. Eres mi amado.

Nadie ha visto jamás a Dios; pero el Único, que es Dios, está íntimamente ligado al Padre. Él nos ha revelado a Dios.

JUAN 1:18

Deja que mi amor te impulse a la acción

Te he llamado para hacer las obras de mi Hijo, por medio de la gracia, el poder y la unción de Cristo que está en ti. Quiero que creas, por encima del razonamiento natural, que puedes hacer todo aquello para lo que te he equipado. Entra a tu destino, alejándote de la duda, el temor y el raciocinio. Elige un estilo de vida de encuentro radical, lo cual, a su vez, derrama a través de ti con gracia y gloria. Busca oportunidades para liberar mi sentir en el mundo.

Mis hijos, al igual que tú, encuentran su identidad en mi Hijo, el cielo entero se regocija. Deléitate en la maravilla de nuestro amor. Emociónate cuando nos veas trabajar a través de ti. Sé fuerte y compasivo, deja que los milagros de amor se exhiban a través de tu vida. A medida que descubres la fortaleza de mi amor eterno, todo lo que está en ti será transformado. Debido a que yo anhelo tener un pueblo que refleje la gloria de mi Hijo. Esta es mi gloria y mi gozo. Este es tu destino. Deja que mi amor te impulse a la acción.

Estas señales milagrosas acompañarán a los que creen: expulsarán demonios en mi nombre y hablarán nuevos idiomas. Podrán tomar serpientes en las manos sin que nada les pase y, si beben algo venenoso, no les hará daño. Pondrán sus manos sobre los enfermos, y ellos sanarán.

Marcos 16:17-18

Te doy paz

¿Te frustra lo que parece como un retraso en tu avance? ¿Estás inquieto y anhelas un cambio duradero? La inquietud llega cuando quitas tus ojos de mí. Pero yo te llamo a descansar en mi paz y a verme trabajar. Deja que yo sea su descanso sabático.

Posiblemente te bombardean muchas distracciones. Las muchas voces y actividades pueden confundir tu corazón, pero en mí está la paz que trasciende todo entendimiento. No te doy lógica, sino paz; la paz que nunca puede ser perturbada ni robada si tu mente está concentrada en mí. Entra a mi océano de paz, y yo te diré las palabras que necesitas escuchar. Entra en mí y permanece en la seguridad de mi presencia. El mundo no puede darte la paz que deseas. Tu lugar está en mí. Anhelo ser tu paz tranquila en momentos de dificultad y cambio. Mis planes para ti requieren que te concentres en mí y no en las circunstancias cambiantes. Enciérrate en mí, como un prisionero de amor, y mi paz eterna te alimentará.

Pues él me ocultará allí cuando vengan dificultades;
me esconderá en su santuario.
Me pondrá en una roca alta donde nadie me alcanzará.

SALMOS 27:5

Entra en las llamas

Estoy frente a ti, haciéndote señas para que entres en las llamas de mi pasión santa. Estas llamas de pureza y de amor quemarán los residuos de la decepción, el dolor y la tristeza. Lo que el enemigo ha hecho no puede superar mi amor. Mi sangre es más que suficiente para limpiar todo trauma. Mi amor es una fuerza viva. Es sanadora, repleta de poder y capaz de libertarte completa y totalmente, de manera que hasta los recuerdos más atormentadores dejen repentinamente de doler.

No necesitas luchar para entrar a mi amor. Entrar es tan sencillo como inclinarte a mí confiando en que mi amor fiel te da la bienvenida. Puedes estar seguro de que mi oído nunca se apartará de tu clamor, que mi presencia desborda la paz que sobrepasa todo entendimiento. Siente por ti mismo la gloria de este amor. No temas las llamas de la santidad, como si no hubieras sido creado para ellas. Te creé para las glorias extravagantes y maravillosas de mi reino. Este es solamente el principio.

Yo dormía, pero mi corazón estaba atento, cuando oí que mi amante tocaba a la puerta y llamaba: «Ábreme, tesoro mío, amada mía, mi paloma, mi mujer perfecta. Mi cabeza está empapada de rocío, mi cabello, con la humedad de la noche».

CANTARES 5:2

Mi vida es victoria en ti

La victoria a la que te he llamado ya está en ti. Cuando todo parece difícil, cede a la vida mía que está dentro de ti y encontrarás gracia. Mi promesa es una promesa de victoria, y mi victoria es mi vida liberada en ti. Yo te doy mi gloria cuando me abres tu corazón más profundamente. Prueba mi victoria y descansa en mí, pues yo lo he vencido todo.

Te traje aquí a causa de mi amor tierno y apasionado por ti. Quiero mostrarte mi victoria. Quiero que aprendas de mí y tomes mi yugo fácil en tu alma y encuentres descanso. ¿Acaso no te he prometido guiarte a los arroyos tranquilos de mi paz? Te mostraré el sendero a medida que calmes tu corazón ante mí. Confía en mí y no en lo que ves. Cree en mí cuando el temor intente detener tu avance, y allí encontrarás la victoria. Incluso cuando no sabes qué hacer o qué paso dar, mi paz te guiará. Acepta mi regalo de la victoria de hoy y descansa sabiendo que yo ya estoy preparando el triunfo de mañana.

Me has dado tu escudo de victoria.
Tu mano derecha me sostiene;
tu ayuda me ha engrandecido.

Salmos 18:35

Te sanaré

Te sanaré. Tu clamor me ha conmovido y responderé cuando me pidas que me acerque. Nunca cerraré mis ojos a tu sufrimiento y jamás cerraré mi corazón a tu dolor.

Soy el Padre que infunde aliento y el Dios de toda consolación. No hay ninguna parte de ti que no pueda tocar y sanar. Te invito a entrar en mi fortaleza, el lugar de belleza donde habito. Fija tus ojos en mí. A medida que fijes tus ojos en mí y bebas de mi Espíritu, mi poder sanador se libera en tu interior. Amo a mis hijos más allá del entendimiento y les demuestro mi amor a cada momento. Mi luz sanadora viene de lo alto, y mi gracia sanadora inunda tu corazón cuando recurres a mí. Todo lo que soy es todo lo que necesitas.

Estoy dispuesto a compartir mi poder sanador contigo. Anhelo llenar cada parte de ti con mi sanidad, fortaleza y sabiduría. Aférrate a mi vida, vida eterna, y encontrarás la transformación y la esperanza como nunca la habías sentido. Ven hoy. Acércate a mí, puesto yo soy tu sanador, tu Padre y tu refugio.

Él perdona todos mis pecados
y sana todas mis enfermedades.
Me redime de la muerte y me corona de amor
y tiernas misericordias.
Colma mi vida de cosas buenas;
mi juventud se renueva como la del águila.

Salmos 103:3-5

Deseo tu alabanza

El avivamiento de corazones despiertos viene a través de la alabanza. Liberaré mi poder secreto cuando me traigas grandes alabanzas. Cuando mi siervo Daniel me alabó con sus labios llenos de fe, mi poder cerró las bocas de los leones. Verás muchos logros y a muchos enemigos silenciados a medida que me traigas alabanzas sagradas. Los ángeles esperan escuchar tus coros de alabanza. Ellos te acompañan asombrados y maravillados. Activa el poder del cielo por medio de las grandes alabanzas de tus labios.

Tu alabanza es un arma que no tiene rival. Supera tu tristeza. Celebra tu victoria. Libera fortaleza para ti. Hace que veas claramente porque quita el velo de las sombras de la incredulidad. La alabanza es valentía. Es un gozo que fluye por fe. Es una declaración de la verdad cuando el enemigo te ataca con sus mentiras. Es un sacrificio de abandono santo; una ofrenda placentera ante mis ojos. Más que el dinero o el tiempo o los talentos, deseo tus alabanzas. Pues cuando alabas, la gloria desciende.

Alaba su nombre con danza,
y acompáñala con panderetas y arpas,
porque el SEÑOR se deleita en su pueblo;
él corona al humilde con victoria.

SALMOS 149:3-4

Deja que tu adoración despierte tu destino

Recíbeme una vez más. Bebe de mi ser. Nunca digas: «ya fue suficiente», pues yo siempre tengo más que darte. Al igual que una copa recibe el vino, recibe mi amor cuando lo derramo en tu alma. Tu corazón de adorador liberará la sanidad que anhelas a medida que te saturas en el reino de mi amor y mi gloria.

Vuela a mi gloria en las alas de adoración. Abandona en mí tu espíritu de la misma manera en que las velas se abandonan en el viento. Permite que la fe vuelva a energizar tus sentimientos por mí cuando fijas tu mirada fijamente en mi rostro. Aunque el amor de muchos se enfriará, no permitas que te pase a ti. En cambio, deja que tu pasión por mí despierte tu destino, de esta manera descubrirás mis planes. Te he elegido y nunca olvidaré la adoración fervorosa que has derramado ante mí. Sacúdete la pasividad y la fe tibia, pues yo anhelo estar en una relación consumadora contigo. Yo completaré esta obra hermosa en tu corazón hasta que te parezcas a mí.

Mi corazón está confiado en ti, oh Dios; mi corazón tiene confianza. ¡Con razón puedo cantar tus alabanzas! ¡Despiértate, corazón mío! ¡Despiértense, lira y arpa! Con mi canto despertaré al amanecer.

SALMOS 57:7-8

Me encanta hablarte

Te hablaré en el silencio. Cada mañana, ven y siéntate a mis pies para aprender de la sabiduría eterna. Me encanta compartir contigo lo que tengo en mi corazón. Muchos dicen seguirme, pero nunca acallan su alma para escuchar mi voz. Yo espero para hablar contigo claramente cada día. La tarea que pongo frente a ti traerá dulzura y misericordias nuevas a tu alma.

En las horas de la tarde, ven y yo susurraré mis palabras de vida en tu espíritu. Tu época nocturna será un tiempo de encuentro a medida que mi Espíritu te lleva la gracia celestial y el rocío de mi presencia. Escucha atentamente, así como un amante escucha a su amada. Escucha y oirás mi voz y conocerás mis caminos.

Yo soy el Pastor que va delante de ti, llamándote por tu nombre, cuidándote con amor y guiándote por mis caminos. Ahora, ven y escúchame susurrarte cada día, y sabrás que yo soy tu Dios.

Mis palabras son obvias para todos los que
tienen entendimiento,
claras para los que poseen conocimiento.

PROVERBIOS 8:9

Deja que yo te aparte del estrés

Las preocupaciones de la vida pueden inundar tu mente y nublar tu visión, pero solo si tú lo permites, solo si le das la mano a la desilusión y le permites que te arrastre a sus aguas turbias. Mejor, cierra tus ojos a las mentiras y mírame a mí. Anhelo guiarte a lugares más altos, lejos del tormento de la ansiedad y del estrés. Quiero darte ojos que vean desde mi perspectiva; ojos que vean a través de las mentiras y la desilusión, y cuya mirada llegue directamente a mi verdad. Mi verdad te libertará.

Entrégame cada parte de ti, especialmente en las áreas en que pareciera muy dolorosas como para confiar en mí. Es solo cuando tú las sueltas y me das el control a mí es que puedo verdaderamente tomar el control. Cuando te alejas de mí, incluso por un momento, las cortinas de humo del enemigo llenan tu visión. ¡Aléjate de él! Mírame a mí, amado mío. Concéntrate en mi verdad. Date el permiso de descansar en las alas de mi amor, y yo te llevaré a los lugares de paz más altos para los que fuiste creado.

Oh, más hermosa mujer, si no lo sabes,
sigue las huellas de mi rebaño y apacienta
tus cabritos junto a las carpas de los pastores.

Cantares 1:8

Aquí estoy

Tu alabanza llega a mí. Tu adoración toca mi corazón. No me he separado de ti. Te dije que nunca te dejaría ni te abandonaría. Créeme. Pon toda tu fe y confianza en la verdad de esas palabras, en el poder de mi amor inamovible por ti.

Estoy aquí contigo, en este momento. Si no puedes sentir mi presencia, es solamente porque las preocupaciones de este mundo te han alejado de mí. Juntos quitaremos el control de esas distracciones constantes. Sencillamente, entrégame cada pensamiento y déjalo en la capacidad de mis manos. Suéltalos a todos. Yo no te creé para que colapsaras bajo su peso. Una vez que hayas declarado mi Palabra y mi poder sobre esas preocupaciones, confía en que yo me haré cargo fielmente de ellas. Luego, ¡regocíjate! Convierte el temor en una expectativa de mi bondad. Te creé para que tuvieras paz. Por eso, la ansiedad y el estrés son sentimientos terribles. Una vez que hayas orado y te hayas regocijado, quédate quieto. Acalla tu corazón y pon tus ojos en mí. Entonces sabrás que estoy aquí.

No amen el dinero; estén contentos con lo que tienen,
pues Dios ha dicho: «Nunca te fallaré. Jamás te abandonaré».

Hebreos 13:5

Sigue siendo fiel a mí

La palabra que te doy hoy es *resiliencia.* Te insto a que seas fiel hasta el final, así como amé a mis discípulos hasta el final. Estoy esperándote firmemente para que traigas tus cargas a la cruz y las dejes a mis pies. Los demás no entenderán la carga que llevas y las heridas secretas de tu alma, pero yo entiendo. Conozco tus heridas y tus angustias. Conozco las luchas y los desafíos que enfrentas. Nunca te daré más carga de lo que puedas soportar, aunque muchas veces podrías sentir que no lo lograrás. Te animo a estirar tu fe hasta que sea más grande que tu carga.

Hoy, di esto sobre tu vida: *Yo soportaré por amor todas las cosas.* Y yo declararé sobre ti que yo soy tu fortaleza, el que salva y hace todo nuevo. En mi presencia encontrarás la gracia, la valentía, el poder y la salud que necesitas para sobrevivir. No fallarás; tampoco tropezarás. Porque te sostendré con mi amor, de la misma manera en que sostuve a Jesús en mi amor a lo largo de todas las pruebas y tentaciones. Estoy contigo y cambiaré mi fuerza por tu debilidad mientras esperas en mí.

Porque ustedes saben que, siempre que se pone a prueba la fe, la constancia tiene una oportunidad para desarrollarse.

SANTIAGO 1:3

El dolor se convierte en una fragancia de amor

Permite que las heridas de tu alma te lleven a un amor más profundo, más cerca de mí. Incluso cuando te sientas decepcionado, mi amor nunca falla. Cuando el amor te hiere, mi misericordia se mantiene aún más alta que los cielos. Te animo a que consideres a cada experiencia de tu vida como algo sagrado, y entonces, descubrirás mi bondad y mi poder para hacer que todo obre para bien. Donde ves un dolor temporal, yo veo que el amor empieza a florecer en tu interior, y libera una fragancia más dulce.

Te he llamado a ser un portador fiel de mi amor. A medida que permanezcas siendo fiel a mí, el amor crece en tu interior. Mi amor y mi paz serán frutos gemelos del Árbol de la Vida, el cual te sustenta y endulza tu gozo. Solamente mírame a la cara. Enfócate en mí. Deja que mi presencia se impregne en cada una de tus células y que limpie cada parte de ti con un amor sanador. Aquellos que me aman más que a nadie serán los que recibirán mayor transformación. Deja que cada oportunidad que llegue a ti en este día sea la puerta abierta a mi presencia.

Mi amante es como una gacela veloz o un venado joven.
¡Miren! Allí está, detrás del muro, asomándose por la ventana,
mirando dentro de la habitación.

CANTARES 2:9

Febrero

El gozo es tu porción

El momento de tener un gozo sin obstáculos ha llegado. Estoy poniendo en evidencia la traición del enemigo. Él ha llegado a tu puerta más de una vez para seducirte y apartarte de mi gozo. Llegaron las acusaciones, se proclamaron malas noticias y la decepción ha tratado de infiltrarse en tu familia; sin embargo, yo te digo *mi gozo te ayudará a vencer.* Ya no permitirás que el desánimo arruine tu día, pues yo soy ¡el Dios de los logros llenos de gozo! ¿Recuerdas el agrado que hallabas en tus oraciones y cuando me servías? Acuérdate de cómo disfrutabas la gloria de mi presencia. Esto es solamente una muestra de felicidad que tengo reservada para ti.

No temas, pues nada puede arrebatarte mi Espíritu. El gozo es tu herencia y el fruto de mi Espíritu. Saborea el fruto delicioso del gozo, y la dulzura impregnará tu ser. En esta hora triunfaré. Yo saldré victorioso. Tu futuro no se parecerá en nada a tu pasado, así que ¡da un salto de gozo! ¡Grita de júbilo! ¡Danza con gozo! Pues el gozo es tu porción.

¡Aclamen con alegría al SEÑOR, habitantes de toda la tierra!
Adoren al SEÑOR con gozo. Vengan ante él cantando con alegría.

SALMOS 100:1-2

Mi amor te guiará

¿Me amas, hijo mío? ¿Hay una pasión en tu corazón por hacer mi voluntad y seguir mi camino? El cielo entero viene en tu auxilio cuando decides en tu corazón que quieres seguirme. Mis oídos están sintonizados con el sonido de tu voz y con la emotividad de tu corazón dirigido hacia mí.

En la tierra, muchos valorarán tu vida por lo que haces, por tu influencia, por lo que posees o por tu ministerio, pero yo te valoro y te mido por medio de mi amor por ti. Mi amor será tu guía cuando hagas lo que le pedí a mi siervo Mateo: «ven, sígueme». Cuando andas conmigo, nuestros corazones laten como uno solo. Mi contentamiento estará sobre ti, y empezarás a conocer mis caminos.

Mi liderazgo es una expresión de mi amor. Debido a que te amo, te pondré en lo alto donde nadie pueda estorbarte ni lastimarte. Debido a que te amo, te guiaré junto a los senderos de la vida e iré delante de ti. Mi amor te guiará, hijo mío.

El SEÑOR dice: «Rescataré a los que me aman;
protegeré a los que confían en mi nombre.
Cuando me llamen, yo les responderé; estaré
con ellos en medio de las dificultades.
Los rescataré y los honraré. Los recompensaré con
una larga vida y les daré mi salvación».

SALMOS 91:14-16

Es el momento de avanzar

Avanza, hijo mío. Has permanecido en donde estás más que suficiente. Ha llegado el momento de que avances. No veas hacia atrás. Toma mi mano y corre conmigo hacia la abundancia de mis dulces promesas. Mi beso ha despertado tu corazón y te ha equipado para este día.

Tal como le prometí a Josué, te prometo a ti: cada lugar en donde pongas tus pies será tuyo. Te espera un territorio nuevo. Un llamado te invita a continuar. La fe no es algo estancado; más bien es un movimiento, un catalizador, que te impulsa a la llenura de mi plan para ti. ¿Puedes percibirlo? La esperanza está adueñándose de cada pensamiento y te saca del desánimo. Juntos correremos junto a los senderos que una vez te parecieron intimidantes y siniestros. Nada puede detenerte cuando yo estoy contigo y te animo a avanzar. Mantén tus ojos fijos en mí y lleva el regalo del amor y la misericordia a quienes encuentres. Corre conmigo en una búsqueda apasionada, y juntos haremos crecer mi reino.

No quiero decir que ya haya logrado estas cosas ni que ya haya alcanzado la perfección; pero sigo adelante a fin de hacer mía esa perfección para la cual Cristo Jesús primeramente me hizo suyo. No, amados hermanos, no lo he logrado, pero me concentro únicamente en esto: olvido el pasado y fijo la mirada en lo que tengo por delante.

FILIPENSES 3:12-13

4 DE FEBRERO

Permite que el gozo se convierta en tu grito de guerra

Te he equipado para la batalla. Estaré firme frente a ti, a tu lado y detrás de ti. Mi regalo es la victoria de hoy. Mi promesa es la victoria de mañana. La manera en que te apoyas en esta promesa de victoria determinará tu nivel de paz y de gozo, tanto hoy como en el futuro. ¿Acaso no les dije a mis discípulos en medio de su tormenta: «No tengan miedo? ¡Tengan ánimo! ¡Yo estoy aquí!» (Mateo 14:27)? Estas son las mismas palabras que te digo hoy. ¡Da un grito de júbilo! Sacúdete el desánimo. Haz todo lo que te he llamado a hacer con deleite sagrado, pues te estoy bendiciendo más allá de cualquier medida, más de cien veces.

Que tu risa alegre se escuche en tu hogar y en medio de las pruebas. Ríe de cara a la adversidad. ¡Que tu gozo se convierta en tu grito de guerra! No te reprimas, pues cuando pruebas mi gozo y entras en mi regocijo, el enemigo está en peligro. ¡Regocíjate, regocíjate, regocíjate! Luego, observa lo que haré para cambiar tu situación. El gozo te lanzará al lugar nuevo al que te llamo. Hoy es el día que he hecho para ti, así que regocíjate y llénate de gozo, ¡porque yo soy tu Dios!

Con razón mi corazón está contento y yo me alegro;
mi cuerpo descansa seguro.

SALMOS 16:9

5 DE FEBRERO

Tú eres mi casa de gloria

Al igual que un constructor hace un cimiento para una casa grande y sólida, yo he puesto un cimiento profundo en tu vida. Este cimiento está construido sobre la Roca de Verdad. He instalado tus paredes y he fortalecido tu ser. Serás un baluarte de mi presencia, y yo te mostraré al mundo como mi hermosa casa de gloria.

Por ti pagué con mi sangre sagrada. Mis manos se abrieron para recibir los clavos que llevé por tu pecado. Mis pies que caminaron por las calles de Jerusalén fueron lacerados para que tú pudieras andar conmigo en las calles de santidad. Yo haré que mis planes se cumplan. Mis anhelos para tu vida se cumplirán. No veas la estructura diciendo que es inferior. Mira mi sabiduría y di: «Tú todo lo haces bien».

Incluso ahora, estoy preparando los siguientes pasos de tu recorrido. Te estoy edificando para que seas mi casa de gloria, donde yo pueda revelar la fuerza de mi poder por medio de ti. Como el Maestro Constructor, te he construido y edificado lenta y cuidadosamente. Pon tu confianza en mí y sabrás que terminaré lo que empecé.

Pues ambos somos trabajadores de Dios; y ustedes son el campo de cultivo de Dios, son el edificio de Dios. Por la gracia que Dios me dio, yo eché los cimientos como un experto en construcción. Ahora otros edifican encima; pero cualquiera que edifique sobre este fundamento tiene que tener mucho cuidado.

1 Corintios 3:9-10

6 DE FEBRERO

Dame tu debilidad

Cuando veas algo que te hace falta dentro de tu alma, concéntrate en mí. Yo he de ser el eje sobre el cual tu vida da vueltas. Mi amor borra y cubre una multitud de pecados. Cuando mi Espíritu te llena, cualquier pecado se elimina y se olvida. Esta es la manera en que vas a superarlo: confía en que yo sea tu fortaleza cuando estás débil, y concéntrate en mi amor.

Fija tu corazón en mí, no en las áreas donde sientas que no das la talla. Recuerda el precio que pagué para comprar tu alma. Di a mi Hijo por ti y te llené con la gloria del poder de la resurrección. Cuando sientas que estoy distante, sumerge tu corazón una vez más en mi amor y has a un lado las mentiras que quieren engañarte. Te conozco. Entiendo la emotividad de tu corazón. El placer que encuentro en ti no se debe a tus obras, sino a tu amor. Aunque nunca me has visto, todavía me amas. Cuando fijas tu mirada en las cosas de arriba y no en tus debilidades, me siento movido a derramar sobre ti medidas más grandes de amor y santidad. Nunca te dejaré ni te desampararé. Mi amor por ti nunca desaparecerá.

Él anuló el acta con los cargos que había contra nosotros
y la eliminó clavándola en la cruz.

Colosenses 2:14

Mi belleza te rodea

En todo tu alrededor hay señales de mi amor, sabiduría, creatividad y belleza. Aquellos que buscan con expectativa las descubrirán. Mi gozo puede escucharse en la risa de los niños. Mis susurros revuelven y hacen crujir las hojas en un día de otoño. La luz de mi rostro se irradia a través de cada amanecer, y yo pinto el ocaso con los colores de mi amor. Mis promesas de logros chocan con las olas.

En la voz, la música, en el deslizamiento de la pluma de un escritor, en el trazo de un artista y en el movimiento de la danza, cada faceta de expresión creativa libera una parte de mí. En el aliento, respiras; en los sueños, sueñas; en la compasión recibida a través de el consuelo de alguien encontrarás rastros de mi amor. Están en todas partes. Prueba y ve que yo soy bueno.

No solo te rodeo, te lleno. He derramado mi gloria en vasos de carne y sangre. Me deleitan las expresiones de tu asombro y gozo cuando sopesas mi amor. Así es como debe ser la vida conmigo: cautivante, deleitable y emocionante. Soy el Señor majestuoso de toda la creación. Ven, pues habito en lo asombroso.

El que es la Palabra existía en el principio con Dios. Dios creó todas las cosas por medio de él, y nada fue creado sin él. La Palabra le dio vida a todo lo creado, y su vida trajo luz a todos. La luz brilla en la oscuridad, y la oscuridad jamás podrá apagarla.

JUAN 1:2-5

Soy tu armadura de poder

Escucha mis palabras, hijo mío, y yo te defenderé y protegeré de todas las maneras del maligno. Tu verdadero llamado es ser un triunfador. Ser un triunfador significa que serás desafiado. La oscuridad está en contra de la iglesia y en contra tuya como mi hijo que confía en mí. Pero yo soy la Luz que partirá por la mitad a la oscuridad y traerá mi victoria. ¿Acaso no te prometí liberarte y ser un escudo protector? Concéntrate en mí, tu escudo de victoria y no en la oscuridad del maligno que cubre a las naciones. Llénate de gozo mientras caminas en mi luz, y yo seré la respuesta a la maldad de este mundo.

Se fiel a mí y permanece en la verdad cuando escuches a los que caen. Serás un testigo para muchos, así que toma mis palabras como armas el día de hoy. No cedas a la oscuridad ni al agotamiento que viene sobre mis santos. Tú prevalecerás, porque yo soy el Dios de la fuerza y la fuente de máximo poder. Sé fuerte, mi vencedor, y verás cómo se despliegan mis muchos milagros delante de ti.

Una palabra final: sean fuertes en el Señor y en su gran poder. Pónganse toda la armadura de Dios para poder mantenerse firmes contra todas las estrategias del diablo.

Efesios 6:10-11

Nunca dudes de mi amor triunfante

Muchas veces has preguntado «*¿por qué tarda tanto esto?*». Te digo hoy: cree en mi sabiduría, mírame y confía en mi amor vencedor. Mi poder y gracia surgirán en tu interior, y lo que parece imposible será apartado de ti. Tus limitaciones son invitaciones para entregarte mi poder. Yo nunca te fallaré ni te decepcionaré. Mis promesas son arcoíris de esperanza que cubren tu vida, y declaraciones de verdad más grandes que tu aflicción. Tus lágrimas son palabras líquidas que yo entiendo y que anhelo secarlas de tus ojos. Nunca dudes del amor vencedor que siento por ti.

El rayo de mi amor sobre ti es la luz que guía, calienta, nutre y fortalece. Dirige tu corazón hacia esta luz, y arranca las malas hierbas de tu jardín que obstaculizan nuestro furto. Cuando te acerques a mí, yo lograré todo lo que tus luchas no pudieron; te cambiaré de adentro hacia afuera. Soy paciente y amable, y hay mucha más compasión en mi corazón hacia ti de lo que te has dado cuenta. Para mí, tú no eres una decepción, sino ¡un deleite! Confía en mi amor vencedor.

Aun cuando yo pase por el valle más oscuro,
no temeré, porque tú estás a mi lado.
Tu vara y tu cayado me protegen y me confortan.

SALMOS 23:4

En mí, vencerás

Aférrate fuertemente a cada promesa que te he dado. Escribe mis palabras en tu corazón y llena tu mente con mi sabiduría, pues los días venideros serán más de lo que esperas. Pues tanto la gloria como la caída están sobre ti. Mientras más severos sean los golpes de tus circunstancias, más clara será mi invitación para que participes en mi gloria. Las tormentas se acercan, pero yo estaré allí contigo en todo momento. Traeré mi vino nuevo y una nueva expresión de gracia para ti.

Triunfarás sobre todas las cosas porque yo estoy contigo. Comparte mi palabra de gracia triunfal con los demás, pues sus corazones están ahora listos para escuchar la canción de victoria. Coloca mi armadura en tu alma y ve a ver a tus enemigos derrotados. Porta mi justicia sobre tu corazón. Llena tu mente con mi poder libertador. Que mis buenas nuevas cubran tus pies y guíen tus pasos. Mi verdad te mantendrá fuerte, y mi espada de poder te energizará en cada respiro.

Pues todo hijo de Dios vence a este mundo de maldad,
y logramos esa victoria por medio de nuestra fe.
¿Y quién puede ganar esta batalla contra el mundo?
Únicamente los que creen que Jesús es el Hijo de Dios.

1 Juan 5:4-5

Descubre para qué fuiste hecho

Ven y sé parte de una nueva realidad; la realidad de la vida en mí. Llena tu espíritu de mi verdad y mi vida, y yo te transformaré de adentro hacia afuera. Has vivido en tu manera de pensar; ahora vive en mi Espíritu.

Los caminos del hombre no pueden brindarte el gozo que deseas: el gozo celestial. Te invito a que dejes atrás el razonamiento de este mundo, las opiniones y las tradiciones de los seres humanos, y entra en la vida verdadera conmigo. Mi gracia ha abierto el ámbito del Espíritu Santo, de manera que puedas conocerme, no en tu mente, sino en tu espíritu. Mi Espíritu te dará dones, frutos, sabiduría y poder. Vive en mi Espíritu y descubrirás tu destino verdadero.

Si lo pides, te llevaré a un entendimiento más profundo de mis caminos. Si pides vida, no te traeré confusión. Si pides el pan de vida, no te daré nada menos que lo mejor de mí. Puedes confiar en mí, así que pide, y recibirás la llenura de mi Espíritu. Vive en mi Espíritu, y descubrirás en qué te he convertido.

Así que si ustedes, gente pecadora, saben dar buenos regalos a sus hijos, cuánto más su Padre celestial dará el Espíritu Santo a quienes lo pidan.

LUCAS 11:13

Entra en mi gloria

La sangre del Cordero se ha anticipado a ti, hijo mío. He hecho y preparado para ti un camino rociado de sangre. Dejé de lado mis vestiduras gloriosas para venir a comprarte con mi sangre. ¡Entra en mi gloria! Espera un encuentro sobrenatural en tu vida, pues te he abierto las puertas del cielo, y el gozo de mi presencia te espera.

Muchos se conforman con quedarse afuera, entonando canciones de alabanza, ocupados con oleada de actividades en mi nombre, aun así, las puertas del cielo han estado ampliamente abiertas. Te ofrezco encuentros en el Lugar Santísimo. Veámonos cara a cara, frente a frente. ¿No quieres venir? Descansa tu alma afligida, deja de luchar por entrar, y sencillamente, ven. ¡Las celebraciones festivas te esperan! Se ha preparado el banquete de amor para mi deleite. Te invito, te llamo a que vengas. El llamado para entrar significa que todo está preparado, el velo ha sido quitado, y todo obstáculo para tu fe ha sido desplazado. Las puertas de los cielos están abiertas para ti. ¡Entra en mi gloria!

Así que, amados hermanos, podemos entrar con valentía en el Lugar Santísimo del cielo por causa de la sangre de Jesús. Por su muerte, Jesús abrió un nuevo camino —un camino que da vida— a través de la cortina al Lugar Santísimo.

Hebreos 10:19-20

13 DE FEBRERO

Ten comunión conmigo en la gloria

Ya está preparada la mesa de comunión. Ven, cena conmigo y entra en un gozo mayor, el gozo de la comunión con el Espíritu Santo. El gozo más grande de todos y el camino más provechoso se encuentra por medio de vivir en mi Espíritu. La oración es el camino hacia mi presencia. La sangre vertida es toda la virtud que se requiere para entrar. Pues ya te he lavado, te he bañado en mi bondad, y he limpiado el lugar más profundo de tu corazón. En ti no hay mancha. Eres mi adorador dispuesto. Eres mi amado.

A medida que te acercas a mí, tu Rey prometido, deja que tu corazón se inflame de expectativa y fe. Ya no miras fijamente la belleza del traje nupcial, sino que tu enfoque se consume por la brillantez de mi rostro. Mi gloria te recuerda que no es tu santidad, sino mi gracia la que te deja entrar. Acércate más y más a mí, y yo me acercaré a ti. Ven y entra en una dicha que solamente los que me aman pueden experimentar. Entra a mi aposento, y deja que toda mi bondad se tienda ante tus ojos. Ven, ten comunión conmigo.

Pero ahora él los reconcilió consigo mediante la muerte de Cristo en su cuerpo físico. Como resultado, los ha trasladado a su propia presencia, y ahora ustedes son santos, libres de culpa y pueden presentarse delante de él sin ninguna falta. Pero deben seguir creyendo esa verdad y mantenerse firmes en ella.

COLOSENSES 1:22-23

Soy tu proveedor

Soy tu proveedor de milagros. Te doy todo lo que necesitas para seguirme, para vivir gozoso y para triunfar. Enumera tus bendiciones: gozo ilimitado, paz que prevalece por encima de cualquier sombra, y esperanza que nunca se desvanece. Te doy la riqueza de la eternidad, pues yo vivo en tu corazón. ¡Te he hecho rico!

Mi poder no tiene límite para obrar en tu favor. Nunca podrás pedirme algo que esté por encima de mi capacidad para cumplirlo. Todo lo que pidas, te lo daré cuando vengas revestido de mi Hijo. Muchos se concentran en sus limitaciones, en lo que les falta, pero yo te invito a fijar tu mirada en mí y mi gracia ilimitada para proveer. ¿Está tu familia muy lejos de esta gracia? ¿Es mi poder y amor suficiente para cambiarla? ¿Está tu carencia financiera por encima de mi habilidad para rectificar? Te he hecho rico, y tu opulencia no está oculta. Se halla en mi Hijo. Él se hizo pobre para que, a través de su pobreza, tu pudieras ser rico. Los pastos de la gracia te esperan. Ven y deléitate en la gloria de mi gracia.

Toda la alabanza sea para Dios, el Padre de nuestro Señor Jesucristo, quien nos ha bendecido con toda clase de bendiciones espirituales en los lugares celestiales, porque estamos unidos a Cristo.

Efesios 1:3

Corre conmigo

Te he llamado para ser mío, para que me disfrutes, para que andes conmigo, para que corras conmigo. Soy Aquel que te apartó desde el vientre de tu mamá y te trajo a mí. Mi mano ha estado sobre tu vida desde el día en que naciste, mi elegido. Dentro de tu alma he puesto un llamado, una voz que te invita a acercarte a mí. Cuando tu corazón responda, encontrarás tu verdadero yo, tu destino divino. Nunca te alejes de este llamado. Otros podrían hacerlo, pero tú no.

Te he acercado a mi lado y he ganado tu corazón una y otra vez. El aposento sagrado de la intimidad se ha convertido en tu escondite. Pero hoy, te invito a correr conmigo. Los días se están oscureciendo para quienes no me conocen. Hay muchas vidas que tú tocarás, y muchos cambios vendrán debido a la luz de mi Hijo en ti. Así que, corre. Corre conmigo, y te llevaré a lugares más altos donde nunca habías estado. Corre. Está listo en todo momento. Sé mi voz a las naciones y mi luz al mundo.

Antes de darme cuenta, mis fuertes deseos me habían llevado a la carroza de un hombre noble.

CANTARES 6:12

Nunca te dejaré ir

En los días problemáticos y en los días de gloria, en los días de pruebas y en los de triunfo ¡aférrate a mí! Ahora los cambios vendrán más rápidamente de lo que te habías imaginado. Aquellos que se alzan imponentes delante de ti y desafían tu fe, pero ¡aférrate a mí!

Confía en mi y yo te mostraré grandes milagros. En estos días de lucha intensa, cuando parece que la oscuridad está ganando y tu luz va desvaneciéndose, ¡aférrate a mí!

Te he enseñado muchas cosas. Has aprendido que caminar conmigo es mucho más valioso y placentero que tus comodidades. Has sacrificado tus planes por los míos y me has dado las riendas de tu corazón. Estoy satisfecho con tu delicada sumisión. Has confiado en mis caminos, incluso cuando no eran nada más que un misterio ante tus ojos. Muchas veces, inclinaste tu corazón en adoración. Creciste en gracia y has dado pasos gigantes de fe. Sigue moviéndote en mi presencia, incluso cuando las cosas cambian en torno a ti. Estoy complacido de ser tu Padre y tu Dios. Aférrate a mí, pues yo me aferro a ti y nunca te dejaré ir.

¡Nunca permitas que la lealtad ni la bondad te abandonen! Átalas alrededor de tu cuello como un recordatorio. Escríbelas en lo profundo de tu corazón.

PROVERBIOS 3:3

17 DE FEBRERO

No te decepcionaré

He visto tu amor, tu deseo de complacerme. Muchas veces, me has escogido por encima de todo lo demás, y estoy complacido. Sin embargo, te estás agotando. No dejes de esperar en mí. Yo te responderé. No te decepcionaré.

Lo que llamas «retraso», yo lo llamo «preparación». Muchas veces, estoy trabajando tras bambalinas, aunque tu no puedes distinguir. De la misma manera en que preparé a José para su época de promoción, yo también te estoy preparando para que tu destino sea cumplido. Nunca juzgues mis obras por lo que tus ojos ven, sino por las promesas que te he hecho. Aférrate fuertemente a esas promesas. Acuérdate de ellas con frecuencia y nunca dejes de creer. No permitas que el cansancio te obligue a rendirte. Mi tiempo es perfecto. Cuando esperas en mí y me mantienes en primer lugar, yo desplegaré mis planes gloriosos para tu vida. Haré que se vuelvan realidad y te mostraré mi perfección. Yo *si* cumpliré mi Palabra, y tus ojos *sí* verán los milagros de mis manos.

Pero yo confío en tu amor inagotable; me alegraré porque me has rescatado. Cantaré al Señor porque él es bueno conmigo.

SALMOS 13:5-6

Tu propósito se encuentra en mí

Me has preguntado: «¿Cuándo encontraré mi destino y el propósito verdadero para mi vida?». Te digo, ahora es el momento para que corras conmigo. Ya que debido a tu intimidad conmigo tu destino se libera. Cuando unes tu corazón al mío, se realiza el propósito. Cuando te inclinas a mi amor, tu voluntad se entrelaza con la mía y mi gloria se vuelve evidente, incluso en las épocas de espera.

Confía en mí y deja de lado toda ansiedad y forma de impaciencia. No luches en tu carne ni procures que otros hagan por ti lo que solo yo puedo hacer. Tu ayuda proviene de mí, y yo traeré a quienes sean necesarios para que te asistan en tu llamado. Espera que mis milagros se hagan realidad en tu vida, pues yo soy el Padre de Amor. Incluso, al igual que cuando mi llamado llevó a Abraham a través de los misterios de mi voluntad, de la misma manera yo haré realidad el destino profético de tu vida. Lo que ves hoy cambiará en un momento. Traeré cambios dramáticos y rápidos a tu vida, porque me has buscado por encima de todo lo demás.

Las higueras comienzan a formar su fruto,
y las vides fragantes están en flor.
¡Levántate, amada mía!
¡Ven conmigo, mi bella mujer!

CANTARES 2:13

Ven a mi banquete

Muchas veces has pensado: *Señor, si tan solo hubiera sido uno de los discípulos que andaban contigo, atestiguaban tus milagros y experimentaban tu presencia cuando caminabas sobre la tierra. Desearía haber estado en la ladera cuando multiplicaste los panes y los pescados, y haber escuchado las palabras de gracia y amor que salieron de tus labios*. Mas yo te digo: Estoy en ti, y nos hemos convertido en uno solo. Ven a mi banquete, un banquete de amor más grande de lo que jamás hayas conocido. He preparado la mesa para ti y estoy listo para recibirte. Bebe de la copa de la alegría, la copa que llené para ti.

¿Acaso no prometí que, si escuchabas mi voz, mi sonido gentil al llamar a la puerta de tu corazón y la abrías, yo entraría y traería un banquete? Ven hoy, y date un festín de mi amor. Es un banquete de bodas de la novia y del Novio. Satisfará cada anhelo de tu corazón. Así que ven, y deja que tu corazón esté en paz. Mi plenitud divina será más que suficiente.

Nadie odia su propio cuerpo, sino que lo alimenta
y lo cuida tal como Cristo lo hace por la iglesia.
Y nosotros somos miembros de su cuerpo.

Efesios 5:29-30

El fluir de mi Espíritu está en ti

Te he convertido en mi morada santa. He limpiado tu corazón y te hice puro ante mis ojos. Mi santidad vive en ti, pues mi Espíritu vive en ti. Nada malo puede tocarte cuando me permites llenarte de la abundancia de mi amor y poder. Cuando reino como el Rey de tu vida, tu corazón se convierte en el aposento de mi gloria. ¡Terminaré la obra hermosa que empecé en ti!

Te he moldeado en la forma de un vaso de pureza y poder. La santidad no es algo que tú puedas lograr o producir por ti mismo. No se origina del hombre, sino que fluye de mi Espíritu que está en ti. Cuando yo limpio, yo lleno. Y lo que yo lleno se vuelve santo. Recuerda cuánto he trabajado en tu vida a través de tu recorrido conmigo. Te fortalecí en tu debilidad y te sostuve en tu dolor. Muchas veces te he levantado más alto y redimido tus días llenándolos de gozo. Nunca te dejaré ni te abandonaré. Más bien, siempre te tendré cerca. El fluir de mi Espíritu en ti te ha llenado de todo lo necesario para llevar una vida abundante; santa y pura ante mis ojos.

Le pido a Dios que el amor de ustedes desborde cada vez más y que sigan creciendo en conocimiento y entendimiento. Quiero que entiendan lo que realmente importa, a fin de que lleven una vida pura e intachable hasta el día que Cristo vuelva.

FILIPENSES 1:9-10

Sanaré ciudades

Es inminente un movimiento grande y glorioso de mi Espíritu. Cuando tu corazón se quebranta ante mí, los cielos se abren sobre ti. Nada estorbará mi brazo fuerte mientras mi Espíritu penetra en las tinieblas. De la misma manera en que llevé a la ciudad de Nínive al arrepentimiento y la conversión, así envolveré ciudades enteras con mi gloria. Verás lo que puedo hacer en las tinieblas aparentemente dominantes.

Cree ¡y verás! El mover de mi Espíritu significa que todo es posible. Incluso los incrédulos se maravillarán ante los milagros de mi mano. El Hijo de Gloria, una vez más, volverá a ser conocido por sus obras poderosas. La adoración y la oración traerán una atmósfera de gloria sobre las ciudades. Una ciudad permanecerá en tinieblas mientras otra explota en luz, vida y amor. Yo soy el Dios que puede. Muchos han anhelado ver lo que tú atestiguarás. Un hambre de mi presencia te consumirá mientras envuelvo las ciudades con mi gloria.

¡Pide, y te daré las ciudades de las naciones como herencia! Pide con fe, pues nada es imposible para mí. La sanidad y la salvación fluirán en las ciudades de tu nación.

Oh Dios, haz que tu poder se presente; despliega tu poder, oh Dios, como lo has hecho en el pasado. Los reyes de la tierra traen tributo a tu templo en Jerusalén.

SALMOS 68:28-29

La paz es mi regalo para ti

Cuando la ansiedad lucha por agarrarse de tu corazón, y el caos trata de consumirte, permíteme llenarte de mi paz. Cuando no tengas fuerzas para dar un paso más allá de la línea del estrés que el enemigo marcó, inclínate ante mi presencia y yo vendré rápidamente. Te llevaré a un lugar seguro. Seré tu Jehová Shalom. Te daré la paz que sobrepasa lo que tu mente puede comprender.

Cuando tus cargas sean tan pesadas que estás colapsando bajo el peso, búscame. No es necesario que luches por mi atención. Ya la tienes. Estoy aquí contigo, en este momento. Soy el Príncipe de Paz. Mi amor por ti es lo suficientemente poderoso como para consumir todas tus ansiedades y preocupaciones. La desesperación, la confusión y el temor no pueden existir en mi presencia. Deja tus cargas a mis pies y yo quitaré el abatimiento que intenta atar a tu alma. Mi amor tranquilizará tu alma ansiosa. La paz es mi regalo para ti.

Les he dicho todo lo anterior para que en mí tengan paz.
Aquí en el mundo tendrán muchas pruebas y tristezas;
pero anímense, porque yo he vencido al mundo.

JUAN 16:33

Doy aliento de vida a tus sueños

Anhelo darte los deseos de tu corazón. Comparte conmigo tus sueños y deseos. Quiero que sueñes extravagantemente. Como hijo mío, lleno de mi Espíritu, tu voluntad se entrelaza con la mía. Disfruto ver cuando tus sueños se vuelven realidad.

Podrías sentir que tus sueños nunca fructificarán, y que has estado esperando por mucho tiempo. Pero de manera muy similar a un bebé formado en el vientre de su madre, debes nutrir, amar y dar a luz a tus sueños. Si está tomando más tiempo de lo esperado, no te rindas. Usa este tiempo para crecer en tu fe e intimidad conmigo. Cubre tus sueños en oración. Invierte en ellos con expectativa. Se un buen administrador y pregúntame qué pasos puedes dar hacia el cumplimiento de tus deseos. Te daré sabiduría y creatividad, y anhelo ayudarte. Yo tengo el favor que necesitas. Yo liberaré la provisión. Si una puerta se cierra, alábame por la otra que abriré. Yo soy la Resurrección y la Vida, el reavivamiento explosivo de cada sueño muerto.

Deléitate en el Señor, y él te concederá los deseos de tu corazón. Entrega al Señor todo lo que haces; confía en él, y él te ayudará.

SALMOS 37:4-5

Descubre el poder de un corazón agradecido

Cuando me alabas, libero un poder más grande que cualquier fuerza que el hombre haya conocido. No te imaginas el poder que la gratitud puede tener en tu vida. Cuando me agradeces, perfecciono tu alma y quito de tu vida el remordimiento. Te liberaré cuando me agradezcas. Mientras más satisfecho estás de mí, más satisfecho estarás en todas las áreas de tu vida.

La marca de un corazón desinteresado es recibir mis bendiciones y sentirse abrumado por mi generosidad y amor. Recibir mis bendiciones y ser consumido por la gratitud son marcas de un adorador verdadero. ¿Recuerdas cuando los israelitas quejaron con Moisés en el desierto? Y sin embargo mientras se quejaban, la nube de mi gloria estaba sobre sus cabezas. Ellos miraban las cosas terrenales y no a mí. La ingratitud es una enfermedad que se esparce fácilmente entre mi pueblo. Pero las alabanzas romperán la maldición, levantará el velo, abrirá los cielos y proveerá milagros, incluso en el desierto. Te invito a una vida de gratitud. Anhelo que descubras el poder de un corazón agradecido.

¡Den gracias al Señor, porque él es bueno! Su fiel amor perdura para siempre. Den gracias al Dios de dioses. Su fiel amor perdura para siempre.

SALMOS 136:1-2

Mi amor te llevará a la victoria

Mi amor por ti no tiene fin. Perdura más allá de los días de tu vida y halla su plenitud en la eternidad. Mi amor salió del cielo y reposa sobre tu vida. Cuando buscas más de mí, yo te mostraré la intensidad de mi amor. ¿Tienes algo frente a ti que parece imposible? ¿Están los corazones de los demás firmes ante mí? ¿Está tu familia rodeada de dificultades y estrés?

Debes tumbar las cargas que llevas. Intercámbialas por mi yugo fácil y aprende de mí. Permite que la fe te recuerde que conmigo todo es posible. Deja que la gracia te refresque y faculte mientras adoras en mi presencia. Observa atentamente mientras mi omnipotencia inunda tu imposibilidad y reacomoda tus circunstancias. Enriqueceré tu alma, avivaré tu corazón y te daré un gozo mucho más grande. Haré lo imposible por ti, pues tú eres el centro de mi atención y la niña de mis ojos. Mi amor te llevará a la victoria.

—¿Cómo que "si puedo"? — preguntó Jesús—.
Todo es posible si uno cree.

MARCOS 9:23

26 DE FEBRERO

Seré tu mayor recompensa

Muchos han elegido el camino de la justicia solo para descubrir que no hay espacio en este camino para los arribistas ni para los que se elogian a sí mismos. Se requiere valentía para seguirme, dejar atrás todo lo que se interponga en nuestra relación, seguirme y descubrir que soy más que suficiente. Ven, sígueme, y te haré a mi semejanza.

Eres un heredero del reino. Todas las promesas para ti se harán realidad. La gloria, esa gloria en constante aumento, te rodeará cuando entres en el reino de la realidad. Seguirme no es simplemente dejarlo todo; es ganar todo. Fija tu mirada en mí. Ven a mi aposento sagrado, donde todo sacrificio se vuelve más dulce que la miel, y donde toda pérdida invita a tener más de mí. Avanza sin temor, y ¡yo seré tu mayor recompensa! Es más que una elección; es una valentía que debe llenar tu corazón cuando con fe ves al horizonte. Nunca temas el porvenir, pues yo soy Aquel que fue, que es y que será.

—Así es —respondió Jesús—, y les aseguro que todo el que haya dejado casa o hermanos o hermanas o madre o padre o hijos o bienes por mi causa y por la Buena Noticia recibirá ahora a cambio cien veces más el número de casas, hermanos, hermanas, madres, hijos y bienes, junto con persecución; y en el mundo que vendrá, esa persona tendrá la vida eterna.

MARCOS 10:29-30

27 DE FEBRERO

Fija tus ojos en mí

Aunque estas batallas enfurecen tu alma, yo estoy justo allí contigo en medio de ellas. Aunque estás cansado de batallar, yo seré tu fortaleza. Tengo toda la gracia que necesitas para mantenerte firme. Para respirar otra vez. Para ver las cosas desde mi perspectiva y alinear tus pensamientos y palabras con las mías. Te sientes vencido, hijo mío, y es hora de dejar completamente tu situación imposible en la capacidad de mis manos.

Seguiré recordándote una y otra vez: Yo soy el Dios de las posibilidades. ¡Nada es muy difícil para mí! Apóyate en mis brazos. Permíteme ser tu fortaleza cuando hayas perdido las fuerzas. Déjame soplar en cada célula y en cada pensamiento. Invítame a exponer toda mentira con mi verdad sólida. Concéntrate en mi omnipotencia, no en tu problema. Trae tus pensamientos y escrutinios que abruman tu mente como ofrenda de total entrega y confianza en mí. Fija tus ojos en mí y quitaré los desechos de la duda y la frustración. Canta tu mejor alabanza y decide creer que yo tendré cuidado de ti.

Pido en oración que, de sus gloriosos e inagotables recursos, los fortalezca con poder en el ser interior por medio de su Espíritu. Entonces Cristo habitará en el corazón de ustedes a medida que confíen en él. Echarán raíces profundas en el amor de Dios, y ellas los mantendrán fuertes.

EFESIOS 3:16-17

28 DE FEBRERO

Refléjame con tus frutos

Yo soy la vid y tú eres mi rama, llena de mi vida. Te insto a llevar fruto para la gloria de mi Padre. Este fruto no se produce por medio de luchas religiosas, ni por fabricación humana, sino por las obras de mi Espíritu. Te animo a reflejarme con los frutos que mi Espíritu produce a través de ti.

La mayor fortaleza de mi Espíritu fluirá a través de ti cuando me ofrezcas tu corazón afable. Lejos de mí, tus obras no tienen poder. Tus buenas obras estarán llenas de poder solamente al grado en que tú estés lleno de mi Espíritu. Satúrate hasta rebosar con mi Espíritu, y tu propia vida será una rama en el Árbol de la Vida.

Sé conocido como una persona afable delante de Dios. No quiero que seas correcto; quiero que seas fructífero: rebosante de carácter y pureza de corazón. Una belleza verdadera entrará en tu alma cuando andes en la bondad y el amor de mi Espíritu. Los demás verán tu vida hermosa y sabrán que soy yo quien te llena con mi gracia.

Permanezcan en mí, y yo permaneceré en ustedes. Pues una rama no puede producir fruto si la cortan de la vid, y ustedes tampoco pueden ser fructíferos a menos que permanezcan en mí. Ciertamente, yo soy la vid; ustedes son las ramas. Los que permanecen en mí y yo en ellos producirán mucho fruto porque, separados de mí, no pueden hacer nada.

JUAN 15:4-5

Sométete al silencio

Hay veces que yo necesito que estés alerta y que seas valiente, en ocasiones cuando tus declaraciones de fe y tus oraciones de intercesión marcan la diferencia. Pero hay veces en que te llamo a sentarte conmigo al lado de las aguas tranquilas para que yo pueda refrescar tu alma. Nunca subestimes la importancia de la quietud, pues es en esos momentos callados que yo estoy haciendo una obra profunda en ti.

Ven y siéntate conmigo. Pon toda preocupación bajo mi cuidado. No tengas nada en mente, excepto encontrar y empaparte de la presencia perpetua de mi amor. Déjame ser tu Dios, el Único que es omnisciente y todopoderoso, Aquel que puede hacer más en un segundo para resolver tus problemas, de lo que tú harías en muchos años. Soy el Príncipe de Paz, y a medida que te entregas a mi paz que sobrepasa todo entendimiento, reconocerás cuán poderosamente he estado trabajando a tu favor, incluso cuando tú no te dabas cuenta. No luches por nada que no sea acercarte a mí y encontrar descanso. Sométete al silencio de mi presencia. Siente el descanso que viene cuando confías en mí.

Entonces, hagamos todo lo posible por entrar
en ese descanso, pero si desobedecemos a Dios,
como lo hizo el pueblo de Israel, caeremos.

HEBREOS 4:11

Marzo

El amor nace cuando yo me acerco

Trae tu corazón ante mí y yo haré tu amor más profundo. Amar a los demás parece difícil cuando estás lejos y apartado de mi presencia. Pero cuando yo me acerco, el amor nace. Todo lo que distraiga del poder de mi amor desaparece cuando estoy cerca. El amor fluye de mi presencia y llega, como un río, al lugar más lejano. Acerca tu corazón y yo ampliaré tu amor.

Te he llevado a través de tus experiencias para que mi amor sea más grande que tu decepción. Muchos reaccionan ante las dificultades de la vida con corazones llenos de miedo. Sin embargo, yo no quiero que tú te quedes estancado en tu dolor. Cuando los demás te abandonen, yo estaré aquí. Cuando me acerque a ti, te hallaré con mi amor. Tu corazón arderá con un amor que nunca has sentido. Mi llama no necesita combustible, nada que venga del hombre, pues es un fuego que se llena por sí mismo. Te llevaré a una profundidad mayor de mis caminos a medida que el fuego queme todo aquello que obstruya mi amor. Abre tu corazón y te atraeré hacia mí, al lugar donde nace el amor.

Las muchas aguas no pueden apagar el amor, ni los ríos pueden ahogarlo. Si un hombre tratara de comprar amor con toda su fortuna, su oferta sería totalmente rechazada.

CANTARES 8:7

Suelta tu lucha

Recibiste mi enseñanza en el lugar secreto, y aprendiste los caminos de mi Espíritu. Te recuerdo esto hoy: no luches, sino descansa tu corazón en la quietud, y yo haré lo que tú no puedes. La ansiedad y la lucha son los enemigos de tu paz. Cuando te doy una tarea, te doy la gracia para cumplirla. Nunca te guío al fracaso, ni te doy una misión solamente para que caigas. Yo te fortaleceré en el lugar de quietud y traeré mi presencia trascendental para calmar tu alma.

Cuando me conozcas, ya no lucharás por ser mejor ni por ser amado. Cuando pruebas mi compasión sin fin, aprenderás a confiar en mi amor por ti. La lucha te dejará sintiéndote vacío y agotado. Sin embargo, cuando por fe te entregas a mi cuidado, yo te llenaré de mi paz y te daré descanso. La fe se apoya en la esperanza. Así que, hijo mío, este es el día del gozo Sabat cuando entras en el ámbito de mi reino. Debes saber que nunca te fallaré ni te decepcionaré. Descansa en esa certeza.

Pues solo los que creemos podemos entrar en su descanso. En cuanto a los demás, Dios dijo: "En mi enojo juré: 'Ellos nunca entrarán en mi lugar de descanso'", si bien ese descanso está preparado desde que él hizo el mundo.

Hebreos 4:3

Te invito a un estilo de vida más alto

Te invito a amar. Te invito a gozarte. Te invito a la paz y a la gentileza. Te animo en los caminos de bondad, docilidad y el autocontrol. Cuando andas según mi plan, mi gloria te inunda con el poder divino para vivir en este ámbito de vida más alto. Cuando cedes a ti mismo y a tus acciones, descubrirás que mis caminos son los que más llenan. Descubrirás que tu vida se ha convertido en una vid fructífera.

Glorioso hijo mío, yo soy tu Dios. Haré que mi voluntad se cumpla cuando me cedas todo a mí. Cuando llevas una vida de entrega, sacrificando tu voluntad por la mía, mis caminos se vuelven tu gozo. Deja atrás lo que obstaculiza tu alma para poder abrazar el camino más alto de vida. Apégate a mí y yo te renovaré y te llevaré de la mano en este recorrido.

Muéstrame la senda correcta, oh Señor; señálame el camino que debo seguir. Guíame con tu verdad y enséñame, porque tú eres el Dios que me salva. Todo el día pongo en ti mi esperanza.

SALMOS 25:4-5

Yo te llenaré

He anhelado derramar sobre ti aún más de mi amor y poder. ¿Acaso no puedes ver que te he designado a ser un portador de mi gloria? Ven ante mí y vacía tu corazón, derrámalo a mis pies y yo te llenaré de tal deleite y gozo que no podrás contenerlo; pues estoy edificando mi iglesia a través de la gloria de mi presencia.

Mis planes para tu vida se extienden más allá de lo que puedes ver, más allá de tu entendimiento. Ver lo que está frente a ti hoy, pero yo he ido al futuro y conozco las cosas buenas que se desplegarán ante ti. Nunca dudes que tus días están en mis manos. Este es el momento para que tu destino se vuelva claro y tu propósito sea revelado. No temas de lo que venga, pues lo que venga a ti será más de mí. Permanece firme en mi presencia hasta que sepas que yo soy tu fortaleza. Descansa en mí, y mira cómo te lleno, te protejo y te fortalezco.

Nosotros ponemos nuestra esperanza en el Señor;
él es nuestra ayuda y nuestro escudo.

SALMOS 33:20

Yo soy quien lleva tus cargas

Ven a mí y descansa, mi bienamado. Sé que tus responsabilidades son muchas, y sé que las cargas que llevas son grandes. Dime que soy tu pastor y yo te llevaré cargado. Llámame amigo, y yo escucharé el clamor de tu corazón. Di que soy tu Redentor, y yo llevaré restauración a tu alma.

Ocuparte a ti mismo con muchas cosas traerá distracción y desánimo. Las expectativas de los demás hundirá mi canción de gracia en tu vida. Llámame tu fortaleza, y mi poder invisible será visible en tu vida.

No te creé para que tus sentimientos de debilidad te limiten. Conozco las cargas que llevas, son cargas de fracasos pasados y de temor a la incompetencia cuando piensas en tu futuro. Estoy aquí, contigo, justo en este momento para ser más que un acompañante, seré el Señor de amor y el Dios de toda misericordia. Anhelo mostrarte esa gracia que es más que suficiente. Levántate del lugar de desesperación y traición y ven a mí. Llámame el cargador y deja todas tus cargas a mis pies. Te levantarás con fuerza y estarás rodeado de paz.

En verdes prados me deja descansar; me conduce junto a arroyos tranquilos. Él renueva mis fuerzas. Me guía por sendas correctas, y así da honra a su nombre.

SALMOS 23:2-3

La humildad allana el camino

Mi pueblo es único, lo llamé a salir de las tinieblas del mundo para andar en mi luz de vida. Tu llamado es muy alto, hijo mío, pues se te ha dado un fideicomiso divino. Todas las cosas te pertenecen en la vida y en la eternidad. Se han depositado en ti bendiciones que nunca podrás enumerar. La humildad abrirá el camino al descubrimiento de todo lo que soy y todo lo que te he dado.

La docilidad está en el trono, pues el Cordero reina en todo. Aprende de Él. Mantente unido a Él y la humildad abrirá el camino. Rechazo el orgullo de la humanidad; pero hay un día reservado cuando el humilde de corazón será exaltado, y el orgulloso y arrogante será humillado. Tu llamado es nunca juzgar lo que yo hago, sino acompañarme con humildad y convertirte en uno conmigo. Cuando tiembles ante mi Palabra, yo habitaré en ti. Aparta un espacio para mi gloria y yo te llenaré. Permite que estas palabras perforen tu corazón hoy, pues la humildad abrirá el camino a mi presencia. La humildad abre las puertas del entendimiento y te hace pasar por las puertas de la sabiduría.

Les digo la verdad, a menos que se aparten de sus pecados y se vuelvan como niños, nunca entrarán en el reino del cielo. Así que el que se vuelva tan humilde como este pequeño es el más importante en el reino del cielo.

Mateo 18:3-4

Estás protegido en mi amor

He rodeado tu alma con mi túnica de gloria, y nada te hará daño. Aun cuando los poderes de las tinieblas te rodeen, puedes ser fuerte. Las puertas de las tinieblas no prevalecerán cuando yo esté cerca de ti. Los días del cielo sobre la tierra están cerca. Los días del movimiento poderoso de mi Espíritu pronto lo podrán ver todos. Mi viento poderoso alejará las nubes de dudas que han estado en tu mente y corazón. Mi viento de gloria hará que tus enemigos sean esparcidos, y tú permanecerás completo y protegido.

Aunque el temor llegará, no podrá vencerte, pues yo te he hecho vencedor. Confía en mí y mírame pelear por ti cuando estés débil. Acércate a mi corazón y mira cómo mi amor gana toda batalla. Me he convertido en tu Luz y tu Salvación. Estás protegido en mi amor. Me he adelantado y limpié tu camino y protegí tu sendero, pues yo soy tu Padre.

Alaben al Señor, porque me ha mostrado las maravillas de su amor inagotable; me mantuvo a salvo cuando atacaban mi ciudad.

Salmos 31:21

Lo he visto todo

Amado mío, te vi mientras agradecías a nuestro Padre por mí y todo lo que he hecho por ti, pero ¿sabías que yo le agradezco a Él por ti? Tú eres su regalo de amor para mí. Tú guardas mi Palabra y andas en mis caminos, incluso cuando la luz es poca y la incertidumbre te rodea. A medida que caminas por la autopista de la alabanza, yo me regocijo contigo. Veo que anhelas ser un hacedor de mi Palabra y no solamente un oyente. Veo tu fidelidad, incluso en lo pequeño, mientras haces tus tareas con tu corazón puesto en mí.

Nada de lo que has hecho ha pasado desapercibido. Cada movimiento de tu corazón hacia mí es preciado ante mis ojos. He visto cuando me obedeciste con dificultad. He celebrado cuando has superado las tentaciones que trataron de desviarte. Me regocijaba contigo cuando descubriste el poder de tu fe. Te has rendido por completo, una y otra vez. Has venido a mí y eres mío: te he formado maravillosamente complejo.

Y ahora, amados hermanos, una cosa más para terminar. Concéntrense en todo lo que es verdadero, todo lo honorable, todo lo justo, todo lo puro, todo lo bello y todo lo admirable. Piensen en cosas excelentes y dignas de alabanza.

FILIPENSES 4:8

9 DE MARZO

Lo que hago te sorprenderá

Ha llegado el momento de que asciendas a un nuevo ámbito. Debes abandonar y rendir las antiguas maneras de pensar a la nueva vida de mi Espíritu. Mis caminos no son tus caminos. Los caminos del hombre giran alrededor del poder y la influencia. Mis caminos son senderos de amor que confundirán y desconcertarán incluso al más inteligente de todos los hombres. El Espíritu opera de manera oculta, pero poderosamente. La vida del Espíritu es poder y sabiduría que convierte al sencillo en sabio. Te sorprenderá lo que haré con tu vida cuando te entregues a mis caminos.

Mis pensamientos no son tus pensamientos. Mi Espíritu Santo es la Inteligencia Divina que mueve el corazón de mi pueblo para guiarlos a la fuente de la verdad. Muchos debaten y alegan tratando de probar su punto. Sin embargo, mi voz te llama en el silencio y te enseñará la sabiduría que el hombre no puede dar. Los pensamientos que tengo para ti te traerán gozo y tranquilidad, porque te llevo en mi corazón como mi tesoro más preciado. No entenderás lo que estoy por hacer, pero *estarás* sorprendido cuando mi gloria se devele en ti dándote luz reveladora, pues tienes la mente de Cristo.

Dejen de engañarse a sí mismos. Si piensan que son sabios de acuerdo con los criterios de este mundo, necesitan volverse necios para ser verdaderamente sabios.

1 Corintios 3:18

Que la preocupación esté muy lejos de ti

Mi Palabra está llena de promesas para ti. Cada promesa que hago es tan segura como el amanecer de mañana. He puesto todo en su lugar para que puedas avanzar en mis caminos. Cada palabra que digo ha sido refinada siete veces y es digna de confianza. Descansa en mis promesas y tendrás éxito. ¿Qué podría vencerte? ¿Es la preocupación lo que te molesta? Te invito a una vida libre de preocupaciones y ansiedad. Nada debe preocuparte, ni una sola cosa.

Navega en mi Palabra y date un banquete en estas promesas. Acuérdate de quién soy y el poder que tengo. Recuerda, no solo soy capaz de ayudarte, sino que *quiero* ayudarte. Sin embargo, quiero que lo creas. Quiero que sientas el amor que te tengo. Quiero que pienses en retrospectiva sobre las muchas veces que te he ayudado. ¡Tú podrás vencer! No solo verás cumplidas mis promesas, sino que serás un testimonio de mi fidelidad y animarás a los demás en su propio recorrido.

Y Jesús le dijo a la mujer:
"Tu fe te ha salvado; ve en paz".

Lucas 7:50

Acércate a mi llama eterna

Mi reino es vivo. Siempre está creciendo. Florece de lo profundo de tu ser produciendo fe, gratitud y belleza incomparable. Cuando te agarras a la vida eterna, esta se manifiesta con una esperanza que no disminuye. Sigue. Acércate a la llama eterna. Aprende la lección de mis siervos, Pablo y Silas, quienes encontraron un santuario de alabanza incluso en la celda de la prisión. Alza tu voz sin pensar en el pasado, y establece tu corazón en el gozo que está frente a ti. No permitas que nada acalle tus canciones de alabanza y que tampoco haya algo que estorbe tu camino hacia la búsqueda de más de mi amor.

Mi reino está pavimentado de amor. Ven. Piérdete en el asombro. Que mi presencia te inunde. Que tu corazón sea tierno en mi presencia. Te mostraré cosas que ningún ojo ha visto, ni ningún oído ha escuchado. Te he dado la revelación de los secretos de mi reino. ¡Qué gran riqueza la que tienes! Ven, de la misma manera en que Moisés se acercó a mi presencia ardiente, y deja que las llamas de santidad se apoderen de ti. ¡Qué gloria tan grande sentirás cuando mi llama eterna arda brillantemente en ti!

Ponme como un sello sobre tu corazón, como un sello sobre tu brazo. Pues el amor es tan fuerte como la muerte, y sus celos, tan duraderos como la tumba. El amor destella como el fuego con la llama más intensa.

CANTARES 8:6

Un gozo nuevo te pertenece

Hoy te traigo un entendimiento vivo, la sabiduría viva y la gracia que se mueve al ritmo de tu aliento. Estos regalos vienen con un gozo burbujeante, el beso de misericordia de mi Espíritu, quien te guía.

¡Un gozo nuevo te pertenece! El gozo que viene cuando sabes que cada paso que das lo he planeado desde antes de que nacieras. Antes de que empezaras a hablar, yo sabía cada oración que saldría de tu boca. Antes de que viajaras, yo iba delante de ti para que tus pasos estuvieran firmes y fueran fieles a mis caminos. Te entrego el gozo de que mi Espíritu te guíe. Espera en mí, y yo te mostraré los pasos que debes tomar. Cuando des vuelta a la derecha, escucharás mi susurro en tu corazón diciéndote: «Sí, esta es la manera en que debes caminar». La guía sobrenatural acabará con el dolor del pasado. Tu corazón saboreará los gozos puestos delante de ti en esta época de nuevos comienzos. Tu vida me alabará y mostrará mi gloria. Un gozo nuevo te pertenece hoy cuando digas: «Sí, Señor, guíame hacia una gloria mayor».

El Señor dice: «Te guiaré por el mejor sendero para tu vida; te aconsejaré y velaré por ti. No seas como el mulo o el caballo, que no tienen entendimiento, que necesitan un freno y una brida para mantenerse controlados».

Salmos 32:8-9

Yo soy la gloria interior

La nube oscura que ves en el horizonte es una señal de mi venida. Muchos señalarán la nube y tendrán miedo, pero tú irrumpirás en alabanza al verla pues sabes que voy llevando gozo, bendición y justicia. Mi reino se expandirá y crecerá en la medida en que los hijos de mi reino me alaben. El cielo espera que el eco de alabanza se escuche en la tierra. Hasta mis ángeles se deleitan en cantar mi alabanza para que tú halles vida e identidad verdadera cuando tus alabanzas repitan los sonidos angelicales. Nunca permitas que la maldad que te rodea disminuya la gloria que hay en ti.

Te he creado para que me alabes. Déjame escuchar el sonido y ver tu rostro resplandeciente cuando me buscas. Déjame mostrarte las batallas que puedo ganar cuando irrumpes en alabanza. ¿Acaso no le di instrucciones a mi siervo Josué para que alzara su voz en alabanzas? ¿Acaso no dispersé a los enemigos de Israel cuando mi pueblo cantó acerca de mi bondad y gloria? Fija tus ojos en el cielo y tu mirada en mí. Entra, y descubrirás que yo soy todo lo que necesitas. Yo soy la gloria en tu interior.

Que los fieles se alegren de que él los honra; que canten de alegría mientras descansan en sus camas. Que las alabanzas de Dios estén en sus labios y tengan una espada afilada en las manos.

Salmos 149:5-6

Permanece en mi amor

He establecido un pacto de amor entre tú y yo. Yo nunca te dejaré, incluso cuando no percibas mi amor. Mi amor va más allá de la comprensión. Tu mente no puede descubrirlo. Es tan real como el aliento que sale de tus labios. Este pacto de amor nunca se podrá romper.

Nunca he detenido cosa alguna que fuera lo mejor para tu bien o para mi gloria. Mi amor no fallará ni disminuirá, incluso cuando tú te decepciones a ti mismo. La fuerza de mi amor es más fuerte que cualquier vínculo; y arde con más brillantez que todo un millón de soles. El amor que siento por ti es el mismo amor con el que mi Padre me ha amado. Permanece en este amor.

Soy tu fiero protector. Nadie puede hacerte daño cuando estás encerrado y seguro en mi corazón. Me encanta que creas en mí y te inclines para amarme. Estoy más que gozoso cuando crees en mi amor y esperas que yo obre en cada dificultad. Deléitate en mí, incluso en la misma forma en que yo me deleito en ti. Descansa en mi amor que nunca falla. Mantente expectante para ver mi amor por ti demostrado todos y cada uno de los días. Permanece en mi amor.

Yo los he amado a ustedes tanto como el Padre me ha amado a mí. Permanezcan en mi amor. Cuando obedecen mis mandamientos, permanecen en mi amor, así como yo obedezco los mandamientos de mi Padre y permanezco en su amor.

JUAN 15:9-10

Bebe de los manantiales de mi amor

Estoy más interesado en ti que en mil galaxias o en un millón de estrellas. Tú significas más para mí que cualquier otra cosa que yo haya creado. Se derramó sangre sagrada por ti. Sintonízate con mi voz hoy, en vez de los sonidos que se originan en la tierra. Dirige tu corazón hacia mí y no a las cosas de este mundo, y verás cuán vanas son verdaderamente esas cosas temporales. No te diseñé para que vivieras solamente de los placeres de esta vida, sino para que bebas y disfrutes del río que fluye vida eterna.

Te ofrezco una fuente pura, un estanque cristalino, un manantial refrescante. Las fuentes de este mundo solamente te dejarán seco y muriendo de sed. Que nada me robe tu corazón. Deja que tus devociones no tengan límites. Está dispuesto a alejarte de lo trivial para descubrir lo eterno, y yo te haré a ti una luz en la oscuridad. Te convertirás en el amanecer de gloria para muchos de los que están en las sombras oscuras de la desesperación. Debido a que bebes de los manantiales de mi amor por ti, rebozarás con la gloria de mi presencia.

También dijo: «¡Todo ha terminado! Yo soy el Alfa y la Omega, el Principio y el Fin. A todo el que tenga sed, yo le daré a beber gratuitamente de los manantiales del agua de la vida. Los que salgan vencedores heredarán todas esas bendiciones, y yo seré su Dios, y ellos serán mis hijos.

APOCALIPSIS 21:6-7

Mi guía amorosa será tu gozo

Anhelo que vengas delante de mí un día tras otro pidiendo que te guíe. Me da tanto gozo verte anhelando que los impulsos de mi Espíritu te dirijan y no tu propio entendimiento. Yo te guiaré en los caminos de mis santos. Te guiaré con mis ojos alegres reposándose sobre ti. Mira mi rostro, y la brillantez de mi amor aclarará tu camino. Estoy consciente de todo lo que necesitas y todo lo que te he prometido. Yo cumpliré toda necesidad.

Mi gracia amorosa será tu gozo. Yo tomo tus cargas y te las quito; tomo tus temores y los disuelvo. Tomo tu ansiedad y la borro para siempre. Lo que parece difícil, yo lo haré fácil. Cuando pareciera que todo ha cerrado tu camino, yo abriré un camino nuevo. Absolutamente nada puede penetrar mi escudo protector mientras yo vaya contigo. Anda en caminos de paz y siente mi gozo a medida que enfrentas el futuro, pues el Rey de paz va contigo.

Confía en el Señor con todo tu corazón; no dependas de tu propio entendimiento. Busca su voluntad en todo lo que hagas, y él te mostrará cuál camino tomar.

PROVERBIOS 3:5-6

Eres portador de esperanza

Vive libre, lejos de las preocupaciones de este mundo, pues mi gloria es amarte. Mi honor se halla en la manera en que te he tratado. Mi voz te traerá a mi presencia, ya que yo guío a mis ovejas y ellas oyen mi voz. Cuando fijas tu corazón en mí, la esperanza rebosará de ti hacia toda tu familia y a todos aquellos que vean mis bendiciones desbordando de tu vida.

Dame tu corazón. Búscame con una pasión más grande y deja que la preocupación se las arregle sola. Descubrirás mis caminos y te revelaré mis secretos. Mientras más descanso encuentres en mi corazón, más grande será tu capacidad para confiar en mí, para creer que estoy a tu favor. En este mundo hay poco que pueda calmarte, pero en mi presencia descubrirás cómo mi bondad te consuela. Esta confirmación absoluta de mi amor y fidelidad es la que te lleva más alto, te da ojos para ver y hace que tu alma vuele por encima del caos, de manera que puedas llevar a los demás el susurro de esperanza.

Me redime de la muerte y me corona de amor y tiernas misericordias. Colma mi vida de cosas buenas; ¡mi juventud se renueva como la del águila!

SALMOS 103:4-5

Levántate y corre conmigo

¡Despierta, mi poderoso soldado, despierta! Ya se hace tarde, y te insto a levantarte y a correr conmigo. Te he preparado para un momento como este. No temas. Yo estaré contigo. Ponte las armas de justicia y toma tu lugar en la formación de combate. Yo tronaré a la cabeza de mi ejército. Traeré ante tus ojos una victoria rápida. Ningún poder del infierno puede detenerme cuando yo me levanto. Sacúdete el adormecimiento, despabílate y ven.

Al igual que David, un hombre con un corazón parecido al mío, ¡deja que tu corazón se llene de valentía! Deja que tus pensamientos estén firmes, fijos en mí. Yo te guiaré, y cuando yo guío, es imposible que falles. Hijo mío, sígueme a los horizontes nuevos de santidad y prueba el poder de las eras venideras. Mi Espíritu está sobre ti y mi Palabra arde en tu alma. Te amo, hijo mío. Este es el día de victoria. Pues te llamo a que regreses a mí, tu Padre eterno.

Pero tú, Timoteo, eres un hombre de Dios; así que huye de todas esas maldades. Persigue la justicia y la vida sujeta a Dios, junto con la fe, el amor, la perseverancia y la amabilidad. Pelea la buena batalla por la fe verdadera. Aférrate a la vida eterna a la que Dios te llamó y que declaraste tan bien delante de muchos testigos.

1 Timoteo 6:11-12

19 DE MARZO

Doy regalos de amor y gracia

Me encanta dar regalos buenos a mis hijos. Son regalos envueltos con amor y dados con gracia. Mi corazón está lleno del anhelo de verte, mi hijo hermoso, remontando y sobresaliendo en todo. Doy mi Espíritu gratuitamente a todo el que invoca mi nombre. Mis dones vienen sin condiciones y sin compromisos. Así que te invito, hijo mío, a imitarme y a llevar una vida generosa.

Sé generoso con quien sea que pida y también a todos los que te encuentres. Dales tus oraciones, tiempo, amor y dinero. No te aferres a nada, excepto a mi misericordia, pues yo supliré todas tus necesidades. Nadie puede dar más que yo. Sé un hijo mío verdadero, refleja mi corazón generoso y yo te llenaré de una medida sin fin de mi gloria. Te insto a entrar en la vida de la generosidad, una vida donde tu corazón le da paso a mi gracia. Brilla como una luz en el mundo. Quiero estirar tu fe y mostrarte mi fidelidad. Pídeme, y te daré las naciones por herencia. Clama a mí, y yo te daré un corazón generoso; pues yo soy tu Padre, el Dios de recursos infinitos.

Den, y recibirán. Lo que den a otros les será devuelto por completo: apretado, sacudido para que haya lugar para más, desbordante y derramado sobre el regazo. La cantidad que den determinará la cantidad que recibirán a cambio.

Lucas 6:38

No te rindas

Amado, cuando estés en medio de una prueba o de una circunstancia desagradable, no busques una salida rápida. Sé cuán difícil es. Entiendo que, a veces, deseas huir y olvidarte de todo. Sin embargo, no estás solo en medio del proceso. Yo estoy contigo en cada paso del camino. Al igual que una mujer embarazada debe pasar por los dolores de parto, tú también tienes que empujar el proceso de crecimiento de esta prueba. Te lo prometo, tú saldrás de esto con reservas nuevas de favor y luz.

Te animo a que estés conforme en el proceso, sin necesitar explicaciones que satisfagan tu impaciencia. Si hay algo que tú necesites saber, confía en que yo lo revelaré claramente: derramando mi sabiduría y revelando los secretos escondidos. Escucha mi voz y sigue su sonido. Te llevaré a lugares de delicados pastos, donde puedes descansar. Solamente acércate, y mi gracia te dará la fortaleza necesaria para llegar al otro lado. Estoy contigo. No te dejaré. ¡No te rindas!

...pero ni un solo cabello de su cabeza perecerá.
Al mantenerse firmes, ganarán su alma.

Lucas 21:18-19

Deja que tus pensamientos te guíen hacia mí

Tu mente debe estar limpia y preparada, afilada como una herramienta. Tus pensamientos pueden llenarse de dolor, desánimo y vergüenza; o pueden estar llenos de amor, excelencia y gozo. Deseo que tu mente esté llena de todo lo que es admirable, digno de alabanza y puro. Ya que así es cuando entras en el gozo y el deleite de tu Maestro.

Vive con tu mente fija en todo lo de arriba, donde nos sentamos juntos en los cielos y estamos unidos en amor. Llenar tu mente de queja y de pensamientos de ansiedad es perder el camino y entrar en confusión. No te he llamado a confusión, sino a paz. La verdad es que tus palabras reflejan tus pensamientos. Rechaza cada pensamiento y toda palabra que te dirija al dolor y a la angustia. Permite que tus pensamientos y tus palabras te lleven al ámbito de mi paz perfecta. Pronuncia palabras de verdad a aquello que te estorba, y deja de lado todo pensamiento de ansiedad. Profetízale a tu corazón que se llenará de gracia para trasladarse a un futuro sin preocupaciones. Ama la verdad. Cambia tus expectativas. ¡Deja que la esperanza y la fe surjan!

No se preocupen por nada; en cambio, oren por todo. Díganle a Dios lo que necesitan y denle gracias por todo lo que él ha hecho. Así experimentarán la paz de Dios, que supera todo lo que podemos entender. La paz de Dios cuidará su corazón y su mente mientras vivan en Cristo Jesús.

FILIPENSES 4:6-7

Yo tengo los planes para tu vida

Tengo un plan de vida para ti, un plan que se escribió en tu registro de vida antes de que nacieras, un plan para atraerte a mi corazón y llevarte a la plenitud. Soy el Dios que te creó y te formó en el vientre de tu madre. Mi mirada se centró en ti antes de que abrieras los ojos. Mi plan para ti tendrá éxito, y un día dirás: «¡Abba, tú todo lo haces bien!».

Mi tiempo es perfecto; yo hago todo hermoso en mi tiempo. Los detalles de mi plan podrían develarse lentamente, pero mis huellas divinas están sobre ellos. Yo atesoro tu vida, así que devuélvemela y mira cómo obro en ella. Los momentos de misterio no pueden entorpecer la esperanza que vive en ti. Cuando no entiendas lo que hago, voltea tus ojos a mí y entiende que yo tengo los planes para tu vida, planes para inundarte de deleites sin fin y halagos perfectos. Te amo, hijo mío, y nunca permitiré que seas probado más allá de la medida de mi gracia para protegerte. Confía en mi fidelidad. No te decepcionaré.

Pues somos la obra maestra de Dios. Él nos creó de nuevo en Cristo Jesús, a fin de que hagamos las cosas buenas que preparó para nosotros tiempo atrás.

Efesios 2:10

Te veo

Te veo atravesando con dificultad las nubes oscuras de opresión, buscándome con canciones de amor y declaraciones de fe. Eso me conmueve. Tu resiliencia me complace. Tu amor me atrae. Te observo cuando proteges el regalo de fe que te confié, manteniéndolo vivo cuando el infierno entero trata de robártelo.

Cuando nadie más ve, yo te veo. Cuando te sientes invisible y te preguntas si tu vida importa, rujo apasionadamente y me apresuro a llegar a tu lado. Cada una de tus lágrimas es preciada para mí. Ninguna de ellas las he pasado por alto. No te desesperes. Tú significas todo para mí, mi amado. Di todo lo que tenía solo para estar contigo eternamente. He pagado el precio más alto para que puedas vivir los gozos del cielo. Estoy contigo para que la paz gobierne tu corazón. Conozco los deseos de tu alma. Escucho el llanto callado del deseo. Nada se me pasa por alto. Nada te separará de mi amor.

Tú llevas la cuenta de todas mis angustias y has juntado todas mis lágrimas en tu frasco; has registrado cada una de ellas en tu libro. Mis enemigos emprenderán la retirada cuando yo clame a ti por ayuda. Una cosa sé: ¡Dios está de mi lado!

SALMOS 56:8-9

24 DE MARZO

Te llevaré muy alto

Aunque te atrape una inundación, yo te llevaré muy alto. Aunque las llamas ardientes te rodeen, yo seré tu refugio. Aunque muchas voces te acusen, yo seré tu paz. ¿Acaso no lo he dicho mil veces antes? Tú ves solo una, pero yo veo las múltiples veces que te he rescatado, albergado, cubierto y protegido de tus caprichos. Veo las veces en que te he protegido cuando ni siquiera estabas consciente del peligro que te rodeaba.

Soy tu Padre, el que te observa firmemente en todo momento. Mis ojos están fijos en ti, no solo para observarte, sino para protegerte y mantenerte a mi cuidado. Te doy una cantidad incalculable de favores, te protejo de la tentación que es demasiado grande para ti. Todo se debe a que ¡te amo! No hay necesidad de preocuparse, ni de entrar en ansiedad, porque mi mano está sobre ti y mi presencia te guía. Te pido que tengas una confianza más profunda que sobrepase el momento y dure toda una vida. No temas, porque cuando pienso en ti, mi corazón se conmueve a obrar a tu favor.

«¡Quédense quietos y sepan que yo soy Dios!
Toda nación me honrará.
Seré honrado en el mundo entero».

SALMOS 46:10

25 DE MARZO

Soy tu gran proveedor

Apóyate en mi promesa de provisión. He prometido que yo proveeré para todas tus necesidades. Mi promesa permanece firme. Verás mis manos abiertas para ti, llenas de todo lo que necesitas.

Mírame solo a mí como tu gran proveedor y tu gran recompensa. Pondré mi gloria sobre todas tus decepciones y romperé tus limitaciones cuando me busques. Nunca dudes en la oscuridad lo que te he revelado en la luz, pues mis promesas permanecen y yo jamás he fallado en mostrarte mi amor. Alimenta tu corazón con mis promesas y ríe ante lo que parece imposible. Luego, mira el nacimiento de un milagro en tu corazón.

Observa lo que hago cuando llenas tu corazón de alabanzas. Las piedras me alabarán. ¿Me alabarías incluso antes de ver la manifestación del milagro? Obraré donde has perdido las esperanzas. Desde el caos de la oscuridad, yo traeré belleza, vida abundante y luz radiante. Incluso el día de hoy, verás el principio de todo lo que he planeado para ti cuando me ves a mí y solo a mí.

Dios también se comprometió mediante un juramento, para que los que recibieran la promesa pudieran estar totalmente seguros de que él jamás cambiaría de parecer. Así que Dios ha hecho ambas cosas: la promesa y el juramento. Estas dos cosas no pueden cambiar, porque es imposible que Dios mienta. Por lo tanto, los que hemos acudido a él en busca de refugio podemos estar bien confiados aferrándonos a la esperanza que está delante de nosotros.

HEBREOS 6:17-18

La furia del mundo no podrá destruirte

Te recuerdo, hijo mío, lo que he soportado para traerte a mi lado. Dejé todo para tenerte. Te prefiero por encima de mis comodidades. Di mi sangre sagrada para redimirte y tenerte conmigo. ¿Has olvidado los sufrimientos que soporté para vencer al mundo? Mi amor te ha rodeado, y por eso, la furia del mundo no te destruirá.

Yo vencí para que tú pudieras vencer. Enfrentarás dificultades incluso de la misma forma en que yo enfrenté la furia del odio de parte de aquellos que vine a salvar. Vencí, no solo por mí, ¡sino por ti! Nada puede derrotarte cuando te escondes en mí. La fuerza de mi amor es más grande que el odio de aquellos que están ciegos. La oscuridad no te vencerá. El odio de este mundo caído no te destruirá, sino que serás un agente de sanidad a medida que me entregas tu vida. Si participas de mi sufrimiento, también participarás de mi triunfo. Somos uno, la ira del mundo no nos quebranta. Mantente firme y fiel a mí y mírame convirtiéndome en tu victoria.

Así que como somos sus hijos, también somos sus herederos. De hecho, somos herederos junto con Cristo de la gloria de Dios; pero si vamos a participar de su gloria, también debemos participar de su sufrimiento.

ROMANOS 8:17

Soy tu Redentor

Lo que ves, no es lo que permanecerá para siempre. Posiblemente hay problemas en tu familia, pero no durará para siempre. Tal vez haya problemas a tu alrededor, pero desaparecerán pronto. Pon tu corazón en mi fidelidad y no te distraigas por las imposibilidades que te limitan. Yo soy tu Padre, y tengo planes para prosperarte y para hacer que seas fructífero en mi viñedo.

Descansa en mis obras. Gózate en mi amor. Hoy te abriré los ojos para que veas mi poder salvador. He venido. Mi gracia redentora será develada delante de ti. Este es el día cuando me levanto para redimir tu vida y restaurarla completamente para recibirla. De hoy en adelante, mi presencia estará sobre ti en maneras inconfundibles. Mi rostro guiará tus pasos y te protegerá de todo lo que pueda venir en tu contra. Aunque te amenace una inundación embravecida, yo te levantaré muy alto y verás mi gloría, pues el día del Redentor ha llegado.

El Señor oye a los suyos cuando claman a él por ayuda;
los rescata de todas sus dificultades.

Salmos 34:17

Mi amor te restaura

No tengas miedo de seguirme a lo desconocido, pues yo soy Aquel que te guía y restaura tu vida. He colocado mi tesoro glorioso en tu interior, y tú eres importante para mí. Este será el año de la restauración en tu vida. Serás restaurado en mi amor, fortalecido en mi gracia y rodeado de cantos de gozo.

Yo te restauraré. Nunca me limites. Restauraré a tu familia y a tus seres queridos. Todos sabrán que yo soy Aquel que retribuye lo que se había perdido. No dudes de que mi gracia es suficiente para ti y tu familia.

Yo restauraré tu mente y tu corazón a medida que vengas a mí. Todo lo torcido será rectificado en tu interior, sanando tu espíritu y aliviando tu alma.

Yo restauraré tus sueños. Cumpliré aquellos deseos que están en tu interior y los llevaré a término. Tocarás las vidas de otros. En los susurros nocturnos, yo estaré vigilante de cada palabra que te diga, y esta se cumplirá. Verás que mis caminos son perfectos y que mi amor restaura.

Restaura en mí la alegría de tu salvación
y haz que esté dispuesto a obedecerte.

SALMOS 51:12

Tu gozo se restaura en la fe como la de un niño

Lo que has estado buscando está justo frente a tus ojos. Tú solo necesitas convertirte nuevamente en un niño. La vida te ha dejado cargando una bolsa de incredulidad. Sin embargo, yo reemplazo esta incredulidad con un don de fe, y tú te atreverás a creer. Ya no andarás por todos lados llevando cadenas y en cautiverio, alejado de la vida abundante que planifiqué para ti. Aunque te hayan robado la fe y tu imaginación como la de un niño, yo te las restauraré. Reemplazaré el dolor por el gozo y sanaré tu corazón. Mi voz te llama: «ven y vuelve a experimentar mi gozo».

Hoy te estoy fortaleciendo. Sé lo que necesitas y cómo dártelo. No hay de qué preocuparse, pues yo soy tu fortaleza. Libérate de las preocupaciones. Sacúdete de la pesadez y ven como un niño, con una confianza completa y abandonándote en mí. Danza y deshazte de la pesadez y la incredulidad que han tratado de limitarte. Libérate del pasado y encuentra mi gracia constante. Soy más que suficiente. Soy el gozo de tu salvación.

El Señor protege a los que tienen fe como de un niño; estuve frente a la muerte, y él me salvó. Que mi alma descanse nuevamente, porque el Señor ha sido bueno conmigo.

SALMOS 116:6-7

Avanza conmigo

Es mi deseo darte una manera de pensar progresista y visionaria para tu vida. Estoy infundiéndote una fe radical para que puedas empezar a atraer el futuro al presente. La obra que empecé, yo la terminaré. Estoy vigilando mi palabra para que se cumpla. Todo lo que tienes que hacer es alinear tu corazón con el mío.

En cualquier parte donde toquen la planta de tus pies, lo tomarás para el reino de los cielos. Te estoy instruyendo como un libertado, una creación nueva, un hijo lleno de maravillas, pasión y vida. A medida que avanzas conmigo, nunca más estarás abrumado por las cosas de esta tierra, sino que podrás ascender y volar por encima de los problemas de este mundo.

Adórame y sírveme en espíritu y en verdad. Eso te mantendrá en sintonía con mi Espíritu y todo lo que hagas será guiado por las indicaciones del Espíritu Santo que habita en ti. Avanzarás conmigo como un participante de mi ejército victorioso.

Confía en el Señor con todo tu corazón; no dependas de tu propio entendimiento. Busca su voluntad en todo lo que hagas, y él te mostrará cuál camino tomar.

PROVERBIOS 3:5-6

31 DE MARZO

No estás vencido

Cada dificultad es una invitación celestial para que confíes en mí más completamente. Cada tentación que enfrentes para defenderte, para avanzar o para persistir en tu propio camino serán conquistadas con mi amor. Yo fui probado en un desierto donde no había quién me ayudara, excepto mi Padre en el cielo. Las tinieblas querían vencerme. El enemigo trató de forzarme a actuar por mí mismo y a pelear por mi propia cuenta, pero el mal no me venció.

Los que me vieron en mi sufrimiento estaban convencidos de que yo estaba vencido. Se burlaron y escupieron al Hijo de Dios. Sin embargo, ellos no sabían que mi victoria no se hallaba en la tierra, sino en mi relación de amor con mi Padre. Sin importar lo que me hicieran, nada pudo apartarme del amor de mi Padre. Y así, hijo mío, tú también eres libre, sin ataduras y sin que las tinieblas de este mundo te dominen. No estás vencido. Tú vencerás. ¡Mi victoria en tu vida prevalecerá! La fe en mí es la victoria que vence al mundo. Nadie puede extinguir la llama que he encendido en tu corazón.

Claro que no, a pesar de todas estas cosas, nuestra victoria es absoluta por medio de Cristo, quien nos amó.

ROMANOS 8:37

Abril

Mi gracia te dará cobertura

Mi amor por ti nunca te dejará desamparado. Así que no pongas tu mirada en los enemigos de la fe, pues ellos tropezarán y caerán. Te levantarás con una valentía y un deleite nuevos ante la realidad de mi presencia permanente. Ya que tu consuelo verdadero y tu gozo no está simplemente en la victoria que te doy, sino en el conocimiento de que me perteneces. Mi gracia te inundará de una valentía audaz, dándote la capacidad para avanzar a pesar de lo que vean tus ojos. Este es el regalo que debes tomar para ti mismo.

Más que ser una compañía para ti, yo seré la fuerza y la gracia en cada momento. Ninguna cosa me impedirá limpiarte y facultarte con mi gracia. Te usaré aun en tu debilidad para llevar sanidad a quienes te rodean. Mírame y espera en mí. Pon todas tus expectativas en mí, y yo nunca te decepcionaré. Aférrate profundamente a la vida eterna que está en ti, y el poder de esa vida fluirá a través de ti.

Entonces su padre, Zacarías, se llenó del Espíritu Santo y dio la siguiente profecía: «Alaben al Señor, el Dios de Israel, porque ha visitado y redimido a su pueblo».

Lucas 1:67-68

2 DE ABRIL

Soy la sabiduría verdadera

Que no te intimiden aquellos que se consideran sabios, porque son tontos. Los que menosprecian mi sabiduría serán considerados como farsantes que tienen que abandonar sus caminos. A ellos les ofrezco un trago del agua pura de la verdad y la sabiduría si tan solo vinieran a mi santuario.

Muchas veces te has alejado de quienes parecen ser sabios, pero ahora yo te insto a pronunciar mis palabras de verdad, sabiduría y amor. En este momento, contigo aquí en mi presencia, quiero revelarme a ti como la verdadera sabiduría. Comprenderás mis caminos y pensamientos a medida que te rindas a mi Espíritu. Yo te enseñaré con el conocimiento que proviene de la eternidad. Te daré los secretos reservados para quienes tienen temor de mí y se deleitan en mí. La sabiduría de arriba entrará en tu corazón, y una fuente profunda de verdad se abrirá en tu interior. Estarás sorprendido de lo que te voy a revelar y de la forma en que te usaré en los días venideros. Siéntate conmigo. Escucha mi voz. Conoce mi corazón y tu corazón se llenará de mis palabras.

Sin embargo, para los que Dios llamó a la salvación, tanto judíos como gentiles, Cristo es el poder de Dios y la sabiduría de Dios. Ese plan «ridículo» de Dios es más sabio que el más sabio de los planes humanos, y la debilidad de Dios es más fuerte que la mayor fuerza humana.

1 Corintios 1:24-25

Soy tu mayor recompensa

Yo no le doy mi recompensa a los grandes o a los famosos, sino a los fieles. El mundo celebrará a quienes van al lado de las tendencias actuales; sin embargo, yo celebraré a quienes toman mi mano y andan conmigo en santidad. Los seguidores callados que atesoran mi palabra y siguen mis caminos, son ellos los que verán mi mano de favor. Algunos me siguen por obligación, otros por curiosidad, pero ustedes, mis elegidos, me siguen por deleite. Tomen mi mano y sean fieles en todo, porque yo soy su mayor recompensa.

Soy el Galardonador de quienes me buscan fielmente. Las recompensas del mundo se desvanecen, pero mi gozo eterno los atrae a ustedes y se instala en sus corazones. Nadie les quitará este gozo. Aférrense a él y dejen que los refresque hoy. Los vistazos de la eternidad conectan sus corazones al mío y no a este mundo. Su fidelidad será celebrada durante toda la eternidad. No los he llamado a ser famosos, sino a que me anhelen fiel y apasionadamente. Yo soy suficiente para ti, hijo mío, yo soy tu recompensa extremadamente más grande.

De hecho, sin fe es imposible agradar a Dios.
Todo el que desee acercarse a Dios debe creer que él existe
y que él recompensa a los que lo buscan con sinceridad.

Hebreos 11:6

Quédate quieto, amado mío

Aun cuando tu cuerpo esté quieto, tú todavía sigues teniendo prisa. Tu mente está corriendo constantemente con pensamientos que no te guían a mí. Reduce la velocidad de tu mente. Quédate quieto y en silencio. Ven a pasar un tiempo conmigo y respira. Inhala mi paz, y exhala tus preocupaciones en mis manos confiables. Permíteme llenarte de mi paz que sobrepasa tu entendimiento limitado. Entrégame esa preocupación.

Ármate de valor en la quietud, en la confianza. Te estoy llevando por un sendero distinto, uno fructífero y lleno de paz. Honro tu diligencia para hacer que las cosas se hagan, pero yo tengo un camino más alto. Mi camino no te despoja de la paz ni del gozo. Las exigencias de la vida son reales; sin embargo, si tú dieras un paso atrás, verías cuáles son importantes desde mi perspectiva. No tienes que apretar cada día dentro de un pequeño y lindo paquete que haga felices a todos los demás o que drene tu sensatez. Está bien decir «no» y descansar. Está bien cuidar de ti mismo. En medio de las exigencias, quiero que aprendas a amarte del mismo modo en que te amo yo. Quédate quieto, amado mío. Quédate quieto.

Que todo mi ser espere en silencio delante de Dios, porque en él está mi esperanza. Solo él es mi roca y mi salvación, mi fortaleza donde no seré sacudido.

SALMOS 62:5-6

Mi sanidad vendrá a través del gozo

Estás llamado a vivir sin preocupaciones y a entrar en el gozo infinito y el deleite de tu Maestro. Ven y cambia toda queja en una risa jubilosa. Mi amor es omnipotente, y mi gozo te llevará a la paz. Te doy el don del gozo que nadie te lo puede quitar. El gozo radiante te pertenece, pues tu futuro será el paraíso y el deleite infinito.

Amado, sé cuán difícil es deshacerte de la pesadez y optar por el gozo. Sin embargo, la sanidad que tu corazón necesita vendrá a través de la risa y el gozo. Será como una medicina para aliviar tu corazón del dolor que has experimentado. Es un gozo que desafía las circunstancias, un gozo que está vivo y lleno de mi gloria, un gozo reservado para mis amados, porque solamente se halla en mi presencia. Es mi gozo, y anhelo dártelo como un regalo. Liberará una pasión mayor en tu interior para deleitarte en mi palabra y para beber de mi Espíritu. El gozo que te doy te llevará a profundizar en mi gracia y amor. Entra hoy en el gozo y el deleite de tu Maestro, y observa lo que haré por ti.

En cambio, la clase de fruto que el Espíritu Santo produce en nuestra vida es: amor, alegría, paz, paciencia, gentileza, bondad, fidelidad, humildad y control propio. ¡No existen leyes contra esas cosas!

GÁLATAS 5:22-23

Refrescaré tu alma

Amado mío, te he escogido para mí, para que estés cerca de mí. ¿Estás preocupado por tu recorrido? Yo te animaré. Seré un Padre para ti que buscas mi corazón.

Te estoy observando mientras atraviesas esta época difícil, y sé que te ha drenado tu fuerza y tu vigor. Acércate a mí, acércate aún más. El poder divino aumentará en tu espíritu mientras esperas y te rindes a mí. Te prometo hoy que te animaré y fortaleceré con mi amor. El descanso que te doy hoy te facultará para el día de mañana.

No hay ni un solo momento de tu vida en que yo no esté contigo, listo para renovar tu alma. Te conozco y te declaro mío. Soy la llama que arde en tu interior, manteniendo tu amor fuerte y apasionado hacia mí. Me deleita animarte, proveerte de momentos de gozo y deleite cuando vienes delante de mí. Nada minimizará mi amor por ti, ni debilitará mi decisión de hacer que estés firme y completo en mi gracia.

Le pido a Dios, fuente de esperanza, que los llene completamente de alegría y paz, porque confían en él. Entonces rebosarán de una esperanza segura mediante el poder del Espíritu Santo.

ROMANOS 15:13

Descubre para qué te diseñé

Hijo del Dios viviente, siervo de la cruz, buscador de mi corazón, ¡levántate!

Guerrero de amor, poeta de alabanzas, maestro de mi verdad, ¡levántate!

Entrega tu corazón. Sacrifica tu egoísmo y tu orgullo, y yo te daré mi gloria. Deja de lado las distracciones. Toma la espada y mata al gigante de la búsqueda de ti mismo. Abandona el anhelo de construirte un nombre para ti; no permitas que eso anule tus anhelos de ser conocido por mi nombre. Te he dado una mente sobria para escuchar y obedecer todo lo que yo diga. Fija tu corazón en mí y prepárate, pues los días de gloria más grandes están al frente. Te insto a activar tu deber, no tu compromiso de medio tiempo.

Es el momento para que las alabanzas llenen tu corazón. Entona tus canciones de devoción. Deja que tu adoración suba hacia mí. No temas de entregarte completamente. Deja que yo destape tu alma para que mi presencia inunde tu interior. Pues cuando me lo cedes todo, yo develo tu verdadera identidad. El acceso a mi presencia está permitido, para que puedas conocerme, descubrir para qué te diseñé y llevar mi gloria a todos los rincones de la tierra.

Pero ustedes no son así porque son un pueblo elegido. Son sacerdotes del Rey, una nación santa, posesión exclusiva de Dios. Por eso pueden mostrar a otros la bondad de Dios, pues él los ha llamado a salir de la oscuridad y entrar en su luz maravillosa.

1 Pedro 2:9

Deja que mis palabras te fortalezcan

Exactamente este día, mis palabras significarán más para ti que cualquier cosa que alguien pudiera decir jamás. Es en mis palabras que encontrarás vida y fortaleza. Cuando te elogien o cuando te critiquen, regresa a mí y deja todas esas palabras frente a mí. Solamente en mi presencia podrás conocer la verdad. Si yo te corrijo, es para tu transformación. Cuando te animo y demuestro mi amor, recíbelo con gozo porque es tu fortaleza.

Cuando sientas que los demás te condenan, recuerda, la condenación no proviene de mí. Yo nunca condeno. Mis palabras están diseñadas para fortalecerte y edificarte. No procures tener el respeto de los demás y, por consiguiente, olvidar mis palabras. Lo que necesitas es mi amor.

Acércate a mí, y yo me acercaré a ti hasta que veas mi gloria y mi hermosura. He caminado cerca de ti a lo largo de los años de tu niñez, incluso cuando tú no me reconocías. Y ahora, mis palabras son más dulces y tiernas a medida que creces. Soy la fuente de tu vida, y hoy, soy la Palabra viva en tu interior.

Lloro con tristeza; aliéntame con tu palabra.

Salmos 119:28

Este es el lugar de mi amor

Esos momentos cuando apartas tiempo para buscar mi rostro y conoces mi corazón, soy mi deleite. Tus momentos de quietud son mi tesoro, pues es entonces cuando puedo derramar mi amor en ti y compartir mi fortaleza contigo. Ese es el momento en que te libero de la ansiedad y la preocupación. Ahora, en la calma de mi presencia, ¿estás preocupado? Quédate conmigo en este tranquilo lugar de mi amor. Te sorprenderás del milagro de misericordia que viene a ti. Estarás absorto de la manera en que mi Espíritu te renueva y te faculta.

Hoy, te entrego mi don de motivación. Deja que inunde tu ser y sature cada lugar seco. Te fortaleceré de adentro hacia afuera. Soy el Dios de batallas, quien ha ganado la victoria para ti, tanto hoy como eternamente. Cuando estés débil, yo te haré fuerte. De la misma manera en que son tus días, igualmente será tu fortaleza. Y el secreto de mi fortaleza se halla en la presencia de mi amor infinito y tangible. La motivación que viene del cielo será tu porción llenándote de esperanza en este día. Este es el lugar a donde perteneces. Este es el lugar de mi amor.

Cuando mi mente se llenó de dudas,
tu consuelo renovó mi esperanza y mi alegría.

Salmos 94:19

Nunca encontrarás hasta dónde termina mi amor

Nunca encontrarás hasta dónde termina mi amor. Se estira más amplio que el horizonte, más largo que la eternidad, más alto que los cielos mismos y más profundo que las profundidades del océano. Muchas veces, te he puesto bajo la fuente de misericordia y he lavado tu alma, tu consciencia, tu corazón. Te restauré porque te amo. Nunca encontrarás dónde termina mi misericordia.

Soy el Dios de toda gracia. Te consuelo con mi amor. Aunque muchas cosas te distraen y te amargan, yo te digo, ven a mi fuente de misericordia y renuévate. El pico de la montaña más alta, en toda su belleza, todavía no es tan alta y hermosa como mi misericordia: firme, inamovible, dándote consuelo siempre.

Tú me llamas «Padre». Y un Padre es lo que soy para ti. Estaré contigo cuando otros fallen y te envuelvan las nubes de desesperación. Nadie ha logrado agotar mi gracia todavía. Tan lejos como está el amanecer del atardecer, así de lejos he apartado tus pecados de ti. Te daré misericordia hasta el final de los tiempos. Nunca encontrarás hasta dónde termina mi amor. Da libremente lo que has recibido.

El Señor es compasivo y misericordioso, lento para enojarse y está lleno de amor inagotable.

Salmos 103:8

Eres libre

Yo soy Aquel que te ha libertado; libertado para andar en las alturas ante mi trono, libertado para vivir y danzar al son de las flautas de mi Espíritu, libertado para reír frente a la adversidad. Todo lo que podría haberte retenido, ahora está apartado de tu vida. ¡Sé libre, hijo mío! ¡Sé libre!

He abierto la puerta de la libertad delante de ti. Avanza a la maravilla gloriosa de tu futuro. La libertad que te doy es para experimentar mi presencia y mi poder. Ya no eres un siervo dominado por tu pasado, sino un hijo del Dios exaltado. Saborea la libertad de mi Espíritu, y nunca regresarás a lo que está muerto y estéril. Las mentiras que te reprimían serán vistas por lo que son: puramente acusaciones del enemigo. Hoy empezarás a entender la libertad que te he dado para andar con la Omnipotencia a tu lado, pues yo voy contigo hasta el final de los tiempos.

Por lo tanto, Cristo en verdad nos ha liberado. Ahora asegúrense de permanecer libres y no se esclavicen de nuevo a la ley.

GÁLATAS 5:1

Te mostraré mi fidelidad

Soy tu Dios fiel, yo no cambio incluso cuando todo lo que te rodea cambie. Mi fidelidad es para que te apoyes en ella y la creas. Aprenderás que en mí no hay sombras ocultas ni tinieblas, y que no hay nada que pueda decepcionar a los que confían en mí. Mis promesas son verdaderas al igual que mi nombre. Yo soy el Dios de fidelidad y siempre cumpliré mi palabra. Todo lo que te rodea puede cambiar, pero yo no cambio en mi amor fiel hacia ti.

Abraham confió en mi promesa de hacerlo padre de muchas naciones, a pesar de que él no tenía hijos. Por el poder de mi palabra, la promesa se cumplió. Isaac confió en mi promesa y heredó la vida y el poder de la eternidad. Jacob se acercó a mí cuando no había nada que lo respaldara. Yo soy el Dios de Abraham, Isaac y Jacob. Mi fidelidad poderosa es la misma hoy en tu vida como lo fue para los patriarcas antiguos. Mis palabras son ciertas. Lo que te he prometido, te lo cumpliré. Cada palabra que he pronunciado sobre ti sucederá, pues mi amor infinito por ti mueve mi corazón para demostrarte mi fidelidad. Trae a mí tu corazón afligido, y observa lo que haré.

¡Por supuesto que no! Aun cuando todos los demás sean mentirosos, Dios es veraz. Como dicen las Escrituras acerca de él:
«Quedará demostrado que tienes razón en lo que dices,
y ganarás tu caso en los tribunales».

ROMANOS 3:4

Yo soy tu deleite

No es necesario que alguien más te satisfaga, amado mío, pues yo soy tu deleite. Soy quien te da satisfacción verdadera. Te doy contentamiento, y aun en tu contentamiento tu hambre de mí aumentará. Le dije a la mujer samaritana en el pozo que tomara un trago que le daría satisfacción y que ella nunca volvería a tener sed. Sin embargo, cuando bebió de mi amor, ella tuvo más sed de mí. Esta es la clase de deleite que te doy; la cual no solo satisface, sino también crea un hambre más profunda por mi palabra.

Nada te satisfará si no te llenas de mí. En mi presencia, hay plenitud de gozo. Separado de mí no hallarás nada excepto esterilidad y quebranto. Te daré solamente lo que te satisfaga. Si buscas de mi Espíritu, no te daré nada falso. Si buscas mi pan de vida, no te daré veneno. El temor siempre contaminará tu alma y te apartará de mi deleite. Ven a mí sin temor. Ven, come y bebe de mí. Hallarás satisfacción en mí como en ningún otro lugar.

Mi amante ha bajado a su jardín, a sus lechos de especias, para pasear por los jardines y juntar los lirios. Yo soy de mi amante, y mi amante es mío. Él apacienta entre los lirios.

CANTARES 6:2-3

Seamos socios

Ha llegado el día de tu libertad. No solamente porque te amo y quiero que seas libre, sino porque quiero que seas un vaso sin mancha, claro y limpio. La libertad nunca se trata exclusivamente de ti; es el momento de recordar quién eres y de quién eres. Es el momento de dar el paso hacia el llamado de asociarte conmigo.

La compasión me conmovió y sané a los enfermos. Date permiso para sentir mi compasión, y esta te motivará a actuar. El temor que ha tratado de mantenerte atado trata de restringirte, de evitar que hagas mi voluntad y libertes a otros. Cada vez que accedes al temor, cada vez que te detienes, el temor se hace más fuerte. Ahora es el momento de ponerte de acuerdo conmigo. Deja que mi amor y compasión te empujen a la libertad, a la acción. Tienes demasiado de mí como para guardarlo egoístamente. Tú eres mi portavoz, mi prometida, la extensión de mi amor. Nunca dudes de lo que puedo hacer por medio de ti cuando dejas que mi amor fluya a través de ti.

Sanen a los enfermos, resuciten a los muertos,
curen a los que tienen lepra y expulsen a los demonios.
¡Den tan gratuitamente como han recibido!

Mateo 10:8

15 DE ABRIL

La verdad recibida te libertará

Permite que mi presencia reine sobre ti, hijo mío. Volará sobre tu corazón conquistado como un estandarte de amor. Tú serás mi victoria. Serás mi deleite y mi mesa de banquete. Te haré mi contentamiento y mi satisfacción a medida que continúes deleitándote en mi amor y en mi presencia. Tus enemigos no te molestarán ni te distraerán de mi amor, pues bajo mis alas vives y funcionas y tienes tu verdadera identidad. Estoy aumentando tu hambre de más. Sírvete mi palabra viva y come de ella. Cuando ingieres mi palabra, esta se convertirá en vida, fortaleza y placer para tu alma.

Ven y bebe a profundidad de la plenitud que tengo para ti. Aquellos que están llenos de mi Espíritu saborearán mi libertad. Recibe la plenitud de tu Padre y traerás gloria para mí. Deja atrás tus limitaciones y todo lo que pertenece a la vieja manera de pensar. Bebe a fondo. Mi Espíritu es el Espíritu de amor y libertad. Come y bebe de mi amor, y conocerás la verdad y esta verdad recibida te libertará.

Prueben y vean que el Señor es bueno; ¡qué alegría para los que se refugian en él! Teman al Señor, ustedes los de su pueblo santo, pues los que le temen tendrán todo lo que necesitan.

SALMOS 34:8-9

Planea conmigo

Amado, veo cuán cansado estás, y me preocupa tu paz y tu salud. Conozco todas tus necesidades. Pon tu corazón ante mi presencia, y encontrarás fortaleza en mi descanso. Descansa conmigo ahora, y yo prepararé tu camino y quitaré los obstáculos frente a ti. Soy el Dios de las batallas, pero también soy el Dios del viento para ayudarte a planear.

Cuando estás a solas conmigo, yo te llevo gozosamente a los manantiales más profundos de mi amor. Me deleito en llenarte hasta desbordar. Viajemos juntos. Vuelve a enfocar tus pensamientos, pues las demandas de la vida han apartado tu corazón de mi invitación a venir. Cuando te sientas conmigo en el asiento de misericordia, yo compartiré mis secretos contigo. Te invito a que nos apartemos y vayamos juntos al lugar del descanso. Yo te fortaleceré hasta que me conozcas. Planea conmigo por encima de las nubes oscuras.

¡Ven conmigo, mi amor! Sé como una gacela,
o como un venado joven sobre los montes de especias.

CANTARES 8:14

Nunca te olvidaré

Mi mano está sobre ti, y yo no fracasaré en guiarte en el sendero perfecto que he elegido. Son muchas las puertas que he abierto para ti. Soy tu Padre, quien te cuida en cada paso que das. Cuando las sombras permanezcan en tu camino, yo estaré contigo para iluminar tu sendero. Cuando estés confundido, yo haré mis caminos aun más claros para ti.

Cuando tu vida está en mis manos, no debes preocuparte acerca de la dirección que debes tomar. No es como el juego de escondite. No es necesario que busques mi voluntad como si la hubieras perdido. Debes sencillamente confiar. Mis decisiones para tu vida prevalecerán, y un día verás cuán perfectamente te he guiado. Te he escogido. Debido a que eres mío, he ordenado a los ángeles que estén a cargo de tus caminos. A medida que caminas conmigo, ellos te protegen y te sostienen para que no tropieces.

Guíame con tu verdad y enséñame, porque tú eres el Dios que me salva. Todo el día pongo en ti mi esperanza.

SALMOS 25:5

18 DE ABRIL

Permanece firme en mí

Nada puede alterar mi fidelidad sólida, y nada puede alterar tu fe. Cuando todo se desmorona, yo permanezco fiel. Cuando todo lo demás falla, la esperanza de mi promesa te guardará y te protegerá. Aférrate a mí y a lo que he prometido. Acuérdate de mi bondad. Confía en mi poder que no puede ser superado. Ya he provisto para todo lo necesario.

Lo que hice por David, lo haré por ti. Él creyó en mi misericordia. Cuando él se ocultaba dentro de mi presencia envolvente, yo me convertía en su escudo. Nada podía lastimarlo cuando iba a la batalla, y nada te lastimará a ti cuando permaneces dentro de mi gracia.

He tomado en cuenta tu fidelidad hacia mí. Cuando los demás hicieron su mejor esfuerzo para apartarte, tú todavía me buscabas como tu gran recompensa. Me regocijo con cantos cuando sopeso lo que me has entregado. He visto cada ofrenda, cada sacrificio y cada lágrima de sumisión. En el cielo no hay preocupaciones. Te he llamado a llevar una vida celestial en la tierra. Continúa estando firme y fuerte en mi amor, y yo proveeré todo lo que necesites.

Dios me arma de fuerza y hace perfecto mi camino.
Me hace andar tan seguro como un ciervo para que pueda
pararme en las alturas de las montañas.

SALMOS 18:32-33

19 DE ABRIL

Ha llegado el momento del cambio

Ahora la eternidad está anegándose en el tiempo. Esta época será la más productiva y poderosa que jamás hayas visto, pues yo estoy apresurando mi palabra para que se haga realidad. Las promesas largamente dormidas brotarán ahora a la vida, a medida que te llevo a través de los cambios más rápidos que alguna vez hayas experimentado.

Los cambios que están sobre ti exigirán que confíes más en mí. Al estirar tu fe, me encontrarás como nunca. Prepárate para el venidero reino del gozo, incluso mientras las sombras oscuras están sobre tus circunstancias. Da un salto de gozo, pues en ese salto de fe encontrarás mi presencia. La fe regocija y refrena la duda y el temor. Mira el fluir de milagros nuevos a través de las temporadas de gozo que yo traigo.

Está siempre listo para compartir tu fe viva con los que están cerca de ti. Expresa tus alabanzas, da tu testimonio audaz y valiente, y observa cómo enternezco los corazones de hombres y mujeres con mi amor. Aquí hay una gran cosecha; no algún día, sino ahora ¡exactamente hoy!

Las higueras comienzan a formar su fruto, y las vides fragantes están en flor. ¡Levántate, amada mía! ¡Ven conmigo, mi bella mujer!

CANTARES 2:13

20 DE ABRIL

Reclina tu cabeza en mi hombro

Ven y escucha, hijo mío divinamente amado. Se han desviado tus pensamientos y tu corazón está desgarrado. Acércate a mí y reclina tu cabeza en mi hombro. Descansa en mi amor y conoce la profundidad de mi cuidado para tu alma. Tu cuerpo, alma y espíritu me pertenecen. Te doy lo que más necesitas en esta hora: mi paz y mi amor. Bebe, pequeño sediento, y después, bebe un poco más. Nunca te sientas culpable de tomar más de mi amor.

Acércate más de lo que has estado. Deja que el temor se aparte de tus pensamientos de una vez por todas. El amor abre las puertas de mi presencia y trae gozo. Amado, puedes estar convencido de que todas las cosas están entretejidas en la tela de mi amor. Lo que parece un misterio ahora, pronto te traerá milagros. Lo que ahora te preocupa te traerá fortaleza a medida que te reclinas en mí. No permitiré que entres en un dolor más profundo. Hoy es el día de mi cortejo, de mi llamado, de acercar tu alma hacia mí. No permitas que algo te distraiga de tu verdadero lugar de descanso. Cuando descanses en mí y sometas tus pensamientos de ansiedad, yo te haré más fructífero.

Ciertamente, yo soy la vid; ustedes son las ramas. Los que permanecen en mí y yo en ellos producirán mucho fruto porque, separados de mí, no pueden hacer nada.

JUAN 15:5

Mi misericordia nunca está fuera de alcance

Tú nunca estás demasiado lejos. Nunca estás más allá del alcance de mi misericordia. Una y otra vez, te restauraré y te perdonaré. Abre tus ojos y mírame Alto y Majestuoso. Toca mis vestiduras de misericordia envolviéndote. Llénate de la gloria de mi amor. Recibe un suministro nuevo de mi fuente de misericordia y prepárate para lo que viene.

Yo soy el Dios del perdón y la misericordia. El Dios no de uno, dos o tres oportunidades, sino de misericordia *ilimitada*. Cuando caminas conmigo en una intimidad sagrada, las áreas de tu vida que todavía no han cambiado serán perfeccionadas. Tú eres mi templo, mi vaso santo. Fuiste comprado con sangre santa, santificado y justificado debido a lo que he hecho por ti, y perdonado debido al precio que pagué. Así que deja hoy tus fracasos ante mí. Invítame en cada área donde el remordimiento te ha afligido. Suelta tu pasado y camina hacia una vida nueva conmigo. Nunca es demasiado tarde. Mi misericordia nunca está fuera de alcance.

«Te digo que sus pecados—que son muchos—han sido perdonados, por eso ella me demostró tanto amor; pero una persona a quien se le perdona poco demuestra poco amor». Entonces Jesús le dijo a la mujer: «Tus pecados son perdonados».

Lucas 7:47-48

Las puertas que yo cierre serán una bendición

Nunca te decepcionaré. ¿Recuerdas cuando en el pasado te ayudé y te sostuve? No permití que tus enemigos te vencieran. Atravesé las nubes de desesperación y te rescaté. No te decepcionaré. Muchas veces te sientes decepcionado cuando cierro una puerta. Sin embargo, las puertas que yo cierro impiden que tomes decisiones equivocadas y que tomes los caminos incorrectos. No pierdas la esperanza cuando cierro una puerta, pues yo abro puertas que ningún ser humano puede cerrar, y cuando cierro puertas, no hay nadie que pueda abrirlas. ¿Puedes alabarme cuando cierro una puerta, así como cuando abro una?

Las puertas que cierro demostrarán ser una bendición. Resiste la decepción, y confía en que he elegido lo mejor para ti. Las puertas que cierro te dan oportunidades para que experimentes lo mejor de mí; pues yo estoy a cargo de tu destino cuando te sometes a mí. Abriré la nueva puerta correcta por cada una que haya cerrado, y verás la sabiduría de mi amor. Te traeré gran gozo y te ahorraré dolores innecesarios. Cree en mi amor, confía en mi amor y nunca te decepcionarás.

Confía en el Señor con todo tu corazón; no dependas de tu propio entendimiento. Busca su voluntad en todo lo que hagas, y él te mostrará cuál camino tomar.

PROVERBIOS 3:5-6

Ponme como un sello en tu corazón

Mi amor es una pasión ardiente y sagrada, mucho más fuerte que la sepultura. Empequeñece el dolor, la decepción y hasta la muerte misma. Es eterno. Está vivo. Invítame a marcar tu corazón con este fuego santo. Te purificará y te encenderá con mi amor, así que nada puede competir con tu afecto. Clama, hasta que cada parte de ti sea consumido solamente conmigo.

Ninguna parte de ti está prohibida para mi amor. Conozco cada lugar donde te escondes. Cada fibra de tu ser reaccionará cuando me permitas quemar todo lo que estorba nuestra relación. Cuando me invites a entrar, te encenderé con un amor muy poderoso y tangible, será como un fuego en tus huesos que te purifica y faculta, despierta tu corazón y te cambia para siempre. El fuego de mi presencia creará una atmosfera, no solo en ti, sino también a tu alrededor. Tendrás un avivamiento y yo me moveré a través de ti, estimulando la pasión sagrada en los demás. Ponme como un sello de amor sobre tu corazón, y llegarás a ser una llama viva de mi gloria.

Las muchas aguas no pueden apagar el amor, ni los ríos pueden ahogarlo. Si un hombre tratara de comprar amor con toda su fortuna, su oferta sería totalmente rechazada.

CANTARES 8:7

Te acepto sin condiciones

La vida es lo suficientemente ocupada como para que te sientas presionado con las tareas religiosas. Sin importar lo que cualquier persona podría decirte, yo no necesito que actúes para mí. No necesito que tu conducta sea perfecta, que te vistas impecable o que portes una máscara para cubrir tus emociones o tu personalidad. Te amo completamente, justo tal como eres. La vida conmigo no es una vida de esclavitud y tareas.

La vida conmigo es libre y bella. Se trata de descubrir cuán perfecta y cuidadosamente te amo. Yo morí por ti. Di todo lo que tenía para que pudieras ser aceptado sin condiciones. No eres lo suficientemente santo o inteligente para perfeccionarte con tus propias fuerzas, así que yo lo hice por ti. Todo lo que deseo es que llegues a conocerme. Estar quieto en mi presencia y disfrutar nuestra relación. Quiero que dejes de hacer las cosas por obligación y que descubras cómo es caminar conmigo en felicidad pura, sencillamente porque me amas.

Has cautivado mi corazón, tesoro mío, esposa mía.
Lo tienes como rehén con una sola mirada de tus ojos,
con una sola joya de tu collar.

CANTARES 4:9

Yo abriré un camino

Te he guiado aquí, amado mío. Ni un solo paso has pasado por alto. Desde que tomaste la decisión de que tu corazón buscara mi rostro y rendiste tu voluntad a la mía, te tomé de la mano y no te he dejado. Aunque parezca como si hubieras atravesado un muro de ladrillo que estaba bloqueando tu camino, mira más atentamente. Mira con la pureza de la visión del Espíritu y notarás que realmente es una puerta. Soy bueno en hacer un camino donde pareciera que no lo hay. Lo que ves como una señal de bloqueo, yo lo veo como un momento para que hagas una pausa y encuentres tu paz en mí, nada más que en mí.

Las circunstancias no siempre son lo que parecen. Cuando vivas desde mi perspectiva privilegiada, empezarás a ver las cosas desde mi punto de vista. Te pondrás muy emocionado por los reveces, porque empezarás a verlos como oportunidades de algo más grande. Esto podría no ser lo que esperabas, pero recuerda, yo soy fiel, y lo único que tengo en mente es solo lo mejor para ti. Deja los detalles en mis manos, y yo abriré un camino.

Y sabemos que Dios hace que todas las cosas cooperen para el bien de quienes lo aman y son llamados según el propósito que él tiene para ellos.

Romanos 8:28

26 DE ABRIL

Tengo todas las provisiones que necesitas

Yo soy el Dios que provee todo lo que necesitas y suple todo lo que te hace falta. Nunca te reprimas por lo que tú llamas carencia o necesidad, pues son oportunidades para lo que yo llamo «milagros de confianza». Cuando confíes en mí, yo abriré puertas de bendición y de provisión milagrosa que nunca abrías considerado. Mantente fiel, pues yo te demostraré mi fidelidad y mi provisión milagrosa. Habrá recursos ilimitados para ver completada mi cosecha de las naciones y a mi novia resplandeciente.

¿Acaso no he suplido más de lo que necesitas y hasta he satisfecho muchos de los anhelos que llevas en la profundidad de tu corazón? He prometido cuidarte y traerte a mi gloria eterna. Las riquezas del mundo no son nada más que baratijas en comparación a mi gloria. Sé fiel, y yo seré tu mayor recompensa. Te restauraré y proveeré en maneras que te revelarán mi corazón de amor. Mi misericordia trae regalos y sorpresas. Siempre habrá provisión para tus necesidades, y en mi misericordia, te revelaré dónde puedes hallarme, pues esta será la época de provisión abundante para toda necesidad que tengas.

Y este mismo Dios quien me cuida suplirá todo lo que necesiten, de las gloriosas riquezas que nos ha dado por medio de Cristo Jesús. ¡Toda la gloria sea a Dios nuestro Padre por siempre y para siempre! Amén.

FILIPENSES 4:19-20

Ámame a través de las dificultades

Amado de mi corazón, escucha la voz de tu Padre. He puesto mi amor en ti y nunca olvidaré la forma en que me has amado a través de tus dificultades. Aunque enfrentes un amanecer nublado, la luz de amor atravesará esas nubes y brillará sobre ti. En este día nuevo, te prometo: estoy llevándote hacia adelante. Lo que te ha impedido en el pasado, pronto estará olvidado a medida que la esperanza de un día nuevo se vuelva una realidad para ti.

Recuerda lo que te dije cuando me entregaste tu corazón. Prometí guiarte y llevarte hacia adelante, tú respondiste diciendo: «Te amaré y te serviré por el resto de mi vida». Recuerda esa promesa y ámame incluso a través de lo que te intimida y lo que te agobia. Ámame donde estés y mira los milagros que haré para ti. Dame tu corazón, así como lo hiciste al principio, y mi gracia te llevará hacia adelante hasta que digas: «¡Todo lo que has hecho en mi vida es bueno!».

El camino de los justos es como la primera luz del amanecer, que brilla cada vez más hasta que el día alcanza todo su esplendor.

PROVERBIOS 4:18

Siente mi gozo ilimitado

Yo soy el Rey de paz. Todo el que habita en mí vive en un paraíso de amor y gracia. Mi fortaleza se vuelve tuya cuando todo lo que puedes hacer es caer en mis brazos de amor. Cuando sientas que estás contra la pared, yo haré un camino donde parece no haberlo. Es mi deber hacerlo. Y cuando estés en el otro lado, detente por un momento, espera y escucha, y escucharás mi canción. Mi paz fluirá como un río en tu corazón afligido hasta que puedas decir: «Alma mía, todo está bien».

Hijo mío, este es el día de todo, no de una parte. Verás *todo* lo que respecta a mi amor y *todo* de mi poder a la disposición de todos los que han buscado mi rostro con *todo* su corazón. Los placeres del Edén se encuentran dentro de ti. Debido a que escogiste el camino estrecho, yo te animaré con mi presencia hasta que mi gozo rebalse en tu interior. Ahora es el momento de descubrir el gozo ilimitado de mi corazón.

Cuando les suceda eso, pónganse contentos. ¡Sí, salten de alegría, porque les espera una gran recompensa en el cielo! Y recuerden que los antepasados de ellos trataron a los antiguos profetas de la misma manera.

Lucas 6:23

Mi don es una vida triunfante

Me encanta darles buenos regalos a mis hijos, a aquellos que han nacido de lo alto. Los tesoros que tengo para otorgar, el mundo jamás podrá darlos y tampoco puede entender su valor. Te doy vida nueva, vida de resurrección. Por la muerte de mi cuerpo en la cruz del Calvario se dio la virtud viva. La vida nueva que te doy brotará en tu alma y someterá todo lo que compita con mi amor. El gozo inexpresable de la resurrección es mi regalo para ti.

El mundo solo puede ver a Cristo muriendo en una cruz, pero yo soy el Cristo de victoria triunfante, salí de la tumba de un brinco como la cierva de la mañana. Mi vida no estuvo retenida en la tumba, porque esta es la vida de amor eterno que nunca se puede detener. La tumba no pudo retenerme, pero tú puedes hacerlo. Puedes tenerme cerca y ser el amado de tu corazón. Este es mi regalo para ti: mi vida eterna y triunfante. Experimente la grata confianza de que yo vivo en ti. Descansa en esta confianza y tu paz será grandiosa.

...pero ahora quedaron libres del poder del pecado y se han hecho esclavos de Dios. Ahora hacen las cosas que llevan a la santidad y que dan como resultado la vida eterna.

ROMANOS 6:22

Deja que mi amor te capacite

El camino por donde te llevo no es el ancho que lleva a la destrucción, sino el angosto que se va haciendo más estrecho conforme te guío hacia adelante. Yo llamaré a mis triunfadores. Llamaré a mis seguidores fieles. Es a ellos a quienes llevaré por los senderos estrechos que lleva a mi corazón y a mis caminos. Te daré fe. Mi amor te capacitará para que subas los caminos más empinados y cruces a través de los valles más profundos. Mis vencedores se levantarán y cantarán, incluso si estuvieran presos y sufrieran dolor.

Vendré a ti como una oleada, lavando todo lo contaminado. A veces, mi oleada traerá lágrimas a medida que ves cuán resuelto estoy acerca de hacer de ti un libertador. Permanece cerca de mi corazón, donde nada puede perturbarte, incluso cuando la tierra tiemble por todas partes. Te prepararé y te daré todo lo necesario para vencer. Incluso cuando el sendero parezca demasiado estrecho para caminar, yo te guiaré. Te he destinado para reinar como mi vencedor. Déjame perfeccionarte ante mis ojos para que puedas cumplir tu destino.

...los capacite con todo lo que necesiten para hacer su voluntad. Que él produzca en ustedes, mediante el poder de Jesucristo, todo lo bueno que a él le agrada. ¡A él sea toda la gloria por siempre y para siempre! Amén.

Hebreos 13:21

Mayo

Mi amor te guardará

La gente podría burlarse de ti cuando estés equivocado, pero yo te levantaré cuando caigas y pondré tus pies en tierra sólida. Mis palabras tienen el poder para eliminar todos tus temores. Tienen la gracia para borrar todos tus errores. Escucha mis palabras y atesora todo lo que te digo. Te llevaré a un lugar nuevo donde verás más claramente y amarás con más profundidad.

Me daré a conocer ante ti, y verás que estoy trabajando en tu vida. Te regocijarás debido a lo que estoy haciendo en ti, pues serás un vencedor. Tu fe surgirá debido a mi misericordia y bondad. El llamado sobre tu vida es magnífico, y aun así has olvidado las promesas que te hice. Es el momento de dejar de andar en el sendero de tus propias decisiones, pues tú me perteneces… completamente. Con mi amor llega mi poder. Elévate como el águila en las alturas, incapaz de caer, pues mi amor te guardará a medida que te rindas completamente a mi amor.

Pero tú, oh Señor, eres Dios de compasión y misericordia,
lento para enojarte y lleno de amor inagotable y fidelidad.
Mírame y ten misericordia de mí. Dale tu fuerza a tu siervo;
salva a este hijo de tu sierva.

Salmos 86:15-16

Sé mi mensajero de amor y luz

Te he creado para que seas un mensajero de mi amor y luz. Te he llamado para llevar el sonido de mi voz a muchas personas. No escondas tu luz, déjala brillar ante los demás. ¡Para esto fuiste creado! Asóciate conmigo y juntos llevaremos mi verdad a todo el mundo.

Muchos están en busca de lo que yo te he dado. Toma este regalo y llévalo a los que están cerca. Ve a cada persona a través de mis ojos de compasión. Muestra misericordia, así como yo te la he mostrado a ti. Nunca dejes que el pecado de los demás te provoque juzgarlos. Deja que tu familia vea que yo vivo en ti, y ellos me glorificarán. Nunca temas compartir este regalo con quienes lo necesita, aquellos que están sufriendo y a los que son fríos y duros. Pues oculto detrás de sus corazones duros están las almas frágiles que deben experimentar este tesoro. Ábreles tu corazón y comparte mi amor. Este amor te lo he dado gratuitamente, así que compártelo gratuitamente con ellos. Diles hoy que pueden experimentar la dulzura de mi amor y mi luz justo allí donde se encuentran.

De la misma manera, dejen que sus buenas acciones brillen a la vista de todos, para que todos alaben a su Padre celestial.

MATEO 5:16

Nunca te abandonaré

Muchos buscan a otros para que los ayuden, pero yo quiero que tú dependas de mí. Siempre podrás contar conmigo. Nunca te abandonaré. Confía en mí. Yo he nombrado a cada estrella, he medido los océanos en la palma de mi mano, he sostenido las montañas de la tierra y he desenrollado el tapiz de los cielos, y aun así tú eres mi obra maestra de amor. Eres el gozo que mueve mi corazón. Nunca te olvidaré ni fallaré en mantenerte cerca de mí.

Estás siempre en mis manos como aquel a quien amo. Deja que tus desafíos te lleven a una fe mayor. Mi brazo extendido de poder te dará valentía. Aférrate a mí, y la omnipotencia de mi amor sanará el dolor escondido profundamente en tu corazón. Entrégame el dolor de la confusión y el rechazo. Sé valiente y perdona a quienes te han lastimado, para que puedas ser libre para reír y vivir. No soy solamente tu Salvador y Señor, soy tu Amigo. Eternamente fiel, nunca te abandonaré.

Espero que puedan comprender, como corresponde a todo el pueblo de Dios, cuán ancho, cuán largo, cuán alto y cuán profundo es su amor. Es mi deseo que experimenten el amor de Cristo, aun cuando es demasiado grande para comprenderlo todo. Entonces serán completos con toda la plenitud de la vida y el poder que proviene de Dios.

EFESIOS 3:18-19

La alabanza es tu clave

Permite que las alabanzas surjan de las profundidades de tu alma. Permíteles irrumpir a través del suelo seco y desquebrajado del desánimo y la decepción. Tus canciones de mor y declaraciones de confianza te libertarán de los grilletes que te han atado al punto de vista terrenal de tu situación.

Alábame cuando estés decepcionado, porque yo siempre tengo la última palabra. Alábame en la enfermedad, porque yo soy tu Sanador. Alábame en las épocas de retrasos, porque mi tiempo es perfecto. Alábame en las dificultades y mi fortaleza será tuya. Alábame cuando no puedas encontrar el camino, porque tú me conoces… soy tu Hacedor de Caminos.

Cuando nada parece ir bien y te sientes desanimado y solo, levanta tu cabeza y deja derramar tus canciones de amor. Canta hasta que la pesadez se vaya. Canta hasta que puedas sentir mi aliento refrescante sobre tu alma. Canta hasta que cada pensamiento que se oponga a mi verdad se doblegue y se rinda. Elige alabarme y ofrecerme cantos de amor y entrega, especialmente cuando el enemigo está presionándote fuertemente y surgirás victorioso con su cabeza bajo tus pies.

Y todo lo que hagan o digan, háganlo como representantes del Señor Jesús y den gracias a Dios Padre por medio de él.

Colosenses 3:17

Te escogí con un propósito

Dame un corazón que escucha, y yo te daré palabras llenas de esperanza acerca de lo que ha de venir. Muchos piensan que han escuchado mi voz, pero no es así. Algunos han escuchado mi susurro, sin embargo, su corazón no ha cambiado. Pero te he llamado a ti que tienes el propósito de escuchar claramente y usar mis palabras que dan vida para fortalecer a otros.

A medida que te capacite para que escuches mi voz, llegarás a convertirte en un instrumento afilado en mis manos. Te transformaré en una persona distinta. Estos son los días en que te voy a capacitar y a instruir compartiendo muchos secretos de lo que yo hago. Estos son los días en que yo te impartiré mi corazón de compasión y te haré un misionero de esperanza para muchas personas. Serás una voz que siempre lleva vida a los demás y gracia a los débiles. Yo pondré palabras en tu boca que declaren la verdad y transformen vidas. Te escogí con un propósito, y mi plan para tu vida se cumplirá.

Escuchen mi instrucción y sean sabios; no la pasen por alto. ¡Alegres son los que me escuchan, y están atentos a mis puertas día tras día, y me esperan afuera de mi casa!

PROVERBIOS 8:33-34

El temor no es tu amigo

El temor no es tu amigo, así que deja de estar de acuerdo con él. Ya no escuches cada mentira que te lanza el enemigo como si no tuvieras el poder para resistirlo. Rechaza la invitación de encogerte de miedo, mientras repasas el resultado que él ha visualizado para ti. Declara mi verdad. Toma tu escudo de la fe que apagará los dardos encendidos del infierno. Permanece firme y ten valor.

Eres poderoso, estás lleno del mismo Espíritu que levantó a mi Hijo de la tumba. Confía en el poder de mi amor que está en ti. Siembra tu fe en el corazón del miedo y arráncalo de tu alma. Tíralo ante mi presencia y confía en que yo soy quien dice ser. El temor y la confianza no pueden coexistir. No tienes que descifrar esto. No dejes que el enemigo te engañe pensando que estar obsesionado sobre esto cambiará la situación. No será así. Sencillamente ponlo en mis manos y ciérrale la puerta al temor. Yo estoy aquí, contigo. Deja atrás el temor. Confía en mí.

Los discípulos fueron a despertarlo: «¡Maestro! ¡Maestro! ¡Nos vamos a ahogar!», gritaron. Cuando Jesús se despertó, reprendió al viento y a las tempestuosas olas. De repente la tormenta se detuvo, y todo quedó en calma. Entonces les preguntó: «¿Dónde está su fe?». Los discípulos quedaron aterrados y asombrados. «¿Quién es este hombre? —se preguntaban unos a otros—. Cuando da una orden, ¡hasta el viento y las olas lo obedecen!».

LUCAS 8:24-25

Mi amor por ti nunca se desvanecerá

Aunque los cielos se enrollaran como un pergamino y las montañas temblaran y cayeran al mar, mi amor por ti nunca será sacudido, tampoco cambiará. Te he sostenido como mi tesoro y te he anhelado, incluso del mismo modo en que tú me anhelas. Un fuego sagrado arde dentro de mí, un fuego de amor que consume nunca se acabará. La pasión que tengo para que me pertenezcas nunca podrá desvanecerse ni se debilitará.

Te he prometido que nunca te dejaré sin consuelo. Te llevo conmigo en todo momento. Nunca tendrás que tantear en la oscuridad para encontrarme. Cada día, la gloria de mi presencia se posa sobre ti, incluso cuando no lo distingas. Cuando tienes sed, te doy agua de vida; cuando tienes hambre de más, te doy pan de vida y mi paz que te satisface. Cuando levantas tu rostro hacia mí, el resplandor de mi amor te limpia y fortalece. Deja que la realidad de mi amor te consuele hoy. Mi presencia es todo lo que necesitas.

En cambio, nosotros somos ciudadanos del cielo, donde vive el Señor Jesucristo; y esperamos con mucho anhelo que él regrese como nuestro Salvador. Él tomará nuestro débil cuerpo mortal y lo transformará en un cuerpo glorioso, igual al de él. Lo hará valiéndose del mismo poder con el que pondrá todas las cosas bajo su dominio.

Filipenses 3:20-21

8 DE MAYO

Vive por encima del caos

No es necesario que tropieces hoy, topándote con cada obstáculo de duda y frustración. Toma mi mano. Deja que te guíe por los senderos de amor. Yo ha pagué precio máximo para estar contigo, no solo para tenerte a mi lado, sino para meterte en la herida de mi costado para que seamos uno solo. No caminas simplemente a mi lado, sino que caminas dentro de mí. Vives, te mueves y tienes tu mismísimo ser dentro de la realidad de mi existencia.

En mi presencia hay plenitud de gozo, gozo que no es contingente a tus circunstancias, gozo que hace que tu corazón cante incluso en tiempos de dificultad, gozo que es más profundo que el sufrimiento. Cada oposición es una oportunidad para que crezca tu fe, paciencia y carácter. Para aprender a disfrutar la libertad de una fe llena de expectativas. Es una oportunidad para confiar en mí para ser por ti lo que no puedes ser por ti mismo. Deja que mi presencia, no tus logros, sea tu objetivo máximo, y tu perspectiva cambiará. Ven. Vive por encima del caos. Mira, desde mi perspectiva privilegiada, la hermosura de tu recorrido.

Pues nuestras dificultades actuales son pequeñas y no durarán mucho tiempo. Sin embargo, ¡nos producen una gloria que durará para siempre y que es de mucho más peso que las dificultades! Así que no miramos las dificultades que ahora vemos; en cambio, fijamos nuestra vista en cosas que no pueden verse. Pues las cosas que ahora podemos ver pronto se habrán ido, pero las cosas que no podemos ver permanecerán para siempre.

2 Corintios 4:17-18

Permanece en mi amor infinito

Mi amor siempre presente te ha llevado a través de la vida, así que nunca dejes que la decepción viva en ti. Yo soy tu Dios, el amante poderoso de tu alma, quien nunca será rechazado por tu corazón débil. Estoy animado a darte fortaleza cada vez que yo vea tu debilidad. Tu crecimiento me deleita, pues la gracia que he derramado sobre ti te traerá a una luz y una gloria mucho más grande. Confía en mí y mira cómo trabajo mientras demuestro hoy las profundidades de mi amor por ti.

Descansa en mi amor durante tu difícil época nocturna. Nunca dudes de mi gran amor por ti, sino mira la profundidad de mi amor a través del sacrificio de mi Hijo. En el Calvario, yo lo levanté entre los cielos y la tierra como una señal de que mi amor es infinito. Entregué lo que era más preciado para mí para poder tenerte a ti. Nada podrá separarte de este amor, ni el dolor o la presión, ni la tristeza o la decepción. Habita en mi amor incondicional, y la paz gobernará cada rincón de tu corazón. Nada es más poderoso que mi amor.

Yo los he amado a ustedes tanto como el Padre me ha amado a mí. Permanezcan en mi amor. Cuando obedecen mis mandamientos, permanecen en mi amor, así como yo obedezco los mandamientos de mi Padre y permanezco en su amor.

JUAN 15:9-10

Traeré el cambio que necesitas

Me has dicho: «Toma mi vida y hazme la persona que tú quieres que sea». Escucha mis palabras y ellas serán vida y poder en ti. El gozo más grande de tu vida será conocerme, al conocer que yo soy amable y bondadoso con mis hijos, y lleno de compasión y perdón hacia lo que caen. Conociéndome es como llegas a saber con exactitud quién eres tú.

Mantén esta postura de devoción sincera, y yo te haré un instrumento puro y refinado de mi amor. Tráeme tu corazón atento, y yo te daré la vida y el cambio que anhelas. Esta época de desavío te llevará de la pasividad a la pasión. El fuego de mi amor te motivará a hacer sacrificios de tiempo y tesoro en los que nunca te habías involucrado. Estoy moviéndome sobre tu corazón para que se entregue a mí, para ir a donde yo te envíe, y para hacer lo que te he llamado a hacer. Sígueme, aunque tengas que pagar un gran precio personal, y me verás como el gran Cumplidor de Promesas.

Restaura en mí la alegría de tu salvación
y haz que esté dispuesto a obedecerte.

SALMOS 51:12

Yo trabajo en los momentos silenciosos del descanso

Tu vida es mi jardín, y yo soy el responsable de que producir mi fruto en tu vida. Observa cómo trabajo en tus momentos silenciosos de descanso. Tú eres una rama que crece de mí, hecha para permanecer cerca y conectado a mi corazón. Tu vida fluirá como leche y miel a medida que convivas conmigo.

Cuando creé al hombre y a la mujer en el sexto día, los creé más que para una labor; los creé para el descanso. Incluso yo, el Creador de todas las cosas, descansé el séptimo día. Cuando descansas, yo puedo restaurar y reprogramar el cansancio de tu cuerpo y tu alma. Toda tu realización se hallará en la satisfacción del Sabat de mi vida en ti. Tu primer amor se restaurará cuando recuestes tu cabeza en mi hombro. Ven, hijo de mi deleite, hijo de mi corazón. Ven a mí. Sé todo lo que necesito saber acerca de ti, y te amo más de lo que puedes percibir. Soy gentil y compasivo. Cuando comas del huerto de mi presencia y descanses en mí, portarás el fruto de mi Espíritu en tu vida.

Su brazo izquierdo está debajo de mi cabeza,
y su brazo derecho me abraza.

CANTARES 2:6

Pronuncia mis palabras de verdad

El momento de la gran efusión sobre las naciones está cerca. Muchos burladores serán arrastrados a mi presencia y se volverán creyentes en un solo día. Muchos indecisos abandonarán sus limitaciones y me buscarán como nunca. Será un día de arrepentimiento y de reunión. Aquellos que ignoren mi verdad serán rechazados, pues yo será adorado en espíritu y en verdad.

Mi pueblo está experimentando un avivamiento. Las naciones están maduras para la cosecha. Amado mío, te animo a decir las palabras de misericordia y verdad que anhelo entregar a través de ti. Apártate para mí, y yo te instruiré con mis misterios. Recuerda que yo fortalecí a mi siervo Elías en el arroyo seco. Recuerda que le dije a Moisés que golpeara la roca para que mis ríos se llenaran. Aunque no entiendas todo lo que pido de ti, sé gozosamente obediente y dispuesto. Te usaré para fortalecer a los débiles y para llevar sanidad a los afligidos. Escucha cuidadosamente mis palabras, y tú serás alguien completamente equipado para representarme.

Así que tengo razón de estar entusiasmado por todo lo que Cristo Jesús ha hecho por medio de mí al servir a Dios. Sin embargo, no me atrevo a jactarme de nada, salvo de lo que Cristo ha hecho por medio de mí al llevar a los gentiles a Dios a través de mi mensaje y de la manera en que he trabajado entre ellos.

Romanos 15:17-18

Todo está bien en mi presencia

Cuán bueno y placentero es cuando te acercas a mí y dejas tus dudas atrás. La luz ardiente de mi presencia consumirá todo temor y todo pensamiento que estorbe tu paz. Ven ante mí y mira lo que te espera.

Hijo mío, acércate a mí.

Mi fiel hijo, acércate y me encontrarás.

Mi amante santo, trae tu alma a mi presencia amorosa.

Todos aquellos que encuentran su deleite en mí beben de un caudaloso arroyo de alegría. El gozo que sentirás durante la eternidad es deleitarte en mí. Es bueno que te acerques a mí. No hay distancia entre nosotros cuando tu espíritu me anhela. Muchos cantarán simplemente acerca de esto, otros orarán por esto, pero la puerta abierta espera que entres. Ven al umbral de mi gloria y me encontrarás. He atado mi corazón al tuyo. El amor te acercará. Incluso ahora, estás sintiendo un jaloncito, el toque de mi amor eterno. Ven, acércate a mí, y yo me acercaré aún más a ti.

¿A quién tengo en el cielo sino a ti?
Te deseo más que cualquier cosa en la tierra.
Puede fallarme la salud y debilitarse mi espíritu,
pero Dios sigue siendo la fuerza de mi corazón;
él es mío para siempre.

Salmos 73:25-26

Yo conozco el porvenir

Quiero contarte acerca de tu futuro. No se parece en nada a tu pasado. Te he formado con mis manos y preparé para ti todo lo que ha de venir. Fija tus ojos en mí, y yo nunca te decepcionaré. Los temores de esta época nunca te llevarán cautivo. Pues yo soy el Dios de los cielos. Veo todo lo que viene y sé que mi mano te sostendrá.

Las dificultades llegarán, pero así mismo tendrás una unción más grande de mi presencia en ti. Los días se oscurecerán, pero tú, mi elegido, llevarás mi gloria y revelarás a tu Padre celestial. Aunque la tierra tiemble, tu corazón permanecerá en paz, ya que mi pacto de amor no puede romperse. Permanece en mi gloria hasta que veas como veo yo. El entendimiento llenará tu corazón y la esperanza en tu interior se expandirá y agobiará todo temor. Sé que hay adelante para ti: días de luz y gloria, años de deleite y alabanza. Nunca, jamás cedas ante la desesperación que te roda, sino que llena tu corazón con la luz de la revelación.

Porque soy recto, te veré; cuando despierte,
te veré cara a cara y quedaré satisfecho.

Salmos 17:15

Deja tu listado de quehaceres

A veces, tener un día productivo significa *que no tuviste la oportunidad* de cumplir con tu listado de quehaceres. Lo que tú consideras un día fructífero no siempre es lo más beneficioso para tu alma. A veces, lo más productivo que puedes hacer es decir no al ajetreo y descansar en mi presencia. El tiempo que pasas buscándome siempre es un tiempo bien invertido.

Cuando sientas el jaloncito de mi Espíritu invitándote a apartarte y buscar mi rostro, es algo siempre bueno para ti. Soltar el listado y dejar, de vez en cuando, algunas cosas sin hacer no será una catástrofe. Cuando dejas de lado tus listados y objetivos para el día y me eliges a mí, eso nunca es un desperdicio de tiempo. Aquellas cosas pueden esperar. Incluso si te retrasas, yo soy más que capaz de facultarte con suficiente gracia para hacer las mismas cosas en menos tiempo. No te ignores a ti mismo. No ignores la necesidad de apartarte y refrescarte en mi presencia. Tienes permiso para descansar, para buscarme. Apartar un momento conmigo es tu prioridad número uno.

Tus dientes son blancos como ovejas
recién esquiladas y bañadas.
Tu sonrisa es perfecta; cada diente hace
juego con su par.

CANTARES 4:2

Soy el Dios de lo nuevo

Yo soy el Dios de lo nuevo. Cuando me veas avanzando, es el momento para que tú también te muevas. Las antiguas maneras de hacer las cosas no serán suficientes. No funcionan en esta época nueva. Estoy entregando nuevos planos. ¡Hay una fragancia nueva y fresca en el aire! Entra a este nuevo territorio. Nunca has pasado por este camino, pero yo sí. Me adelanté a ti e hice un mapa de todo. He preparado el camino para ti y caminaré a tu lado. Y mi plan para ti es más hermoso que tu imaginación más idealista.

Mi voz te guiará hacia horizontes más hermosos y espaciosos. Yo te he equipado. Te estoy lanzando a un ámbito más grande de gloria, conocerte a ti mismo y que yo te conozca. Al conocerme, encontrarás una paz y esperanza mucho más grande que te animará a avanzar. Ya que en ese lugar encontrarás mi corazón y estarás a salvo. Así que no tengas miedo de probar nuevas iniciativas, ni de dejar cosas que ya han terminado toda su trayectoria; pues mi unción santa se está trasladando de lo que una vez fue hacia ¡lo que ya está listo!

Esto significa que todo el que pertenece a Cristo
se ha convertido en una persona nueva.
La vida antigua ha pasado; ¡una nueva vida ha comenzado!

2 Corintios 5:17

Yo te sostendré

Descansa en el ámbito de la paz, y sabrás cuándo hablo y cuándo me muevo. No temas estar solo o ir adelante mientras quienes te rodean se quedan cómodamente atrás. Te he llamado a seguirme a través de la puerta estrecha. Yo seré suficiente para ti. De la misma manera en que sostuve a mi siervo Abraham en su recorrido, yo te sostendré y te llenaré de mi amor. Mientras más desafiantes sean tus días, más se demostrará mi gran poder en tu vida.

Las promesas por mucho tiempo has tenido olvidadas, ahora se cumplirán. Yo soy más que suficiente para cumplir cada una de ellas. No he olvidado ninguna promesa, así que descansa en el entendimiento de que yo soy suficiente y conozco tu futuro. He marcado cada uno de tus pasos, acercándote más a mí y a la profundidad de mi gloria, hasta que finalmente seas conformado a mi imagen. Todo lo que soy, lo soy en ti. Todas las cosas son tuyas ahora: vida, eternidad, autoridad, poder y gloria. Nadie podrá quitártelas. Tú eres mi templo. Mi propio Espíritu, quien vive en ti, te sostiene.

Y Dios proveerá con generosidad todo lo que necesiten. Entonces siempre tendrán todo lo necesario y habrá bastante de sobra para compartir con otros.

2 Corintios 9:8

No ignoraré el clamor de injusticia

Estoy a punto de desatar mi gran poder como un viento poderoso a lo largo de tu tierra. Las demostraciones de poder milagroso se verán a todo tu alrededor. Incluso ahora, mis vientos están derribando las estructuras y las enseñanzas de hombres que le impiden a la gente a confiar en mi poder. Los vientos huracanados soplarán limpiando todo lo que no proviene de mí. Mientras más confianza le des a las estructuras de hombres, más será la decepción que vendrá cuando yo las derribe. Mi verdad prevalecerá.

Revelaré mi poder contra la maldad y la injusticia, derrocando al malvado que oprime a los inocentes. Expondré las mentiras que acechan en las sombras. Resaltaré la pureza y la pasión de mis amantes humildes. Nada queda oculto de mi vista. Cada ardid del maligno que ha procurado desviar a la gente, fallará; pero aquellos que guiaron con integridad brillarán como el sol. Aunque la oscuridad busca ahogar la vida, mi vida, y sacarla del mundo, yo soy el Dios Omnipotente. No ignoraré los clamores de injusticia. He venido para traer la gloria del cielo a la tierra. Es el momento de que yo libere mi poder por toda la tierra.

Los reyes de la tierra se preparan para la batalla;
los gobernantes conspiran juntos en contra del Señor
y en contra de su ungido. «¡Rompamos las cadenas! —gritan—,
¡y liberémonos de ser esclavos de Dios!». Pero el que gobierna
en el cielo se ríe; el Señor se burla de ellos.

Salmos 2:2-4

Es el momento de surgir

Ya viene tu Novio. Está en la tierra, listo para levantarte en sus brazos y guiarte. Corta la mecha quemada de tus lámparas, compra aceite de mi Espíritu, llena tu corazón de expectativa y sal a su encuentro. Él día de su boda está cerca. Levántate y deja lo que conoces para reunirte con Él en su gloria. Así como Él camina con su gran poder sobre sus enemigos, de la misma manera caminará su novia en los caminos de poder glorioso. Nada lo estorbará cuando venga por ella.

Pronunciaré mis palabras y liberaré mi poder a través de ti. Pues la esposa del Cordero se está preparando. Están limpiando y dejando sin mancha los atuendos de esplendor de su novia. Haré que millones se acerquen a mí en estos días de poder. Así que ven, vístete de fe y confianza en mí. Deja todo lo que te estorbe. No veas hacia atrás ni trates de llevar contigo lo viejo al lugar de lo nuevo. El camino es recto y la puerta estrecha. Ven solamente con fe, y verás la revelación de mi poder. ¡Lo que haré a través de ti no tendrá límite cuando vengas conmigo!

Salgan a ver al rey Salomón, mujeres jóvenes de Jerusalén.
Lleva puesta la corona que su madre le regaló el día de su boda,
el día más feliz de su vida.

Cantares 3:11

Que mi fortaleza divina te impregne

Incluso cuando las naciones tiemblen y se enfurezcan, mi paz se volverá más dulce a medida que los días se vuelven más oscuros. Escucha mi invitación y mira la puerta abierta. Soy el Padre que necesitas. Estoy firme, con los brazos abiertos, esperando para abrazarte y mantenerte protegido. Tu amor por mí no debe esperar ni quedarse afuera. Acércate a mí y nunca cedas ante las multitudes de distracciones que te rodean. Tu amor por mí te llevará a mi cámara cubierta de nubes. Y cuando hayas entrado al esplendor de mi gloria, habita en mí.

Aunque estés débil y agotado, pronto te levantarás con el viento de mi Espíritu. Tus alabanzas harán que vueles. Tu tiempo a solas conmigo te impregnará de fuerza debido a que mi gozo será tuyo. Mi amor puede motivarte en maneras que no has conocido. Permanece en mi presencia. Aférrate a lo que se te ha dado. En tu corazón está creciendo una nueva pasión por mí, y nadie puede arrebatártela. Todo está bien en mi presencia.

Espero que puedan comprender, como corresponde a todo el pueblo de Dios, cuán ancho, cuán largo, cuán alto y cuán profundo es su amor. Es mi deseo que experimenten el amor de Cristo, aun cuando es demasiado grande para comprenderlo todo. Entonces serán completos con toda la plenitud de la vida y el poder que proviene de Dios.

EFESIOS 3:18-19

Mis ojos están fijos en ti

Me has servido, me has buscado y me has amado a pesar de que no me has visto. Incluso cuando tu ambiente no estaba en su mejor momento, tu amor floreció. Me hallaste como tu Dios fiel. Nunca dejaré de escuchar tu voz y de responder a tu clamor. Mis ojos están fijos en ti. Continúa buscándome, incluso cuando te encuentres en un lugar difícil, aunque parezca que las tinieblas te rodean, y yo seré la luz de vida en ti.

Te he puesto en un lugar perfecto para que seas mi testigo y reflejes mi gloria. Cambiaré tus circunstancias a medida que me permitas cambiar tu corazón. Daniel no sufrió en el pozo de los leones por su falta de pecado, sino por su devoción a mí. Amado mío, muchas de las dificultades que has enfrentado no vienen de mi mano. Se deben al favor de mi corazón que te cubre. Te voy a promover a través de tu dolor en la medida en que me busques y te mantengas fiel a los planes que tengo para ti.

«La gente que estaba en la oscuridad ha visto una gran luz. Y para aquellos que vivían en la tierra donde la muerte arroja su sombra, ha brillado una luz».

Mateo 4:16

Revelaré mis misterios

Hijo mío, ¿por qué dudas? ¿Por qué has entretenido la mentira de que debido a que estoy oculto en el misterio, yo no quiero compartir mis secretos contigo? Eso no es suficiente para confiar en mis caminos; yo anhelo que tú transites por las profundidades de mi verdad y me busques para recibir un mayor entendimiento. Esa clase de entendimiento es más profunda de lo que tu mente puede interpretar, mucho más emocionante y santa de lo que tu imaginación puede visualizar.

Cuando busques mi sabiduría, los caminos de mi misterio se abrirán ante tus ojos. Muchos han visto mis milagros, pero nunca conocieron mis misterios. Los milagros y los misterios serán revelados a medida que guardes tu corazón ante mí. Hijo amado, soy un Padre que jamás te fallará. Te instruiré en los caminos que debes andar. Escucharás la voz de mi Espíritu dándote los secretos de mis caminos. A mi lado, tú escucharás el susurro de palabras de vida que te fortalecerán y te purificarán. Yo soy Aquel que te guía. Nunca te fallaré.

Él contestó: «A ustedes se les permite entender el secreto del reino de Dios; pero utilizo parábolas para hablarles a los de afuera».

Marcos 4:11

La luz del amanecer llegará

Me has amado incluso cuando sentías que yo estaba lejos. Me has buscado incluso cuando tus circunstancias extremas te empujaban a la duda. No abandonaré a los que me buscan, pues descubrirás que soy más que suficiente y soy todo lo que deseas. Tu confianza en mí es tu liberación; no necesitas nada más. Nadie puede satisfacer tu corazón, excepto yo. Deja que tus ojos brillen de esperanza. La luz del amanecer vendrá. Nunca rechazaré a quien me busque. Incluso en tu cautividad, yo seré tu fortaleza.

Recuerda que Daniel me sirvió mientras estuvo preso en Babilonia. Él permaneció fiel a mí, a costa de un gran precio. Aquellos que vigilaban su vida supieron que yo era su Dios: el Único que descubría las revelaciones de los secretos y le daba sabiduría. Yo haré lo mismo por ti. Descubrirás lo que los demás no han encontrado. Muchos dirán: «Dios está con ellos». Tú serás mi testigo verdadero. Muchos me hallarán cuando vean la forma en que te fortalezco y te defiendo.

Todo esto es para beneficio de ustedes, y a medida que la gracia de Dios alcance a más y más personas, habrá abundante acción de gracias, y Dios recibirá más y más gloria.

2 Corintios 4:15

Tus oraciones pueden fluir con poder

No te concentres en el camino de alguien más. Yo estoy trabajando en ellos, incluso en la misma forma en que trabajo en ti. Descansa en mi amor, y yo haré que se haga realidad. Te transformaré por medio de la renovación de tu mente. Quiero llevarte a una luz más grande con mayor entendimiento. Empezarás a ver lo que hago en la vida de los demás y orarás por ellos con sabiduría divina. Hasta que llegues más alto y entres a mi luz, no podrás entender todo lo que hago.

No te he llamado para juzgar con un corazón de crítica, sino a amar; a tratar a los demás con el mismo respeto y honor que te gustaría que otros te traten. Aunque veas el pecado de otras personas, ven a mí en oración; clama por misericordia en vez de mi juicio. Pide mi punto de vista. Busca en mi corazón lo que siento por los que andan en el engaño. Deseo intercesores que porten tanto el poder de misericordia como el manto de santidad. Sé misericordioso, como yo lo soy, y tus oraciones fluirán con verdad y poder.

Dirás a su pueblo cómo encontrar la salvación mediante el perdón de sus pecados. Gracias a la tierna misericordia de Dios, la luz matinal del cielo está a punto de brillar entre nosotros.

LUCAS 1:77-78

Yo soy quien te define

No te he rechazado. Cuando otros te rechazan y te lastiman, yo te acerco a mí. Deseo que entiendas quién eres y cómo te veo. Tu valor no está definido por las palabras de los demás. Cuando los que parecían importantes me escupieron, me pusieron sobrenombres y me crucificaron, mi identidad no cambió. Tu identidad no está establecida en la opinión que cualquiera tenga de ti. Está arraigada en mi verdad.

Veo en ti la capacidad de grandeza; no de la que sea necesariamente admirada y aplaudida por los demás, sino la importancia verdadera y la dignidad que proviene del cielo. Procura andar en el honor, la compasión y la integridad que te recuerdan quién eres en mí. Que tu objetivo sea complacerme, solo porque te amo, y la paz reemplazará las lágrimas cuando recuestes tu cabeza en la noche.

Tú eres un vaso de mi gloria. Eres hermoso. Eres valiente. Eres amado. Eres intrépido. Eres mi tesoro. Eres querido. Y nada, absolutamente nada, puede separarte de mi amor.

Ningún poder en las alturas ni en las profundidades, de hecho, nada en toda la creación podrá jamás separarnos del amor de Dios, que está revelado en Cristo Jesús nuestro Señor.

ROMANOS 8:39

Esto es lo que deseo para ti

¡Te invito al gozo y al agradecimiento! ¡Que cada día sea el día de alabanzas gloriosas! Alza tus ojos y mira las bendiciones que te he dado, y deja que el mundo sepa que eres mío. El redimido debe demostrarlo por medio de su agradecimiento y alabanza extravagante. Hoy, pon tu corazón ante mí, tu Padre, y aprende las lecciones dulces de gratitud. ¡Cuando me agradezcas, te libertaré!

Cuando mi Hijo caminaba sobre la tierra, Él demostró el poder de la gratitud frente a la carencia. ¿Recuerdas cuando él no tenía suficiente comida para alimentar a la multitud? En vez de mandarlos de regreso y de apoyarse en la sabiduría natural, Él me dio gracias por lo que tenía y confió en que yo haría el resto. Yo respondí dándole más de lo necesario. Esto es lo que yo deseo hacer por ti. Agradéceme y anímate a alabar. Acuérdate de que yo soy el Dios de milagros. Conviértete en una persona agradecida, y sacúdete las quejas; eres demasiado encantador para eso. ¡Mira lo que puedo hacer en medio de la oposición cuando tú me alabas!

Luego le dijo a la gente que se sentara sobre la hierba. Jesús tomó los cinco panes y los dos pescados, miró hacia el cielo y los bendijo. Después partió los panes en trozos y se los dio a sus discípulos, quienes los distribuyeron entre la gente. Todos comieron cuanto quisieron, y después los discípulos juntaron doce canastas con lo que sobró.

Mateo 14:19-20

Estás arraigado en mí

Eres una persona como los del Salmo 1; nada podrá apartarte de los arroyos de alegría, pues estás firmemente plantado allí y te niegas a andar en los caminos de injusticia y conoces tu llamado. Es un llamado a volar con las alas de las águilas, muy por encima del *statu quo*, por encima del pensamiento de este mundo cruel. El llamado tanto de altura como de profundidad te pertenecen.

Tu esperanza llega a los cielos y encuentra su ancla en el Lugar Santísimo, atado a mi misericordia. Tienes una esperanza que es tanto fuerte como inquebrantable. Te conecta a mi corazón y estabiliza tu alma. El amor ha sido tu cimiento seguro, y yo estoy llevándolo a una nueva dimensión. Estoy derrumbando todo lo que no es parecido al amor. Estoy construyendo tu casa, tu ministerio y llevándote a ser un vaso más glorioso. Cualquier problema que enfrentes será solamente un bache en el camino, el cual usaré para tu bien, pues yo soy tu Redentor y tu fortaleza.

Son como árboles plantados a la orilla de un río,
que siempre dan fruto en su tiempo. Sus hojas nunca
se marchitan, y prosperan en todo lo que hacen.

SALMOS 1:3

Estoy haciéndote más fructífero y fragante

Lo que sea que el enemigo trate de usar en tu contra por maldad, yo lo usaré para tu beneficio. ¡Soy tu Redentor, quien se sienta en los cielos y se ríe del enemigo! Nunca temas, yo abriré un nuevo camino de victoria para ti.

Amado, ya que operas en mi amor, tus raíces han alcanzado profundidad en la tierra. Tu fruto será tan abundante como el de las uvas de la tierra prometida, pues yo te doy la fe de Josué y de Caleb. Eres un vencedor y todos podrán ver y escuchar acerca de tu fruto y vendrán a probarlo. Yo he dicho que serás conocido por tu fruto. También serás conocido por la fragancia que portas. Ya que andas en mi aroma y dejas mi fragancia por donde quiera que vayas. Las pruebas que sufres solamente servirán para aumentar la fragancia y te llevan a una expansión aún más grande. Por lo tanto, dile adiós al pasado. ¡No tiene futuro para ti! Eres de los amantes de mi presencia. Las dificultades, las presiones y los problemas no te apartarán del amor celestial.

Arráiguense profundamente en él y edifiquen toda la vida sobre él. Entonces la fe de ustedes se fortalecerá en la verdad que se les enseñó, y rebosarán de gratitud.

COLOSENSES 2:7

Estás escondido en mí

Una vez, pasé frente a un hombre. Él no podía ver mi rostro, así que lo escondí en la hendidura de la roca. Mi siervo Moisés era mi amigo y compañero santo. Aunque yo no pasaré frente a ti, tú verás mi rostro en Jesucristo. Te he colocado en la herida de su costado. Ahora, tu vida está oculta, no en una roca, sino en Cristo.

La gloria de mi Hijo está ahora en ti. Esta esperanza viva te mantendrá fuerte cuando los demás caigan, pues tú estás en mí. En este lugar oculto, la confusión y las tormentas no pueden existir. La gloria de mi vida calma cualquier tormenta y acalla cualquier distracción. Te he llamado a tener una fe grande; la fe grande que mueve montañas de temor y encuentra paz en los vientos intensos. En este lugar silencioso, la belleza de mi amor te cambia. La vestimenta de esplendor reemplaza los harapos de tu yo. Te sentarás conmigo en el trono, en el Lugar Altísimo, escondido de los poderes de las tinieblas de la tierra. Ven y búscame con todo tu corazón. No me esconderé de ti, pero te esconderé a ti en mí.

Piensen en las cosas del cielo, no en las de la tierra.
Pues ustedes han muerto a esta vida, y su verdadera vida
está escondida con Cristo en Dios.

COLOSENSES 3.2-3

Mi fuego purificador caerá sobre ti

El fuego santo está por caer sobre ti y todo aquel que me anhele. Has pasado antes por el fuego, y eso te hizo más fuerte. Ese era mi fuego de prueba, pues todos los que me desearan serían probados por fuego. Has caminado a través del fuego de la confusión y has permanecido a mi lado. Sin embargo, ahora liberaré un fuego nuevo que se aferrará a tu alma.

Este es el fuego de purificación, para saturar y purificar tu corazón, y lo he reservado para quienes me aman. También es el fuego de poder, el poder que necesitas para llevar mi gloria a las ciudades de la tierra; esto es lo que estoy a punto de impartir. He enviado mi fuego a toda la tierra para bautizar a mi pueblo con poder y para ungir a mis siervos. Acepta con los brazos abiertos el fuego que te doy, y recibirás poder para soportar y vencer.

Cuando pases por aguas profundas, yo estaré contigo. Cuando pases por ríos de dificultad, no te ahogarás. Cuando pases por el fuego de la opresión, no te quemarás; las llamas no te consumirán.

ISAÍAS 43:2

Te invito a tener una fe grande

No te he llamado a tener una fe pequeña, sino una grande. La fe pequeña te impide encontrar la serenidad. La fe grande te capacita para confiar completamente en mi amor. La fe grande te permite creer que tus preocupaciones están en buenas manos cuando me las entregas a mí, a confiar más en las cosas que no puedes ver que en lo que las circunstancias dicen que es cierto. Todo lo que se trata de mí es vida y amor y paz. Descansar en mi vida es el deleite de tu Sabat.

Solamente en mí encontrarás los tesoros de sabiduría y conocimiento verdadero. Puedes atravesar la época más difícil de tu vida y todavía encontrar paz en el centro de tu espíritu, porque es allí donde yo estoy. Cuando confíes en mí, no serás decepcionado. ¿Acaso mi Hijo no dormía en paz en medio de una tormenta? La paz que se encuentra cuando estoy cerca, cambiará la atmósfera que te rodea. Abandona el deseo de tratar de razonar lo que está pasando y recíbelo por fe. Ven y halla descanso en este lugar de confianza.

Les dejo un regalo: paz en la mente y en el corazón.
Y la paz que yo doy es un regalo que el mundo no puede dar.
Así que no se angustien ni tengan miedo.

JUAN 14:27

Junio

1 DE JUNIO

Mi gracia abrió el camino

Te amo en tus dificultades y en tu debilidad. Mientras aún estás lejos, yo corro hacia ti para restaurarte. Aunque estés medio arrepentido, yo te estoy perdonando. Mientras sopesas tu futuro, yo me he adelantado para abrirte el camino. Mientras duermes, pongo mi gracia sobre ti. Mientras tienes la esperanza de que tu familia sanará, yo estoy trabajando en sus corazones para que tú estés completo.

En tu interior hay una necesidad profunda; una necesidad de mi gracia y misericordia. Como un río que siempre corre hacia el lugar más bajo, mi gracia corre hacia la necesidad más profunda de tu corazón y lo llena hasta rebosar. Pronto, brincarás con fuerza y correrás victoriosamente a través de las filas de las fuerzas del enemigo. En mi gracia, te entrenaré para ganar cualquier batalla y vencer al desánimo que ha procurado callar tu voz. Correrás a mi gracia y encontrarás todo lo que necesitas. Soy el Padre extravagante que te entiende plenamente. Así que ven con la expectativa de que yo trabajo a través de ti para cambiar al mundo.

Por eso estoy sufriendo aquí, en prisión; pero no me avergüenzo de ello, porque yo sé en quién he puesto mi confianza y estoy seguro de que él es capaz de guardar lo que le he confiado hasta el día de su regreso.

2 Timoteo 1:12

Te doy valentía

Hoy, te brindo el don de la valentía; valentía nueva. Es el momento de que descubras las riquezas y la gloria que he depositado en ti. Muchos se conforman con lo que sus ojos contemplan, pero tú me has pedido más. Veo tu corazón dispuesto a dejar atrás lo ordinario y a descubrir la riqueza sobrenatural de mi vida. Te traigo la energía de la fe viva, la cual es la valentía.

Estoy haciendo lo que me pediste; dándote una visión nueva para el futuro, llena de esperanza y valentía para ir hacia adelante. Cada don debe recibirse y utilizarse en tu recorrido. Da un paso de fe y obediencia a mi palabra, y encontrarás los brazos eternos sosteniéndote y dándote fuerza. Vengo con mi espada en mano, listo para pelear por ti a medida que tú tomas tu lugar a mis pies en adoración. Tus temores terrenales se disolverán cuando tú te inclines ante mi temor solamente. Te guiaré en los caminos de la valentía justa hasta que no tengas vergüenza en mi sagrada presencia.

Les he dicho todo lo anterior para que en mí tengan paz. Aquí en el mundo tendrán muchas pruebas y tristezas; pero anímense, porque yo he vencido al mundo.

JUAN 16:33

Yo me convertiré en tu confianza

Hoy, estás en el umbral de un comienzo nuevo. Todo lo que te rodea cambiará, y todo lo que he plantado en ti ahora crecerá y dará fruto. Tengo cosas maravillosas reservadas para ti, cosas que nadie jamás ha podido proclamarte. Muchos hablan de la lluvia que caerá pronto, pero yo digo: ¡será un chaparrón! Muchos hablan del fuego, pero ellos nunca han sido consumidos. Sin embargo, contigo mi fuego se propagará y las teorías de los hombres no podrán contenerlo.

Hay muchos que desean un día nuevo, pero tú serás repentinamente promovido a una nueva temporada más allá de lo que hayas imaginado o soñado. Pues será mi sueño el que se cumplirá en tu vida. Permanece firme en mí hasta que yo me haya convertido en tu confianza. Fija tus ojos en mí y no te preocupes acerca de tu futuro y tu llamado, pues yo soy el Dios que empieza y termina, el Alfa y la Omega. Me has visto muchas veces como Aquel que empieza. ¡Ahora me verás como Aquel que termina!

Y estoy seguro de que Dios, quien comenzó la buena obra en ustedes, la continuará hasta que quede completamente terminada el día que Cristo Jesús vuelva.

Filipenses 1:6

4 DE JUNIO

Mi amor purificador te arrasará

Estoy purificándote. Una y otra y otra vez, estoy limpiándote con mi amor y remojándote en mi gracia. Es cierto que ya estás limpio, pues mi palabra vive en ti y da fruto. Pero ¿acaso yo no lavé los pies de mis amados discípulos? De la misma manera, yo limpiaré la mugre de tus pies hasta que cada lugar donde te pares se vuelva santo. Muchas veces, tus pensamientos requieren mi fuego purificador para destruir las mentiras que buscan alojarse en tu corazón. Yo limpiaré tus pensamientos hasta que te concentres en ninguna otra cosa que no sean los caminos de santidad y pureza. Te aparté para que me pertenecieras completamente, ¿y qué es lo que te hace completamente mío? Un corazón entregado y una mente que porta mis pensamientos en amor hacia los demás.

Sé sabio y está alerta ante el engaño más grande de todos: el autoengaño. Yo continuaré probando tus motivos hasta que tu consciencia esté limpia ante mi gloria. Deseo pureza, no solamente externa, sino en cada actividad y motivo. Cualquier cosa que digas, dila como la verdad viva de Dios. Cualquier cosa que hagas, hazla como para mí. Luego, observa cómo mi amor purificador te arrasa.

Y ahora, amados hermanos, una cosa más para terminar. Concéntrense en todo lo que es verdadero, todo lo honorable, todo lo justo, todo lo puro, todo lo bello y todo lo admirable. Piensen en cosas excelentes y dignas de alabanza.

FILIPENSES 4:8

5 DE JUNIO

He colocado mi verdad en ti

A medida que avanzas en mis caminos santos, verás cómo he colocado profundamente la verdad en ti. Tú no seguirás las maneras torcidas de usar tu don para obtener la admiración de los demás. Pondrás tu corona, tus dones y tu escasa esencia a mis pies, y yo te haré santo. Así como una serpiente en la vara de Moisés, yo tomaré las cosas torcidas que tienes en tu interior y te honraré con mi autoridad y presencia hasta que incluso tu debilidad se haya convertido en fortaleza ante mí.

Avanza, fija tus ojos en mí, y yo haré que tu destino se cumpla. Otros podrían detenerse en su recorrido y dar pasos de egoísmo; pero tú, santo, caminarás y no te fatigarás ni te distraerás, pues el premio de mi gloria está frente a ti. Ven conmigo, y yo te haré fiel y auténtico. Quédate en mi presencia con un corazón entregado. Te recibiré como hijo mío y purificaré cada parte de ti. Cada lugar torcido en ti se llenará con mi gloria y verdad.

Oh Dios, te ruego dos favores; concédemelos antes de que muera. Primero, ayúdame a no mentir jamás. Segundo, ¡no me des pobreza ni riqueza! Dame solo lo suficiente para satisfacer mis necesidades.

PROVERBIOS 30:7-8

Te llamo a resplandecer con mi fuego santo

Amado, no te opongas a mi fuego. Aunque arde y consume, ríndete a su poder, pues yo soy un Dios celoso. Muchos que se han resistido a mi fuego, caerán en los próximos días. ¿Acaso no he dicho que mis sacerdotes son un fuego resplandeciente? Aun así, uno tiene que invitar primero a las llamas de purificación y recibir el fuego de santidad. Luego, yo te enviaré como una llama a consumir los corazones de los hombres.

No apagues el fuego del Espíritu, ni te opongas al poder y los dones que te doy. Cuando caminas conmigo y te asocias conmigo, el fuego de mi Espíritu conquistará ciudades para traerlas a los pies de mi Hijo. El cojo caminará y el ciego verá. Esta unión incondicional conmigo, sin importar el costo, alterará radicalmente tu vida y, a la vez, la vida de todo aquel con quien entres en contacto. Créeme, voy a cambiar tu corazón; y, luego, atestiguarás los cambios, incluso en tu familia. Todavía no has visto lo que haré con una generación que arde completamente por mí.

Asegúrate de que la luz que crees tener no sea en realidad oscuridad. Si estás lleno de luz, sin rincones oscuros, entonces toda tu vida será radiante, como si un reflector te llenara con su luz.

LUCAS 11:35-36

Mira a través de mis ojos

Ven y enfócate en mi rostro. Mantén tus ojos en mi gloria hasta que seas transformado. Te daré ojos nuevos, *mis ojos*, que te darán un entendimiento verdadero. Cuando ves a través de mis ojos, el mundo que te rodea cambia. Cuando tú ves a los enfermos, yo los veo sanados. Cuando ves a los perdidos, yo los veo dormidos y listos para que los despierten. Cuando tú vez que la oscuridad se acerca, yo veo al enemigo vencido. Y cuando yo te veo a ti, te veo completo; íntegro, hermoso, sin carencias.

Te invito a una visión verdadera para que puedas ver. Participa de mi bálsamo ocular sanador, y tu visión será clara. Yo sanaré tus ojos y provocaré que evalúes claramente y distingas el día en que vives. Muchos ven destrucción; yo veo gloria. Muchos ven devastación; yo veo mi reino aumentando sin tener final. Veo el final desde el principio. Cuando vengas ante mi trono, verás lo que vio el profeta Isaías: ¡toda la tierra llena de mi gloria!

Pues todo lo secreto tarde o temprano se descubrirá,
y todo lo oculto saldrá a la luz y se dará a conocer a todos.

LUCAS 8:17

Presta atención a mi toque suave

Amado, estoy enseñándote cómo distinguir mi voz. Muchos buscan un sonido externo cuando lo que necesitan es darse cuenta de la realidad de mi Espíritu dentro de ellos. Mi voz no siempre llega de la manera en que lo esperas. Es muchas veces un toque suave a tus pensamientos en la forma de una idea o imagen. A veces, es casual y espontáneo. Nunca contradice mi palabra, sino que fluye con ella en una sincronización perfecta. Te guía a hacer lo aparentemente imposible. Fluye con compasión, amor y perdón. Es la sabiduría que desafía el razonamiento. A veces es extravagante, te llama a una fe que atrae a la acción o al descanso.

Cuando le prestas atención a estos toques suaves que surgen de tu interior, abres tu día a mis milagros. Las situaciones imposibles hallan soluciones. Aquellos que necesitan oración tienen cobertura inmediata debido a que tú me percibiste pidiéndote que oraras. El favor te sorprende, porque seguiste la guía de mi Espíritu y tuviste «encuentros fortuitos» con quienes yo necesitaba que te encontraras. Nunca desestimes los pensamientos casuales. Muchas veces son descubrimientos pendientes de suceder.

«Así que presten atención a cómo oyen. A los que escuchan mis enseñanzas se les dará más entendimiento; pero a los que no escuchan, se les quitará aun lo que piensan que entienden».

LUCAS 8:18

Te ofrezco una libertad perfecta

Ser verdaderamente libre es vivir en perfecta unidad y dependencia conmigo. Viene de un estilo de vida de sumisión. Esta no es la clase de sumisión que brota de una tarea y obligación, sino una sumisión verdadera, y por amor, en todo aspecto de tu cuerpo, alma y espíritu. El amor te atrae a poner todo a mis pies. Cada acción, cada pensamiento, todo deseo se somete a mí, el Único que te ama perfectamente.

Cuando vives en sumisión a mí, procurando mi voluntad y deseando estar completamente entregado, nada puede secuestrar tu paz. Esto no significa que no tendrás pruebas; sin embargo, sí significa que las pruebas ya no tienen derecho a atormentarte. Estas no llegan a ser más grandes que el conocimiento de mi amor y poder. Así que sé libre en mí. Suelta la presión de hacer que las cosas sucedan por tus propias fuerzas, y vive sencillamente en una confianza total. La libertad te permite ver claramente, debido a que actúas solamente bajo mi instrucción, entregado gozosamente a mi voluntad. Esta es la libertad a la que te he invitado; y que libera una paz que supera todo entendimiento.

No se preocupen por nada; en cambio, oren por todo. Díganle a Dios lo que necesitan y denle gracias por todo lo que él ha hecho. Así experimentarán la paz de Dios, que supera todo lo que podemos entender. La paz de Dios cuidará su corazón y su mente mientras vivan en Cristo Jesús.

FILIPENSES 4:6-7

Sal conmigo

Prepara tu corazón y tu vida porque he venido con mi presencia y amor a reformar tus condiciones actuales. Mi Espíritu ha estado hablándote, llamándote para que te acerques a mí. No tengas temor de lo inesperado. Pon tu fe y confianza en mí. De la misma manera cuando llamé a Pedro a caminar sobre el agua, así te estoy llamando a salir de tus condiciones y a entrar al lugar de aventuras inesperadas. Allí, encontrarás más de mi presencia, poder y amor que nunca.

Es el momento de dejar de pensar en tus problemas. Lo único que hacen es robar tu concentración en tu llamado y propósito. Estoy listo para traer mi reino a tu vida, para que seas transformado y representes los caminos celestiales ante quienes te rodean. Tu mundo, tu ciudad, tu nación y tu generación están ahogándose; hundiéndose en la desesperación y la confusión. Pero yo te he dado mi Espíritu; el poder mismo de la resurrección. Serás más que mi testigo; tú liberarás la plenitud de mi amor. Estoy listo para invadir tu mundo. Sal conmigo.

¡Mira! Yo estoy a la puerta y llamo.
Si oyes mi voz y abres la puerta, yo entraré
y cenaremos juntos como amigos.

APOCALIPSIS 3:20

Estoy vivo en ti

Te pones demasiada presión encima; demasiada concentración en tu capacidad de oír, de hablar, de hacer lo que te pido que hagas como si algo de eso dependiera de tu capacidad. Lo que está en tu corazón, lo puse yo. Ha sido inspirado por mi Espíritu; y es mi Espíritu en ti el que libera los milagros.

No está basado en si tienes o no fe en lo que puedes hacer. Está basado en la fe de que yo, el Dios viviente, habito verdaderamente en ti. Si yo estoy en ti, me manifestaré a través de ti con muy poco esfuerzo de tu parte. Todo lo necesario es una obediencia sencilla para ir más allá de las barreras que tú has creado; barreras que ponen límites a lo que crees que yo puedo o no hacer a través de ti. No te busques a ti mismo cuando yo te pido hacer algo, verificando para ver si tienes la fe que se requiere. Mírame, soy Aquel que personifica la fe. Nunca se ha tratado, ni se tratará, de lo que tú puedes hacer. Se trata de lo que yo puedo hacer a través de ti. Yo soy el Todopoderoso, quien vive en ti.

Y ahora, que toda la gloria sea para Dios, quien puede lograr mucho más de lo que pudiéramos pedir o incluso imaginar mediante su gran poder, que actúa en nosotros.

Efesios 3:20

Hay belleza en tu dolor

Tu dolor se ha convertido en la plataforma de nacimiento para la belleza. En tu mayor desolación, tu adoración se ha convertido en un vientre fértil y sano. De las temporadas de tristeza surgen ahora regalos gloriosos para que los compartas. Nada se ha pasado por alto. Ahora verás lo que haré a través de ti, debido a lo que soportaste mientras te inclinabas rindiéndote ante mí. En tu dolor, he derramado mi belleza.

Tus desgarradoras lágrimas de rendición te han hecho bello; muy hermoso para mí. Esta es la ofrenda perfecta de tu corazón entregado. No he olvidado ni una de tus oraciones. En tu sufrimiento, he visto cada movimiento de tu corazón hacia mí. Por cada lágrima, te doy una semilla para sembrarla en la vida de alguien. He tomado tu tristeza. He limpiado tus lágrimas con mi amor. Ahora derramo esas lágrimas sobre ti como lluvia en tierra seca; la lluvia dorada de una nueva temporada donde las flores se abren y el aire está limpio y fresco. Respira profundamente, mi amor. La temporada ha cambiado.

Mira, el invierno se acabó y las lluvias ya pasaron.
Las flores están brotando; ha llegado la temporada de los pájaros cantores, y el arrullo de las tórtolas llena el aire.

CANTARES 2:11-12

Estás radiante

Soy Aquel que te ha transformado y definido. Otros miraban fijamente tus debilidades y tus altas, pero yo fijé mis ojos en tu hermosura. Dos veces te he perfeccionado; la primera, en el vientre de tu madre; y la segunda, cuando llegaste a conocerme. Estás doblemente purificado ante mis ojos, pues me perteneces.

Cuando te rindes ante mí, ya no eres quien dirige tu vida; sino que yo, el Buen Pastor, soy quien te guía. Te he dado mi gracia, de la misma manera en que tú me has cedido tu corazón. Cuando oras, tu voz es dulce y tu rostro, encantador a mis ojos. Quiero que te veas a ti mismo de la misma manera en que te veo yo; santo, poderoso y radiante. Yo deseo solamente lo mejor para ti. Te guío en mis caminos que no te harán tropezar, en tanto tú te agarres de mi mano. Quiero que creas que eres exactamente quien yo digo que eres; lleno de destino, un compañero perfecto para mí. Nunca dudes en darme los deseos de tu corazón. Yo haré que se cumplan.

¡Qué hermosa eres, amada mía,
qué hermosa! Tus ojos son como palomas.

CANTARES 1:15

Elígeme

La vida siempre exige tu atención. Las pruebas llegarán, y las bendiciones serán derramadas extravagantemente, pero a través de todo ello, yo debo mantenerme en tu enfoque. Soy Aquel que desea llenar cada vacío y cada gozo. Yo te observo, te susurro y nunca te dejo a pesar de cómo te sientas. No solo quiero llenarte, sino que también quiero disfrutar de caminatas a tu lado. Me complacería hacer incluso las tareas más mundanas junto a ti si tan solo me invitaras.

Elígeme cuando vengan las distracciones. Cuando el temor quiera invadir tu alma, cuando la gente te rechace, cuando el aislamiento te estrangule, cuando la risa te empuje a olvidar que soy Aquel que te llena de gozo, elige amarme. Elige amar a los demás. Elige el camino de la paz, aunque te lleve directamente a través del centro del dolor. Elige encontrarme, hoy, y creer que no solo tengo el poder para responder tus oraciones, sino que también tengo la sabiduría para decir que no, y usar esos momentos para enseñarte de mi amor. Elige aceptar de buena gana el misterio de la vida conmigo.

Y apenas me alejé de ellos, ¡encontré a mi amado!
Lo tomé y lo abracé con fuerza, y lo llevé a la casa de mi madre,
a la cama de mi madre, donde fui concebida.

CANTARES 3:4

Yo conservo tu verdadera identidad

Tus dificultades te han formado, pero no te van a definir. Por creación y redención ¡tú me perteneces! He puesto mi sello en tu corazón, y ahora te muestro ante el mundo como mi propia pieza maestra de amor. He colocado mi gloria sobre tu vida y te he llamado *¡mi radiante hijo!*

La fortaleza para soportar las pruebas y las presiones de la vida fluye desde mi vida en tu interior. Concuerda con mi verdad y recuerda que todo lo puedes debido a mi fortaleza en tu interior. Cuando yo hable de tu identidad en mí, el poder emergente de mi Espíritu te levantará en alto.

Encuentra en mí tu complacencia, tu verdadera identidad. Mientras más te deleites en mí, más libre estoy para liberar mi gloria en tu situación. Los demás encontrarán tus faltas, pero yo he hallado tu virtud. Confiaste en mí cuando no tenías nada ni a nadie que te apoyara. Nunca dudes de mi amor ardiente que he puesto en tu alma. En esa llama, me encontrarás, y escucharás mi voz susurrándote. Amado, yo soy tu verdadera identidad.

Pues todo lo puedo hacer por medio de Cristo, quien me da las fuerzas.

FILIPENSES 4:13

Quiero que seas amable intencionalmente

Amado, uno de mis mandamientos es amar a los demás como a ti mismo. Aunque a muchos se les dificulta amarse y visualizarse a sí mismos como personas importantes, esto no es la manera en que te he llamado a vivir. Tú debes vivir con el entendimiento y la aceptación de que, debido a que el Creador de todo considera que tú eres digno de ser amado y cree que eres hermoso, entonces, lo eres. Una vez que hayas aceptado la verdad de cómo te veo, no solo puedes amarte a ti mismo, sino que también puedes amar a los demás.

Te he diseñado para necesitar amor, aceptación y compasión. Y espero no solo que lo recibas, sino que también lo des. Es por tu plenitud que tienes la capacidad de amar bien. Te he creado para ser parte de una visión más amplia. Vive intencionalmente. Busca formas para ejemplificar mi amor por los demás. No estés tan absorto con tu propia vida, porque te olvidas de ver hacia arriba. Presta atención al mundo que te rodea. Ofrece una sonrisa. Deja que alguien sepa lo que piensas acerca de él o ella. Haz algo amable por alguien que tenga una necesidad. Ofrece misericordia, compasión y motivación. Deja que el amor y la compasión sean las fuerzas que dirijan tu vida.

El segundo es igualmente importante: «Ama a tu prójimo como a ti mismo». Ningún otro mandamiento es más importante que estos.

MARCOS 12:31

Te he llamado a amar

Te he llamado a amar. A amarme y a abrirte para recibir mi amor en pureza y poder. Derrámate ante mí como una ofrenda de perfume, dejando que cada parte de ti se filtre en mí. Tu humanidad no me atemoriza. Yo pagué el precio para atraerte a mí tan cerca como quieras venir. No te quedes fuera de mi presencia. Entra. Deja que el amor inunde tu alma cansada.

Invita a mi amor a saturarte, y te cambiará de adentro hacia afuera. El amor te purificará y te libertará. Restaurará tu esperanza y te liberará para que dances con un gozo libre de ataduras. Mi amor te capacitará para ver la belleza que tienes por dentro. Mi amor te enseñará cómo amarte a ti mismo; y una vez que entiendes mi amor y lo experimentas por ti mismo, no podrás mantenerlo adentro. Correrás conmigo, compartiendo la verdad de tu amor sagrado a quienes estén necesitados. Deja que el amor se desborde sobre todos los que encuentres. Nunca se puede amar demasiado.

Jesús contestó: —"Ama al Señor tu Dios con todo tu corazón, con toda tu alma y con toda tu mente". Este es el primer mandamiento y el más importante. Hay un segundo mandamiento que es igualmente importante: "Ama a tu prójimo como a ti mismo".

MATEO 22:37-39

Descansa de la preocupación hoy

Mis planes para tu vida se cumplirán. Solo confía en cada palabra que te doy. Mi amado, no te desesperes cuando veas que una fecha límite se acerca rápidamente. Mira intencionalmente la realidad de mis promesas para ti. Permite que se conviertan en tu realidad. Medita en ellas y acuérdate de lo que he hecho por ti en el pasado. Recuerda las situaciones donde saliste triunfante. Recuerda, por encima de todo, que mis planes para ti son buenos, llenos de vida y propósito.

No dejes que la preocupación y la ansiedad te guíen a una acción que no está dirigida por la paz y la sabiduría de mi Espíritu. No tomes el peso del retraso sobre tus hombros, como si fuera la carga que debes llevar. Yo no te creé para vivir en estrés. Alza tu voz y declara mi bondad. Alábame, porque yo te amo y mis planes son de bien. Confía en que yo te guiaré y que abriré un camino. Luego, descansa. Toma un día de descanso hoy; un descanso de la ansiedad, la preocupación y el temor. Mi realidad es y será cumplida en ti.

Tú eres mi refugio y mi escudo;
tu palabra es la fuente de mi esperanza.

Salmos 119:114

19 DE JUNIO

Descubre mi fortaleza dentro de ti

Eres más fuerte de lo que piensas. Eres más poderoso de lo que te percatas. Esto no se debe a lo que puedes hacer con tus propias fuerzas, sino lo que puedes hacer en las mías. Si nada es imposible para mí y yo vivo en ti, entonces, cuando caminas unido a mí, ¡nosotros podemos lograr lo imposible juntos! Las montañas de imposibilidad te pertenecen para que dances sobre ellas.

Aférrate a mí. Mantén tu mirada en dirección mía, especialmente cuando el enemigo coloque pantallas de humo en tu camino. Yo estoy aquí. No me he ido, y nunca me iré. Declara mi verdad cuando el desánimo haya lanzado una sombra sobre tu alma. Mantente a la expectativa, y pronto quitaré lo que oscurece tu visibilidad. Mi luz te llenará de una perspectiva nueva. Mi fortaleza te revivirá. Quédate quieto y recobra el aliento. ¿Puedes sentirlo ahora? La neblina se está levantando. Mantén tu posición de fe. Aléjate de la frustración y de las preguntas que te hacen dudar. Recuerda quién eres. No te detengas. No te rindas. Nunca te desesperes. Mi fortaleza se halla en tu debilidad.

Cada vez él me dijo: «Mi gracia es todo lo que necesitas; mi poder actúa mejor en la debilidad». Así que ahora me alegra jactarme de mis debilidades, para que el poder de Cristo pueda actuar a través de mí.

2 Corintios 12:9

Mantente firme en mis promesas

Esta es la hora para recibir y poseer mis promesas para tu futuro. Muchos escucharán mi promesa de esperanza y mi palabra de poder, pero escuchar ya no es suficiente. Es el momento de salir y de apropiarte de ellas, pues yo soy el Dios que le prometió la tierra de Canaán a mi siervo Josué. Le di muchas promesas respecto a la tierra vasta y gloriosa. Le prometí que yo lo haría un triunfador en la batalla. Pero también le pedí que pusiera los pies en la tierra antes de que fuera suya.

Toma mis promesas hoy y posee todo lo que te doy. Las promesas que le di a Josué son las que te doy a ti. Da un paso de fe y pon tus pies en mis promesas. Reclámalas como propias. No seas tímido ni te acobardes cuando estés rodeado de tus gigantes, sino que mira a tus gigantes como oportunidades para que mi poder y fuerza ganen tus batallas. Muchos ven los gigantes y se esconden por temor, pero yo te he llamado a ti para que te refugies en mí y en mis promesas. Allí encontrarás valor para entrar en la lucha y ver vencidos a tus enemigos.

Los perversos huyen aun cuando nadie los persigue,
pero los justos son tan valientes como el león.

PROVERBIOS 28:1

21 DE JUNIO

Deja que el clamor surja de tu interior

Sé audaz y valiente hasta que la fe se esparza fuera de ti. Tu fe debe crecer para que recibas las promesas que te hice. Yo cumpliré cada palabra de la promesa sobre tu vida en la medida en que tú te asocies conmigo. No escuches las voces que te dicen que seas pasivo, pues yo te he llamado para ejercer tu fe. Te haré poderoso en mí para hacer grandes proezas. Los gigantes a tu alrededor están vencidos, de la misma manera en que el temor está vencido en tu interior. Deja que el clamor surja de tu interior y silenciará la voz del enemigo.

Nunca dudes de mi poder para cumplir tu destino y para hacer que tus sueños se realicen. Soy el Padre de los sueños cumplidos y el Dios de poder soberano. Nada puede derrotar mi plan para tu vida, excepto tu temor y pasividad. Levántate ahora, hijo mío, y pon tus pies en mis promesas; adueñate de ellas, míralas cumplidas y sal a la conquista. Yo soy tu Dios y nunca te dejaré ni te abandonaré. ¡Grita con gozo de victoria sobre estas verdades!

Por lo tanto, no desechen la firme confianza que tienen en el Señor. ¡Tengan presente la gran recompensa que les traerá! Perseverar con paciencia es lo que necesitan ahora para seguir haciendo la voluntad de Dios. Entonces recibirán todo lo que él ha prometido.

HEBREOS 10:35-36

Deja que mi Palabra sea tu cimiento

Amado, mi Palabra tiene que ser tu cimiento firme. Con una palabra te formé y pronuncié el mundo entero para que existiera. Hoy, es aún el poder de estas palabras lo que sostiene unido todo lo demás. Y ahora tú, también, debes descubrir la fortaleza infinita en la verdad absoluta de mi Palabra.

Mi Palabra es tu fortaleza, tu escudo, tu arma afilada contra el enemigo. Es la luz que lacera la oscuridad de su campamento, y, sí, hasta la oscuridad de tu propia alma. Mi Palabra y mi voluntad son uno. Te he dado mi Palabra para entender cómo detectar la verdad correctamente. Es la definición misma de la verdad, porque mi Palabra y yo somos uno. Es la fuente del gozo, el amor y la sabiduría. Mi Palabra está viva. Te está llamando para que te sumerjas en sus profundidades y nades dentro de su protección. Te he dado mi Palabra para que siempre puedas tener tesoros para desenterrar y misterios para revelar. Une tu corazón con el mío. Medita en mi Palabra y deja que te llene de vida.

En el principio la Palabra ya existía.
La Palabra estaba con Dios, y la Palabra era Dios.
El que es la Palabra existía en el principio con Dios.
Dios creó todas las cosas por medio de él,
y nada fue creado sin él.

JUAN 1:1-3

23 DE JUNIO

No entregues tu paz

¡Recuerda quién eres! Recuerda las lecciones que te he enseñado. No le entregues tu paz al enemigo. No te acomodes ni divagues en la manera en que él te está mentalmente bombardeando. Tú has decidido entregarte plenamente a mí. Mi nombre es el nombre que permanece por encima de cualquier otro. Permanece firme en la autoridad que tienes en mi nombre y ¡dile a la pesadez que huya!

Es por mi Espíritu, no por el poder ni la fortaleza humana, que tú verás el avance que buscas. No puedes forzarlo de manera natural, tampoco debes tener una conducta perfecta para merecer mi ayuda. No puedes ganártela. Es mi regalo para ti, porque tu corazón va en pos de mí y se debe a que yo soy tu Padre y tú eres mi hijo. Fe en mi palabra, en mi verdad, en mi amor y en mi poder es todo lo que necesitas. Mi amor es muy poderoso, la muerte no puede vencerlo. La tumba no puede enterrar mi gloria. Esta es la gloria que está en ti. Este es el poder que pasa por tus venas. Esta es la certeza que te da paz.

Los discípulos fueron a despertarlo: «¡Maestro! ¡Maestro! ¡Nos vamos a ahogar!», gritaron. Cuando Jesús se despertó, reprendió al viento y a las tempestuosas olas. De repente la tormenta se detuvo, y todo quedó en calma. Entonces les preguntó: «¿Dónde está su fe?». Los discípulos quedaron aterrados y asombrados. «¿Quién es este hombre? —se preguntaban unos a otros—. Cuando da una orden, ¡hasta el viento y las olas lo obedecen!».

LUCAS 8:24-25

Mi Espíritu está vivo en tu interior

Todo lo que soy está dentro de ti. Mi poder no se reduce porque haya encontrado un hogar en un templo de carne. Soy lo suficientemente vasto para llenar toda la creación, y lo suficientemente sabio para que mi Espíritu quepa dentro de los vasos sanguíneos de la humanidad. Jamás limites la grandeza de mi gloria que está en tu interior. Nunca permitas que la fragilidad de tu humanidad sea la razón para dudar de lo que puedo hacer por medio de ti. Mi fortaleza no está limitada por la debilidad de sus colindancias. Después de todo, yo soy Dios.

La voz de mi Espíritu está viva en ti, y tú fuiste creado para escuchar, para decir mi verdad, y para declarar mi amor. Mi compasión toca la puerta de tu corazón, pero responder es decisión tuya. Cuando caminas conmigo y reconoces la grandeza de mi gloria viviendo dentro de ti, harás lo que pocos se atreven a hacer. Serás una luz en las tinieblas, motivación para el cansado, esperanza para aquellos que no la tienen. Asóciate conmigo y déjame trabajar por medio de ti, y verás grandeza y gloria en maneras que nunca habías conocido.

Sanen a los enfermos, resuciten a los muertos,
curen a los que tienen lepra y expulsen a los demonios.
¡Den tan gratuitamente como han recibido!

MATEO 10:8

Permanece en mi presencia

Gracias por la forma en que me has buscado. Por las muchas veces que has elegido permanecer en tu presencia en vez de permitir que las distracciones roben tu corazón. Ni siquiera un momento de devoción pasa desapercibido jamás. Cada movimiento de tu corazón hacia mí es preciado ante mis ojos. Me deleita recibir tu amor. Me gozo al verte voltear hacia mí continuamente. Me encanta atrapar cada pequeña distracción que trata de colarse y de arruinar nuestra hermosa relación.

He visto cada una de tus luchas, aunque a veces tú no te diste cuenta. He estado contigo cuando has llorado, y he guardado cada lágrima. Conozco cada respiro, cada suspiro de tu corazón a medida que te inclinas ante mi trono en señal de rendición. Sé cuántas veces has dudado. He danzado con los ángeles cuando las batallas por tu alma solamente te hicieron más fuerte. Gracias por depender de mí, por creer cuando el temor luchaba para lograr un acuerdo contigo. Amado, lo he visto todo. Y te veo ahora, buscándome de nuevo. Gracias por tu amor.

Mi paloma se esconde detrás de las rocas, detrás de un peñasco en el precipicio. Déjame ver tu cara; déjame oír tu voz. Pues tu voz es agradable, y tu cara es hermosa.

CANTARES 2:14

Revelaré mi poder

Este es el día de poder y fortaleza para todos los que confían en mí. Habrá muchos que te dirán que te rindas o que te vayas, pero yo susurro a tu espíritu: «Acércate a mí». Los días del cielo en la tierra serán revelados ahora. Mi voluntad derramada será vista en los cielos y sobre la tierra. Nunca temas los informes de la gente, pues yo soy el Dios del gran cambio, y prometí que los días de muchos cambios resultarían en los días de muchos milagros.

A medida que los cielos se abren sobre tu hogar, confía en mí en todo lo que pides. No hay ninguno a quien no pueda tocar y transformar mientras me diriges tus oraciones. Los misterios revelados se verán en los próximos días mientras continúes caminando conmigo. Estos son los días cuando yo derramaré el cielo sobre la tierra y sacudiré todo lo que debe ser sacudido, para que vengas delante de mí con la fe más pura de todas. Permanece cerca de mí, y yo revelaré mi poder y fortaleza en tu vida.

Acérquense a Dios, y Dios se acercará a ustedes.
Lávense las manos, pecadores; purifiquen su corazón,
porque su lealtad está dividida entre Dios y el mundo.

SANTIAGO 4:8

Soy la gloria que tú necesitas

Los que me aman confían en mí. Descansa en la fuerza de mi amor, y verás más y más avances. Abrirte ampliamente el camino es mi deleite, pues he puesto mi amor en ti y te rescataré cuando clames a mí. Nunca veas hacia otro lado cuando busques mi rostro.

Del mismo modo en que enseñé a mi siervo David cómo ganar una batalla, así te daré las llaves de la victoria que abrirá tu avance. Pero ven a mí en fe, sabiendo que nada es imposible cuando yo peleo por ti. He abierto las puertas de los cielos sobre tu corazón. Tienes acceso a mi gloria a medida que vengas ante mi con un corazón sensible. Escucho tu clamor y tus suspiros por conocerme y ver mi gloria en tu situación. Confía en mí por tu familia y por cada necesidad que está ante ti hoy. ¿Alguna vez he dejado de proveer para todo lo que te falta? Confía en mí de nuevo y mira mientras se libera el milagro. Solo yo soy la gloria que necesitas.

Así que, todos nosotros, a quienes nos ha sido quitado el velo, podemos ver y reflejar la gloria del Señor. El Señor, quien es el Espíritu, nos hace más y más parecidos a él a medida que somos transformados a su gloriosa imagen.

2 Corintios 3:18

Entrégame tu fracaso

Te veo. Nadie te conoce como yo. Incluso en medio de tus fracasos más grandes, mis ojos permanecen enfocados en ti con un anhelo santo. Dame tu dolor autoinfligido. Deja tu culpa a mis pies. Quiero quitarte la pesadez que sientes por decepcionarte a ti mismo. Dame tu fracaso, y yo sanaré tu corazón. Llegaré hasta el centro de la vergüenza y la decepción que has llevado. Sanaré tu autorrechazo. Te enseñaré cómo ser libre.

No tengo deseo alguno de que andes con el peso del remordimiento sobre tus hombros. Todo lo que pido es que me ofrezcas tu corazón de nuevo. Mi único requerimiento es que te sometas completamente, una entrega total a mi amor y mi perdón. Yo soy el Dios de restauración. Soy el Padre que te ama tal como eres, Aquel cuyo amor fluye con virtud sanadora. Las áreas que te han acosado con lamento se convertirán en testamentos de mi gracia. Caminarás con sabiduría, distinguiendo correctamente cada paso que yo quiera que des. Nunca he esperado perfección de tu parte, solamente una voluntad para caminar conmigo cada día, estando atento a mi voz.

...pero si confesamos nuestros pecados a Dios,
él es fiel y justo para perdonarnos nuestros pecados
y limpiarnos de toda maldad.

1 Juan 1:9

Ponte el atuendo de alabanza

¡Hoy es un día nuevo! Es el día que hice, un día lleno de posibilidades ilimitadas, un día para que levantes tu cabeza y recuerdes quién soy. Ahora es el momento perfecto para deshacerte de esa pesadez y te vistas con un atuendo de alabanza. Dile al cansancio que huya. Resiste el deseo de ignorar mis instrucciones, como si fueran palabras que no contienen una respuesta verdadera. Esta es la respuesta que necesitas hoy.

He visto la manera en que has luchado y hecho cualquier esfuerzo para que las cosas sucedan en tu tiempo. Quiero que confíes en mí por mi perfección. Yo sé lo que necesitas. Entiendo el plan para tu vida en maneras que no puedes siquiera imaginar. ¿Confiarás en mí? ¿Creerás en mí y dejarás de intentar solucionarlo? Todo lo que quiero hoy es tu ofrenda de alabanza. ¡Canta! ¡Regocíjate! ¡Danza por encima de tu problema! Declara mi victoria antes de que la victoria llegue a suceder. Emociónate por lo que estoy haciendo, porque estoy haciendo mucho más de lo que sabes. Celebra mi fidelidad, pues de esto se trata ser creyente.

Solo en el Señor me jactaré; que todos los indefensos cobren ánimo. Vengan, hablemos de las grandezas del Señor; exaltemos juntos su nombre.

SALMOS 34:2-3

Verás mi bondad

La oposición que ha venido en tu contra se debe a la gloria que estoy a punto de revelarte tanto a ti como a través de ti. El enemigo quiere distraerte y hacerte creer que yo no cumpliré mis promesas. Te has mantenido firme, pero el cansancio está tocando a tu puerta. Amado, no te rindas. Aunque el enemigo ha intentado zarandear tu fe y robarte, yo vengo a vengarte.

Te insto a caminar con una fe activa, a gritar tus promesas con pasión y poder, a recordarte a ti mismo que yo soy un Rey justo que nunca olvido ni doy la espalda a quienes amo. Te animo a resistir la tentación a desesperarte, a buscar con una expectativa llena de fe en vez de abrumarte con conjeturas llenas de dudas. Este no es el momento de ceder a la tentación para colapsar y rendirte. Es el momento de tomar tu escudo de la fe y cortar a través de las tinieblas con la espada de mi Palabra.

Vengo a voltear los planes que el enemigo ha estado poniendo en marcha en contra tuya. Verás mi bondad.

«Simón, Simón, Satanás ha pedido zarandear a cada uno de ustedes como si fueran trigo; pero yo he rogado en oración por ti, Simón, para que tu fe no falle, de modo que cuando te arrepientas y vuelvas a mí fortalezcas a tus hermanos».

LUCAS 22:31-32

Julio

Soy tu amigo

Amado, soy tu Señor y Salvador, claro que sí, pero también soy tu amigo. Me encanta pasar tiempo contigo y escuchar todos esos pensamientos que inundan tu mente. Me encanta reír contigo, crear contigo, trabajar contigo y estar a tu lado cuando descansas.

Soy parte de tu vida. Puedo ver cada momento de cada día. Sé cuál es tu punto débil. Amo tu personalidad, después de todo, fui yo quien te la di. Te daré todo lo que necesitas para crecer y ser más como yo. No me alejaré cuando tú me abandones, ni tampoco te rechazaré. No te juzgaré por tus debilidades, sino que te animaré y te recordaré quién eres. Cuando pases por un mal día, no solo te animaré, sino que también podré llenarte de mi fuerza y quitar tu fatiga con mi sonrisa. Por todo esto, ven y disfruta de la dulzura de nuestra amistad, que yo te compartiré los secretos de mi corazón.

«Ustedes son mis amigos si hacen lo que yo les mando. Ya no los llamo esclavos, porque el amo no confía sus asuntos a los esclavos. Ustedes ahora son mis amigos, porque les he contado todo lo que el Padre me dijo».

JUAN 15:14-15

Siento tu dolor

Mi precioso hijo, no estás solo con este dolor. Estoy aquí, no solo para vendar tu corazón, sino también para llevarte en mis brazos durante tu aflicción. No solo comprendo tu sufrimiento, sino también comparto tu dolor, porque también lo siento. Me afecta la agonía de aquellos a quienes amo.

Sin embargo, existe una diferencia: yo no habito en el dolor. No tiene poder sobre mí y mi enseñanza para ti es que no permitas que ejerza poder sobre ti. Si me entregas tu quebrantamiento, lo alejaré de ti. Déjalo en mis manos, las cuales recibieron los clavos por ti. Déjalo aquí conmigo y yo aligeraré tu carga. A cambio, derramaré de mi bálsamo sanador. Es hora de buscarme en medio de tu angustia. Es tiempo de descansar en mis brazos para que pueda darte aliento de vida y esperanza nuevamente. No está mal sentir dolor, pero ahora quiero que me lo entregues. Es tiempo de sonreír, es tiempo de dejarme que sane tu corazón.

«Pues no ha pasado por alto ni ha tenido en menos el sufrimiento de los necesitados; no les dio la espalda, sino que ha escuchado sus gritos de auxilio».

Salmos 22:24

Se acabó el invierno

Sí, empiezas una nueva temporada y puedes sentirla. Sabes que viene, aunque no haya llegado. Y dejar esa vieja temporada para empezar la que viene va a necesitar de mucha fe. Al momento que entres por la puerta que abra para ti, verás el favor saludándote. Tu invierno espiritual se acaba. La temporada de hibernación ha llegado a su fin, ha llegado el tiempo para florecer y crecer.

Deja que mi paz sea más grande que tu comprensión. Mantente humilde, con disposición a aprender y a escuchar. No supongas que las situaciones tomarán el mismo curso de siempre. Mantente cerca de mí, coloca tu mano sobre la mía y caminemos juntos al mismo paso. Debemos mantenernos en sintonía. Debes ver con una perspectiva fresca y renunciar a lo que alguna vez era cómodo y predecible. Lo que te espera en el futuro tal vez no sea lo que pensaste, pero estará lleno de momentos para descubrirme con gozo. Desecha la vieja mentalidad y observa con gran expectativa y gozo todo lo que estoy por hacer.

«Mira, el invierno se acabó y las lluvias pasaron. Las flores están brotando; ha llegado la temporada de los pájaros cantores, y el arrullo de las tórtolas llena el aire. Las higueras comienzan a formar su fruto, y las vides fragantes están en flor».

CANTARES 2:11-12

Permanece en mi fuerza

Hoy te invito a que hagas tuya la fe de Dios, pues cuando yo hablo, esto se cumple. La esperanza debe madurar a una fe más grande con la expectativa de ver que se cumpla. Escucha mi voz y habla mi palabra, amado mío. Escucha mi susurro y mueve tu corazón en fe para recibir y proclamar lo que ya he colocado en ti. Anhelo que tengas una voz de fe que clame por mí.

¿Vas a seguir avanzando conmigo y observar cómo tu montaña se mueve ante ti? La espada de Gedeón era su fe en mí, conforme confirmaba mi palabra ante sus propios ojos. ¿Me permitirás ser tu palabra de fe? Envío a mis siervos en la fuerza de mis promesas, no en la fuerza humana. ¿Puedes permanecer únicamente en mi fuerza o buscarás apoyos humanos para sujetarte? Cuando dudas de mi poder, te quedas solo en tu naturaleza humana. Mantente firme en la fuerza de tu Señor, mi amado. Mi presencia va contigo, la cual es una presencia poderosa, con la que nunca debes temer.

Después de esta oración, el lugar donde estaban reunidos tembló y todos fueron llenos del Espíritu Santo. Y predicaban con valentía la palabra de Dios.

HECHOS 4:31

La fe verdadera sabe esperar

Ver tus limitaciones te impide ver mis promesas. Es cuando dejas que el temor al fracaso te paraliza y no te deja seguir adelante conmigo. Es tiempo de asegurar tu corazón al mío y avanzar con mi palabra para que sea tu fortaleza. Las llamas que buscan destruirte quedan sofocadas con el escudo de la fe. Las voces acusadoras que buscan debilitarte quedan en silencio ante mi susurro. La fe es el escudo de una victoria segura.

La verdadera fe nunca se apresura, sino que sabe esperar. Confía plenamente en mí y en mi sabiduría. Muchos confían en mi poder, pero solo unos pocos confían pacientemente en mi sabiduría. Tengo un tiempo y un plan más allá de ti, una razón para esperar. Confía en mi poder y en mi sabiduría, y nunca tropezarás ni te decepcionarás. Espera con paciencia, con pleno convencimiento de que estoy en control y tu carácter se perfeccionará. Mis respuestas nunca llegan tarde, así que no te preocupes de perder oportunidades que Dios te ha dado. ¿Cómo podrías fallar cuando estoy contigo?

Cuando se la pidan, asegúrense de que su fe sea solamente en Dios, y no duden, porque una persona que duda tiene la lealtad dividida y es tan inestable como una ola del mar que el viento arrastra y empuja de un lado a otro.

SANTIAGO 1:6

Vive en rendición total

Tu éxito más grande es que vivas en plena rendición ante mí. Aquí no solo encontrarás paz y gozo, sino también sabiduría, valentía y avances en encuentros celestiales y milagros. El llamado más importante que alguien pudiera esperar es conocerme tan íntimamente que cada momento de su vida esté centrado en mí. Mantenme siempre como tu primer amor y tu prioridad número uno. Nada podrá ser más importante, porque de tu relación conmigo fluyen la vida y las bendiciones.

Amarme con todo tu corazón, alma y mente significa que me has entregado cada aspecto de tu vida, cada pensamiento, cada motivo y todos los deseos que fluyen de una unión armoniosa con mi espíritu. Cuando has abrazado mi amor eterno y llegas a creer verdaderamente en todo ese amor que tengo por ti, es fácil confiar en mí. Un corazón que duda es aquel que no ha logrado abrazar del todo mi extravagante amor. La libertad verdadera es el resultado de tu total dependencia en mí. Bebe libremente de mi amor y no temas rendirte totalmente.

Jesús contestó: —«Ama al Señor tu Dios con todo tu corazón, con toda tu alma y con toda tu mente». Este es el primer mandamiento y el más importante.

MATEO 22:37-38

Déjame guiarte

¿Estás dispuesto a dejar lo pequeño por lo grande? ¿Estás dispuesto a dejarme guiarte y dirigir tu vida en cada paso? Cada puerta que se cierra es una oportunidad de verme hacer algo más grande. Aunque el enemigo te haya robado, deja la frustración y emociónate con lo que estoy por hacer. Mi capacidad de bendecir es mucho mayor que la capacidad del enemigo para robar. Nunca lo olvides.

Las estaciones cambian, en ocasiones, mucho más rápido y más abruptamente de lo que te gustaría. Te he visto cuando tu alma ha sido abatida y te sientes en total desolación. Si sueltas el desánimo y abandonas tu derecho a enojarte, yo te mostraré mi gloria en esta situación. Todo lo que pido es que te sacudas el desánimo, que dejes de preguntarte el *porqué* y empieces a adorarme en lugar de albergar todo eso. Declara mi soberanía y recuérdate a ti mismo que nada de lo que coloques en mi mano pasará desapercibido. ¡No puedes ofrecerme fe y recibir maldición a cambio! ¡Entrégame esta situación y observa lo que haré!

Todos los que son míos te pertenecen,
y me los has dado, para que me den gloria.

JUAN 17:10

Te estoy perfeccionando

¡Has recibido como regalo una esperanza hermosa! Todavía no he terminado mi obra en tu corazón y ya puedo decir que nunca me cansaré de darte de mí. En tu corazón se está llevando a cabo una obra gloriosa, pues eres mi elegido y redimido. Mi obra perfecta se está cumpliendo en tu alma. En mi altar de amor, el poder de mi sangre te completará en cada aspecto. Serás como yo y reinarás a mi lado, en amistad eterna.

La victoria de mi cruz siempre vive adentro de ti. Muchos solo ven el dolor y el sufrimiento alrededor en este mundo, pero tus ojos se enfocarán en la gloria y el gozo que están enfrente de ti. Todo aquel que tenga esta esperanza de vida adentro de sí, será purificado como el oro. Mi gozo es revelar mi grandeza en la debilidad de tu humanidad. Nada puede apartarte y nada podrá derrotarte cuando tus ojos estén fijos en mí.

¡Libra a tu siervo de pecar intencionalmente!
No permitas que estos pecados me controlen.
Entonces estaré libre de culpa y seré inocente de grandes pecados. Que las palabras de mi boca y la meditación de mi corazón sean de tu agrado, oh Señor, mi roca y mi redentor.

Salmos 19:13-14

La restauración llegará con la humildad

A medida que te restauro, también me verás restaurar a tu familia. No dudes de lo que puedo hacer solo porque crees que es imposible. Mi gloria será revelada siempre que tu corazón permanezca arraigado en mí. A medida que te liberes del cuidado que das a aquellos a quien amo, incluso más de lo que tú los amas, me verás hacer lo que solo yo puedo hacer.

Mientras mantengas tu corazón ante mí, permitiéndome purificarte, verás que suceden cambios que no puedes orquestar por ti mismo. Cuando caminas con integridad, podrás amar con amor perfecto, ese amor que no espera nada a cambio, ese amor que ama sin compromiso. No repitas los problemas de los demás, sino ven en humildad para que pueda *cambiarte*. Permite que el amor sea la hoguera que arde en tu corazón y verás la restauración de todo.

«¿Y por qué te preocupas por la astilla en el ojo de tu amigo cuando tú tienes un tronco en el tuyo? ¿Cómo puedes decir: "Amigo, déjame ayudarte a sacar la astilla de tu ojo", cuando tú no puedes ver más allá del tronco que está en tu propio ojo? ¡Hipócrita! Primero quita el tronco de tu ojo; después verás lo suficientemente bien para ocuparte de la astilla en el ojo de tu amigo».

LUCAS 6:41-42

Recibe tu nueva vida de oración

Has clamado con el deseo de saber cómo orar con la sabiduría y precisión de mi Espíritu. He escuchado tu lamento, por lo que te guiaré por caminos nuevos y emocionantes. Las áreas con las que has tenido dificultades profundas, aquellas que el enemigo quiere hacerte creer que no he escuchado o visto, son las áreas que se convertirán en tu gran fortaleza.

No existe una fórmula especial para la oración. No hay una forma correcta o incorrecta. Todo lo que busco es un corazón que anhele caminar de acuerdo con mi verdad, un corazón que se regocije y crea. Porque que has reunido las fuerzas para pedirme en oración mayor claridad, te la estoy dando. No tienes que esforzarte por ganártela o buscarla. Te la estoy dando ahora. Simplemente recíbela. Ahora que entrarás a tu tiempo de oración, escucha la voz de paz y declara confiadamente lo que escuches. Me escucharás en la quietud de tu corazón. Escucha los pensamientos espontáneos y fortuitos que se filtran en tu mente, siempre hablo, siempre que estés en quietud, con disposición a escuchar. ¡Prepárate para gozar de una vida gloriosa de oración!

Tus oídos lo escucharán. Detrás de ti, una voz dirá:
«Este es el camino por el que debes ir»,
ya se a la derecha o a la izquierda.

Isaías 30:21

Sígueme para salir de esta cárcel

Amado, el enemigo te ha mantenido atado desde hace mucho tiempo. Has atravesado por el fuego, pero ahora ha llegado el momento de la refrescante lluvia. Aunque pasaste por momentos en los que apenas podías sujetarte a la esperanza, me buscaste con todo lo que tenías. Pude verlo todo. Aunque no podías ver, estuve trabajando por ti entre bambalinas. Lo que sentiste que era una pérdida se convertirá en una victoria.

Las puertas de la cárcel se abren de par en par. Sígueme, sal de ahí. No dejes que el pasado te defina. Deshazte de esas ropas de luto y arrópate en atuendos de gloriosa alabanza. No te aferres a la falta de perdón. Rinde tu derecho a sentir resentimiento. Volveré a escribir tu historia y te daré una nueva, una historia de provisión, de gozo y sanidad. El enemigo ha tratado de introducir capítulos falsos a tu historia, capítulos de postergación y falta de esperanza, pero ha llegado a su fin. Cuando me veas con expectativa y veas el despertar con ojos de fe, ahí llegaré. Dirigiré el camino para salir de esta temporada y para entrar en una que he prometido.

El Espíritu del Señor Soberano está sobre mí, porque el Señor me ha ungido para llevar buenas noticias a los pobres. Me ha enviado para consolar a los de corazón quebrantado y a proclamar que los cautivos serán liberados y que los prisioneros serán puestos en libertad.

ISAÍAS 61:1

Toma tu lugar

Conoce cómo obro mientras escuchas mi voz. Toma tu lugar para estar a mi lado. Mi hijo, estás sentado a mi lado en el reino de gloria. Alrededor de nosotros se percibe el aire lleno de ángeles y santos que cantan: «Santo, Santo, Santo». Toma tu lugar y vive en mí. Empieza a verte como yo te veo. Mírate como mi amigo lleno de gloria y como mi iglesia radiante, la esposa que elegí. Expresa palabras de adoración mientras te sientas a mi lado y yo expresaré palabras sobre tu vida que afirmen tu lugar en mí.

Te entrego cada una de las verdades celestiales en las que confías y descansas. Las bendiciones de esta tierra fueron para mis siervos de antaño, pero en la actualidad, como tu padre, te entrego cada bendición celestial. ¿No soy yo el padre de las luces? Te he hecho mi luz en el mundo. Luz y verdad que te acercarán mucho más. Fluirán de ti hacia los lugares de oscuridad que te rodean. Te podrán ver por la gloria en ti y te conocerán por la gloria que abraces.

Tú eres mi jardín privado, tesoro mío, esposa mía,
un manantial apartado, una fuente escondida.

CANTARES 4:12

Dame todo de ti

Eres un portador de mi gloria sagrada, un templo de mi Espíritu Santo. Fuiste creado para conocer las profundidades de mi amor y designado para interactuar conmigo, como mi hijo, como mi ungido. Pero para experimentar la grandeza para la que fuiste creado, primero debes liberarte de los obstáculos. Deber permitirme purificarte.

Los vientos devastadores que tratan de succionarte en un vértice de caos no son más que una ilusión que trata de consumir tus pensamientos. Vienen problemas y surgen situaciones que necesitan tu atención, pero no debes permitirles que gobiernen tus pensamientos. Invítame a limpiarte de todo lo que te obstaculiza estar totalmente consciente de mi presencia. No dejes que el temor, enojo, pensamientos impuros o razones equivocadas permanezcan en ti. ¡Libérate de todo eso! Entrégamelos de una vez por todas. Estoy aquí. Si no puedes sentir mi presencia, es porque no me has entregado tus pensamientos. Solo ofréceme todo y deja que tu espíritu y mente disfruten pensamientos relacionados conmigo.

Ahora vengo a tu templo con ofrendas quemadas
para cumplir los votos que te hice.

Salmos 66:13

Siéntate junto a la fuente de misericordia

Mi amado, el reino celestial es tuyo. El reino de los cielos es mi regalo para ti. Trae tu corazón a mi reino hasta que quedes trasformado tanto interna como externamente. Los reinos terrenales se desvanecen y caen, pero mi reino aumentará y te llevará de gloria en gloria. Solo acércate. Permanece en mi presencia, descansa junto a los refrescantes arroyos de amor que fluyen desde mi corazón hasta el tuyo. Déjame llenar cada fisura, cada fibra de tu ser.

Siéntate junto a mí, verás que todo está en calma. La fe se convierte en el fluir de la vida cuando estás a mi lado. Los milagros no son nada más que una diminuta muestra de mi reino que se acerca al reino terrenal. La fe es la divisa del cielo con la que se canjean los milagros. Toma tu lugar de reposo y cree, pues mi día de poder está sobre ti. Ven y aprende de mí, te enseñaré cómo hago las cosas y descubriré mi corazón. Siéntate cerca de la fuente de misericordia y vive en mí, pues yo soy tu Dios.

«Entren conmigo», clama [la sabiduría] a los ingenuos. Y a quienes les falta buen juicio, les dice: «Vengan, disfruten mi comida y beban el vino que he mezclado. Dejen atrás sus caminos de ingenuidad y empiecen a vivir; aprendan a usar el buen juicio».

PROVERBIOS 9:4-6 [nota añadida]

Permite que cada día sea un nuevo principio

Mis misericordias son nuevas cada mañana. Cada día es un nuevo inicio. Mi gloria se apresura a encontrarte para invadir cada fisura de tu vida como el sol que acaricia la noche oscura. ¿Lo crees? ¿Te acercarás con fe y lo recibirás? Déjame lavarte con mi presencia y llenarte con mi gracia. ¡Este es el día que hice para ti!

Coloca tu corazón en mí desde que inicias tu día. No permitas que tus pensamientos te arrastren a aquello que roba tu paz. Deja a un lado las preocupaciones de ayer. El enemigo quiere invadir tus pensamientos y robar la paz que tienes hoy. ¡No se lo permitas! Coloca tu corazón y tus pensamientos en mí. Déjame ser tu obsesión santa. Pensar en mí es una forma de limpiar y desechar todo ese peso desagradable de la decepción. Mi gloria está viva, lista para mantenerte cerca. Soy quien ama tu alma, quien sana cada corazón fatigado. Búscame ahora, en estos momentos, antes de que las ocupaciones te alejen. Juntos enfrentaremos este día en una anticipación llena de gozo.

Señor, escucha mi voz por la mañana;
cada mañana llevo a ti mis peticiones y quedo a la espera.

Salmos 5:3

Busca la confirmación de mi Espíritu

Cuando me buscas antes que cualquier otra cosa, encontrarás dificultades. En ocasiones, serás tentado y obedecerás el consejo de los que te rodean en lugar de la sabiduría de mi Espíritu que habita en ti. Siempre debes ser humilde y dispuesto a aprender, alguien que honra a los líderes que he puesto en tu vida, pero también con una relación íntima y personal conmigo. Mi voz debe ser ese factor que te lleva a tomar una decisión. Mi palabra siempre debe ser tu fundamento.

La verdad es que no puedes complacer a todo el mundo. No puedes esperar a tener la aprobación del hombre en todo momento. Algunas situaciones son demasiado profundas para que otros las entiendan. Algunas instrucciones que te doy no significarán nada para nadie más que para ti. ¡En ocasiones, tampoco tendrán sentido para ti! Hay seguridad en la multitud de consejeros y en muchas ocasiones te guío por medio de ellos. No obstante, en ocasiones las restricciones de la religión tratarán de sofocar mi voz. Esa es la razón por la que debes tener una relación conmigo primero. Corre hacia mí antes de correr a escuchar el consejo de los hombres. Clama por mi sabiduría y mi guía antes de la de cualquier otra persona y afirmaré tus pasos. Sigue la paz que hay en ti y el liderazgo de mi Espíritu.

Recuerden lo que dice: «Cuando oigan hoy su voz, no endurezcan el corazón como lo hicieron los israelitas cuando se rebelaron».

HEBREOS 3:15

Te afirmaré en mi nombre

Sigue el ejemplo de mi hijo, quien no buscó comer con las celebridades religiosas del momento, sino que comió con los pecadores y se sentó con los quebrantados. Estaba más preocupado en revitalizar al agotado que en reconocer al orgulloso. La compasión lo llevó a lugares abandonados, a provocar el odio de aquellos que no lo entendían.

Todo lo que hizo, lo hizo porque me vio hacerlo. Siguió el camino que podía llevarlo a la muerte para ganar tu alma. Su vida fue amor, un sacrificio perfecto, una travesía humilde, modesta, del poder más grande. Esta es la vida que te llamo a vivir, una que fluye de la provocación de tu corazón y que te permite amar de la forma en la que yo lo hago. No ignores la compasión que se levanta en ti. No ignores los delicados toques de mi Espíritu para que salgas del camino de reflectores y camines sin luz, pero con mi gloria. Pregúntame a cada paso del camino por dónde debes andar, con quién deberías hablar y cómo veo a las personas con quien te encuentras. No construyas un nombre por ti mismo, construye mi reino y yo te afirmaré en mi nombre.

Entonces Jesús explicó: «Les digo la verdad, el Hijo no puede hacer nada por su propia cuenta; solo hace lo que ve que el Padre hace. Todo lo que hace el Padre, también lo hace el Hijo».

JUAN 5:19

Que tu canto se escuche más que el dolor

Sé que hay ocasiones en las que lo último que quieres hacer es alabarme. Sé que duele. Veo cada palabra que apenas expulsas de tu garganta que se niega a hablar. A pesar de eso, canta, mi amado. Cuando elevas cantos de devoción santa y dependencia total, encuentras liberación en mi presencia. Encontrarás sanidad. ¡Canta!

Haz lo opuesto que tu espíritu quebrantado quiere que hagas. Yo vendré, sanaré y restauraré. Estos son los momentos que te definen. Aquí es cuando el enemigo pierde, cuando la victoria se eleva a lo alto. Es cuando mis ángeles vienen a restaurarte, cuando mi fuerza se vuelve la tuya. Mi gracia es suficiente para sacarte adelante. Vengo con esperanza. Vengo con sanidad en mis alas. ¡No te rindas! Que tu canto se escuche más alto que las mentiras del enemigo. Canta más alto que el dolor. Soy el primero que responde en el sufrimiento. Daré aliento de fortaleza a tu fatigado corazón. Seré tu canto. Seré quien levante tu vida con gozo nuevamente.

Pues no ha pasado por alto ni ha tenido en menos el sufrimiento de los necesitados; no les dio la espalda, sino que ha escuchado sus gritos de auxilio.

SALMOS 22:24

19 DE JULIO

Acompáñame a una aventura santa

Quiero llenar tu vida con aventuras santas, no del tipo que encuentras al andar explorando el mundo. Soy más grande que tus sueños, más increíble que tu imaginación más extravagante. Me muevo con el viento, susurro sin palabras. Mi esencia es la integración de tres en uno. Mi santidad habita en la fragilidad de la naturaleza humana. Mi amor sufriente basta para salvar a todo el mundo. ¿Por qué habrías de limitar la forma en la que puedo encontrarte?

Fija tus ojos en lo inesperado. Libérate a ti mismo por completo a la vastedad de mi amor. Prepárate para elevarte en alas de gloria y para dar pasos sobre los caminos inesperados que preparo. Asciende esas montañas y mantente en mi palabra. No puedes concebir mi grandeza con tu entendimiento limitado, pero eso no significa que no puedas experimentarla. Inclínate a ella, de hecho, lo mejor sería que te sumergieras sin dudar. Mis misterios están a tu alcance para que los descubras, son como tesoros de joyas preciosas que he ocultado para que las encuentres. Deja que tu corazón salte con el asombro de un niño. Ven con gozo y espera ver lo inesperado.

¡Ven conmigo, mi amor! Sé como una gacela,
o como un venado joven sobre los montes de especias.

CANTARES 8:14

Mi amor sana el dolor

En la seguridad de mi amor es donde sana el dolor. Algunas heridas las sano lentamente. Te devuelvo la vida con un aliento delicado que no asfixia las brasas de la esperanza. En mis brazos puedo mecerte con seguridad. En otras ocasiones llego rugiendo con un poder tan apasionado que tu sanidad llega al instante.

No importa la forma que use para sanarte, pero *sí* lo hago. Para ello, primero debes permitirme sanarte. Déjate caer en mis brazos desde el borde de la desesperanza. Entra a esta confianza ilimitada en mí y suelta tu dolor. Colócala en mis manos, las manos que fueron traspasadas por los clavos. Decide renunciar a la identidad del dolor con la que te identificas. Recuerda quién soy y quién eres. Sentir dolor no es el problema, pues este no puede definirte, mi amado. Explícame por qué te sujetas del dolor. Rendirte no significa que eres débil, sino valiente. Aunque al principio te cause temor, voy a derribar esos muros que levantas para protegerte. No te preocupes, estaré a tu lado.

El Señor está cerca de los que tienen quebrantado el corazón; él rescata a los de espíritu destrozado. La persona íntegra enfrenta muchas dificultades, pero el Señor llega al rescate en cada ocasión.

Salmos 34:18-19

Tus batallas también son mías

El enemigo viene como una inundación que te ahoga con desilusión y angustia. Se siente como una batalla que nunca termina. A pesar de ello, sigues de pie. Has orado, has hecho todo lo que has podido. A pesar de ello, no ves el avance. Mi amado, ahora vengo y te digo: a pesar de que estés cansado, no desmayes. A pesar de tu angustia, libera ese dolor, pues estoy planeando la victoria.

El enemigo viene para robar, matar y destruir, pero yo he venido para darte vida en abundancia. Tus batallas también son las mías. Que no te engañe lo que ves. El enemigo quiere engañarte para que pienses que él ganó, que nada cambiará sino para peor. ¡Es un mentiroso! ¡Deja de escucharlo! Mírame, amado. Solo porque no ves lo que estoy haciendo no significa que no estoy diseñando tu salida. Te has quedado viendo las circunstancias, pero ahora te llamo para levantarte por encima de ellas y declarar tu victoria por anticipado, incluso si los hiciste ya muchas veces. Nuevamente vuelvo a dejar sobre ti aliento de esperanza. Voy delante de ti con un rugido, voy abriendo el camino.

Tú llevas la cuenta de todas mis angustias y has juntado todas mis lágrimas en tu frasco; has registrado cada una de ellas en tu libro. Mis enemigos emprenderán la retirada cuando yo clame a ti por ayuda. Una cosa sé: ¡Dios está de mi lado!

SALMOS: 56:8-9

Mis promesas son verdaderas

Mis promesas son más fieles y verdaderas de lo que puedas imaginarte. El poder de mi palabra ha sostenido tu vida y te mantiene cerca de mi corazón. Incluso ahora, tu corazón late por la promesa que te di cuando fuiste concebido: «vivirás». Mis palabras son el verdadero poder de la vida. Vale la pena creer en ellas porque son lo suficientemente fuertes para mantenerte firme. Deben volverse parte de tu testimonio cuando te ataque la oscuridad o una prueba.

Camina sobre el agua de mi palabra y confía en mis promesas más que en la vista o que la destreza humana. Mi palabra es tu fortaleza. Nunca fallaré, sino que cumpliré todas las promesas que te he dado. Mi palabra es más tangible y real que cualquier otra cosa que veas con ojos físicos, pues todo lo que ves ha sido creado por mi palabra. Te llamo a levantarte a vivir en fe. Deja que se dispersen todas las distracciones. Nunca subestimes el poder de la palabra en tus labios, porque es viva y verdadera. Es tu palabra y escudo, un arma poderosa y milagrosa.

Pues la palabra de Dios es viva y poderosa. Es más cortante que cualquier espada de dos filos; penetra entre el alma y el espíritu, entre la articulación y la médula del hueso. Deja al descubierto nuestros pensamientos y deseos más íntimos.

Hebreos 4:12

Proveeré con abundancia

Confía en mí y descansa en mis promesas. ¿No soy el Dios que provee con abundancia? ¿No es acaso que proveo para las aves, para los animales del campo y para cada uno de mis hijos e hijas? Tú eres lo más valioso y costoso de toda mi creación. Sangre sagrada goteó del madero para demostrar mi amor. Si te di la sangre de mi hijo para redimirte, ¿no te daré también todo lo que necesitas mientras caminas conmigo?

Cuando abro las puertas de la oportunidad, será para llevarte a una nueva temporada. En ocasiones, las puertas parecieran insignificantes y a veces parecieran un sueño hecho realidad. Sin embargo, vale la pena atravesar cada puerta que doy. Mi provisión no siempre viene en la forma en la que esperas. El medio natural no me limita. En ocasiones, te sorprenderé y te quedarás de pie, lleno de asombro. Soy el mismo Dios que envío maná del cielo y multiplicó los panes y los peces. Mi poder milagroso no ha cambiado. Mi amor por ti no ha disminuido.

Esas cosas dominan el pensamiento de los incrédulos
en todo el mundo, pero su Padre ya conoce sus necesidades.
Busquen el reino de Dios por encima de todo lo demás
y él les dará todo lo que necesiten.

Lucas 12:30-31

Mis promesas para ti

Declara mis promesas sobre tu vida hoy. Lee las palabras que te he prometido en la Santa Biblia. Haz reales estas palabras por medio de la fe. Coloca tus manos sobre mi palabra, pues son tangibles. Confía en mí, no te fallaré, pues soy tu padre y buen pastor. Créeme, mi hijo, incluso cuando todo alrededor de ti esté en contra tuya, ahí te demostraré el poder de la fe.

Te invito a sumergirte en mi palabra como nunca lo hubieras hecho antes, a buscarme y a buscar las promesas específicas en las que quiero te apoyes. Quiero que alinees tu pensamiento a la verdad, pero no a la verdad que puedes sentir en las profundidades de tu espíritu, sino a la verdad que te hace sentir vivo cuando la escuchas y hablas. Puedo susurrar palabras de esperanza y tesoros secretos que están hechos a la medida de tu situación. Puedo dirigirte a las respuestas cuando me busques con todo tu corazón y cuando anheles las promesas verdaderas de mi palabra.

Qué alegría para los que no siguen el consejo de malos, ni andan con pecadores, ni se juntan con burlones, sino que se deleitan en la ley del Señor meditando en ella día y noche. Son como árboles plantados a la orilla de un río, que siempre dan fruto en su tiempo. Sus hojas nunca se marchitan, y prosperan en todo lo que hacen.

Salmos 1:1-3

Te daré nueva vida

¿Puedes sentir el viento soplar sobre las brasas de tu fe? Te doy una nueva vida para que vuelvas a creer. Deja ir la frustración. Desiste a ese derecho de tratar y comprender asuntos espirituales con tu mente, pues son temas que deben considerarse desde un lugar mucho más profundo. Son luz, vida y verdad. No están confinados a medidas terrenales. La fe está fuera de los límites del tiempo y el espacio. La fe permanece contraria a las leyes naturales, a los diagnósticos médicos y los ataques demoníacos.

Premio a aquellas personas que se acercan a mí en fe, que confían en la promesa que los completa y mi presencia que sella su vida. Siempre doy respuesta a cada momento de fe. Ahora, levántate sobre estos nuevos vientos de fe y no pasarás por decepción. Camina en los pasos que te pido que camines. Ve creyendo a medida que vayas abrazando mis promesas. La fe es la victoria que necesitas y mis promesas son las semillas de esa victoria. Vence con fe y podrás ver con tus ojos el reino de los cielos ante ti. Soy fiel por la eternidad. Te doy nueva vida.

Por lo tanto, amados hermanos ¡cuidado!
Asegúrense de que ninguno de ustedes tenga
un corazón maligno e incrédulo que los aleje del Dios vivo.

Hebreos 3:12

26 DE JULIO

Ven a mí primero

Cuando las pruebas oscurezcan tu camino y los golpes amenacen con absorberte, búscame. Búscame en medio del torbellino de emoción y exasperación, porque soy la paz que sobrepasa todo entendimiento. Soy todo y lo lleno todo. Soy la respuesta que necesitas. Soy la sanidad, la sabiduría, la seguridad, el camino para que avances. Levantaré tu cabeza y traeré esperanza. Ven a mí y yo te afirmaré.

Soy tu único salvador, nadie más tiene el poder para salvarte de la máxima confusión que trata de invadirte. Aunque dejo frente a ti a otros de los que puedes aprender y personas que te demuestran mi amor, quiero que te acerques a mí primero. Quiero que dependas de mí más que de cualquier otra persona, sé que soy suficiente. Aunque muchas veces hablo por medio de otras vasijas de barro, también puedo hablarte desde un lugar de quietud, el lugar de mi presencia. No busques a otros primero. No trasmitas tu necesidad al mundo antes de que hayas buscado mi sabiduría. Ven a mí primero.

Busquen el reino de Dios por encima de todo lo demás y lleven una vida justa, y él les dará todo lo que necesiten. Así que no se preocupen por el mañana, porque el día de mañana traerá sus propias preocupaciones. Los problemas del día de hoy son suficientes por hoy.

MATEO 6:33-34

27 DE JULIO

Confía en mi amor por el extraviado

Crees que soy lo suficientemente poderoso para salvar a toda la humanidad por medio del regalo de mi hijo, y estás en lo cierto. Mi amor y sabiduría establecen un plan en acción que no podrán derrotar las mismas huestes del infierno. La sangre de Jesús es un arma imbatible. Mi amor conquistó la muerte misma, cerró la brecha entre el cielo y la tierra.

Si yo sé lo que necesita todo el mundo para ser salvo, entonces, ¿por qué dudas de que pueda salvar a aquella persona por quien has estado orando? ¿Por qué dudas? Confía en mi sabiduría, es una fuerza continua que ve lo que ves, pero sabe exactamente qué hacer. Confía en que amo a esa persona incluso más de lo que tú la amas, pues yo la creé, sé lo que la hace moverse. Sé cómo cortejar a esa persona para que regrese a mí. Solo porque no ves un cambio todavía, no significa que no estoy trabajando en ella. No significa que el enemigo ha ganado. Si soy lo suficientemente sabio para salvar a toda la humanidad, con seguridad soy lo suficientemente sabio y amoroso para salvar a quien amas. Mantén una actitud de expectativa y fe. ¡Sigue creyendo!

Pues el Hijo del Hombre vino a buscar
y a salvar a los que están perdidos.

LUCAS 19:10

28 DE JULIO

Tienes poder

Amado, ¿te has dado cuenta del poder que posees? No se trata del volumen de tu voz, de la cantidad de veces que ayunas, ni de las horas que inviertes en oración. Eres más poderoso cuando crees totalmente en el amor que tengo hacia ti. Eres invencible cuando peleas desde una postura de reposo.

Las armas de tu batalla son poderosas por medio de mí, por medio de la confianza inquebrantable que tienes al permanecer *en* mí. Cuando estás plenamente convencido de mi amor y comprendes mi carácter, dejas de impulsarte por el miedo. En lugar de ello, responderás con fe. Creerás que yo soy quien digo ser. Siempre que confíes en mi amor por ti, encontrarás ese lugar de quietud contrario a la batalla. Eres poderoso cuando crees que estoy consciente de la batalla y que peleo por ti en esos momentos. El descanso es una de las armas más poderosas, porque revela la ausencia del temor en ti. Desde de este lugar de reposo, revelo lo que necesitas hacer o lo que no tienes que hacer *mediante la paz*. Que tu paz sea el lugar de intimidad conmigo.

Pronto se desató una tormenta feroz y olas violentas entraban en la barca, la cual empezó a llenarse de agua. Jesús estaba dormido en la parte posterior de la barca, con la cabeza recostada en una almohada.

MARCOS 4:37-38

Vive de adentro hacia afuera

Mi hijo, quiero que vivas con tal confianza en tu relación conmigo, que nada te mueva. Quiero que estés atento a mi presencia, que estemos en una conversación constante. Quiero que sientas mi cercanía cada momento del día. Quiero acercarte a las profundidades de mi corazón, día y noche.

Esta es la vida interna que te he llamado a vivir, y quiero que sea desde tu interior. Te ofrezco la oportunidad de conocerme, de realmente conocer mi carácter y creer en mi naturaleza generosa. Quiero que me conozcas como tu salvador, amigo y rey triunfante. Te ofrezco la oportunidad de vivir como siempre soñaste, con la plena certeza de que te guío y ver ese gentil empuje que te lleva hacia tu destino, a conocer esa respuesta emocionante y espontánea. Quiero que confíes del todo en mi Espíritu que está en ti, que mi reino sea tan real, incluso más real, que las situaciones que te rodean. Quiero que vivas de adentro hacia afuera.

Un día, los fariseos le preguntaron a Jesús: ¿Cuándo vendrá el reino de Dios? Jesús contestó: No pueden descubrir el reino de Dios por medio de señales visibles. Nunca podrán decir: "¡Aquí está!" o "¡Está por allí!", porque el reino de Dios ya está entre ustedes.

LUCAS 17:20-21

Te daré mi perspectiva

La vida viene a ti desde muchas direcciones. Ya sea que estés en una temporada ocupada o una temporada de espera, puede ser difícil descifrar con exactitud lo que te he estado enseñando. Con frecuencia te sientes consumido por los detalles de la vida, los cuales te impide ver la imagen completa. Es como decir: «No puedes ver el bosque, porque tienes demasiados árboles enfrente». Amado, quiero que te tomes el tiempo para retroceder y ver las cosas desde mi perspectiva.

Tómate un tiempo para retroceder de todo lo que tienes por hacer e invítame a mostrarte lo que tengo para enseñarte en esta temporada. Prepárate, toma papel y lápiz porque cuando pidas conocer mi perspectiva, te sorprenderé. Hay lecciones que ahora mismo estás aprendiendo y que no puedes aprender en otra temporada de la vida. Estas son verdades que llevarás por toda la eternidad; son esas pepitas de oro que nadie podrá robarte. Es un tesoro que te comparto y sabiduría que te he revelado, pero el problema es que no has tomado el tiempo para enfocarte en ello. Entonces, acércate, pídeme que te enseñe y lo haré.

Así que te aconsejo que de mí compres oro -un oro purificado por fuego- y entonces serás rico. Compra también ropas blancas de mí, así no tendrás vergüenza por tu desnudez, y compra ungüento para tus ojos, para que así puedas ver.

Apocalipsis 3:18

Quiero que pienses como yo

Te llamé a ser luz, amor y sabiduría. En ocasiones eso solo significa tener una actitud positiva en un mundo negativo. Es fácil señalar todo lo que está mal, pero cuando ves desde mi punto de vista, puedes descubrir esa verdad a aquellas personas que te cruces en el camino. No te dejes atrapar en la trampa del enemigo al mantener amistad con personas negativas. Cuando te encuentres rodeado de personas así, sé la voz de la verdad. Muéstrales lo que yo veo.

Es fácil quejarse y rezongar cuando solo observas lo malo, pero quiero que te detengas y seas intencional en ver alrededor la belleza y lo bueno. No significa que ignores los hechos, significa que no te dejes gobernar por ellos. Significa que pienses como yo y descubras lo bueno que se oculta en cada situación. Sé intencional en ver lo bueno y si todo lo que ves es oscuridad y corrupción, y esto pesa mucho en tu corazón, tal vez ese sea el lugar perfecto a donde te llamaré a ser luz.

«Mis pensamientos no se parecen en nada a sus pensamientos —dice el Señor—. Y mis caminos están muy por encima de lo que pudieran imaginarse. Pues así como los cielos están más altos que la tierra, así mis caminos están más altos que sus caminos y mis pensamientos, más altos que sus pensamientos».

Isaías 55:8-9

Agosto

Esto es lo que quiero de ti

Hoy, sin importar lo que se te cruce en el camino, quiero que me busques en medio de esa situación. Mi deseo es que seas una persona firme e inquebrantable en cada circunstancia gracias a que permaneces en mí. Quiero que prestes más atención a la quietud de mi Espíritu dentro de ti que a las tormentas turbulentas que están alrededor de ti.

Cuando procesas todo en mí te estás anclando en mi paz, sin importar si eso que procesas es grande o pequeño. No esperes a enfrentar olas altas o bajas que te saquen de tu curso. Quiero que disfrutes de la confianza que viene de la realidad de mi presencia. Quiero que vivas esa presencia que está en ti durante cada momento del día. Quiero que tu fe sea inamovible, que tu caminar conmigo sea firme e inquebrantable. Deseo que experimentes una comunión continua conmigo como una práctica diaria. Cuando cultivas nuestra relación y me prestas atención en cada circunstancia, ningún plan del enemigo te oprimirá por mucho tiempo. Aunque a veces bajes la guardia por las pruebas, siempre sabrás que mi mano te sujeta firmemente.

No tengas miedo, porque yo estoy contigo;
no te desalientes, porque yo soy tu Dios. Te daré fuerzas y
te ayudaré; te sostendré con mi mano derecha victoriosa.

ISAÍAS 41:10

Tienes mis palabras

Mi amado, te di mis palabras para que puedas usarlas y triunfar en cada aspecto de tu vida. Mis palabras son poderosas y vivas, capaces de revivir todo lo que esté muerto en tu vida. Mis palabras tienen el poder de sanar la enfermedad y lo débil que aflige el cuerpo. Mis palabras están llenas de paz para silenciar cualquier tormenta que se arremoline en la mente. Mis palabras están llenas de luz, las cuales hacen que las tinieblas huyan.

Si escuchas mi voz y crees confiadamente, te prometo que mis palabras se cumplirán. Alégrate en mis promesas. Deja que mi palabra sea tu fuente diaria de vida. Solo en mí encontrarás gozo y abundancia. Solo en la verdad experimentarás ese avance en tu vida. Tómate un tiempo cada día para escudriñar mi palabra y conocer mi corazón. Cuando escuches y tomes una posición de confianza, fe y amor, podrás esperar a ver el cumplimiento de mis palabras. Tu amor mueve mi corazón, por lo que anhelo que entres hoy a tu heredad. Mi Palabra tiene la última palabra.

Señor, has hecho muchas cosas buenas a mi favor tal como lo prometiste. Creo en tus mandatos; ahora enséñame el buen juicio y dame conocimiento.

SALMOS 199:65-66

Déjame llenarte

Mi amor por ti es vasto y eterno; abrirá tu corazón para comprender con verdad mis caminos y saber cómo obro en el corazón de mi pueblo. Amar es ver una visión clara. Sin amor, tropezarás en la oscuridad. El egoísmo muere cuando mi amor llena el corazón. Las pruebas que atraviesas son pruebas de amor para dar con gracia, de la misma manera en que recibiste por gracia. El amor ganará tu batalla y dominará lo que te atormenta.

Así como mi amor generoso se te ha entregado, ahora tú debes darlo, darlo y darlo nuevamente. Mi amor es una fuente eterna de vida, es un afluente continuo sin fin. Está vivo y nunca falla. Siempre llega a la oscuridad más profunda de las almas atribuladas y obra con profundidad. Mi amor es el bálsamo que sana, uno que no se compra. Nunca subestimes el poder de caminar en amor. Cuando compartes mi amor, en especial con quienes son difíciles de amar, el enemigo pierde su dominio. Amado, deja que el amor llene tu corazón para que rebose en donde quiera que vayas.

Sean comprensivos con las faltas de los demás y perdonen a todo el que los ofenda. Recuerden que el Señor los perdonó a ustedes, así que ustedes deben perdonar a otros. Sobre todo, vístanse de amor, lo cual nos une a todos en perfecta armonía.

COLOSENSES 3:13-14

Deja que el amor gobierne

La revelación de la verdad puede darse únicamente mediante mi amor. Cuando vives en mi amor, puedo dejarme ver a través de tu vida y de tus palabras. Hay muchas personas alrededor de ti que me necesitan; ámalos y así ellos podrán verme. Como dice mi palabra, no te he dado espíritu de temor, sino uno de amor. Mi presencia santa se derramará desde tu corazón a medida que vayas fluyendo con mi amor. Muchos tratarán de distraerte de este tesoro, pero tus ojos deben estar fijos en mí y te sostendré en mi amor.

Deja que lo demás sea complemento del amor. El amor es el que debe gobernar tu vida, tus palabras, tus acciones y tu mentalidad. El amor debe ser el motivo principal de tu vida. El deseo más profundo de tu corazón debe ser conocerme y amarme primero, luego, compartir ese amor con otros. Deja que el amor te absorba, deja que la compasión te levante. Deja que la sabiduría te guíe y el enemigo nunca podrá engañarte poniéndote a su servicio por la culpa. Mira lo que estoy haciendo y quédate en sincronía con mi espíritu. Nunca serás succionado por nada, ni caminarás fuera de los límites saludables del amor.

Si alguien dice «Amo a Dios», pero odia a otro creyente, esa persona es mentirosa pues, si no amamos a quienes podemos ver, ¿cómo vamos a amar a Dios, a quién no podemos ver?

1 JUAN 4:20

Recibe la trasformación de mi amor

El mayor tesoro que recibirás en tu vida es mi amor. Bebe enteramente de esta fuente. Deja que las aguas refrescantes de mi amor se lleven toda distracción y tentación. El cielo está abierto para que vengas y bebas todo lo que desees. Ven, hijo mío. Sé transformado por mi amor hasta que todo tome un lugar secundario. Vive en este lugar del amor perfecto.

Las demandas del mundo se silencian por mi amor, al igual que cada pequeña cosa que te hace sentir inferior. El amor trae paz y una confianza plena, pues revela mi carácter. El amor libera mi misericordia. Es un poder invencible. Mi promesa es que te trasformaré y el cambio será desde tu interior, hasta que te parezcas a mí y suenes como yo, la personificación del amor. Permite que mi amor obre profunda y minuciosamente en ti. El cambio que anhelas será una realidad y podrás verlo. Mi amor tiene el poder para dominar y conquistar todo lo que te atormenta. Hoy renuevo mi promesa: te transformaré con mi amor.

Antes de la celebración de la Pascua, Jesús sabía que había llegado su momento para dejar este mundo y regresar a su Padre. Había amado a sus discípulos durante el ministerio que realizó en la tierra y ahora los amó hasta el final.

Juan 13:1

He venido a derribar muros

Los muros que construiste a tu alrededor quedarán derribados ante mí. Las situaciones que parecen imposibles, que te han lastimado y han hecho barricadas en ti, no son más que hojarasca para mí. Puedo hacerlas a un lado fácilmente si me invitas a hacerlo. Conmigo no debes temer a ser vulnerable, ni de llegar a ser expuesto. No temas a ser avergonzado o lastimado.

Aunque te has ocultado detrás de esta barrera de protección, mi deseo es que te acerques, que estés cómodo siento tú mismo. Quiero enseñarte a confiar y a amar. Voy a derribar cada muro y te haré libre. No tienes que mantenerlos de pie. No tienes que parecer alguien que no eres. No necesitas protegerte a ti mismo. Solo déjame protegerte, déjame sanarte con el aceite santo de mi presencia. Quiero que camines sabiendo que mi presencia te acompaña, pero también quiero que estés atento a tu propio corazón. Date tiempo de conocerte y de encontrar la grandeza que está dentro de ti. Quiero que conozcas la verdad que extingue el temor, deja que mi gloria sea tu único cercado.

Si es virgen como un muro, la protegeremos con una torre de plata; pero si es promiscua como una puerta que gira, le trabaremos la puerta con una barra de cedro.

CANTARES 8:9

Solo respira

No tienes que esforzarte para escuchar o sentir mi presencia. No existen requisitos que debas cumplir. No hay necesidad de evocar emociones o preocuparte de saber si has escuchado mi voz. Todo lo que necesitas hacer es creer de que estoy contigo, así de simple. Eso es todo lo que se necesita, que creas a pesar de lo que ves o lo que sientes. Solo suelta todo y vive este momento conmigo.

Mantén la calma. Debes saber que estoy contigo incluso cuando no puedas sentirme. Sé cómo conmover los corazones de mi creación. Eres el producto de mi amor y fuiste creado para conocer mi voz. Tu destino es ver mi rostro, así que no debes forzarlo. Déjate caer en mis brazos porque te sujetaré y abrazaré. Descansa en este momento conmigo. Soy el centro de todo. Soy la verdad que sujeta todo. Ya estoy contigo, con un amor que va creciendo en el centro de tu ser. No necesitas hacer nada, solo estar, solo respirar.

Esto dice el Señor soberano, el Santo de Israel:
«Ustedes se salvarán solo si regresan a mí y descansan en mí.
En la tranquilidad y en la confianza está su fortaleza».

Isaías 30:15

Soy el príncipe de paz

Soy el príncipe de paz. Reino y gobierno sobre el estrés y la confusión cuando me estableces como el rey sobre cada uno de tus pensamientos. Puedo mantener todo en armonía perfecta cuando te inclinas ante mí y me entregas todo: tu mente, alma y cuerpo. La ansiedad y la paz no pueden coexistir juntas.

Aunque inconscientemente, a veces tu mente me aleja, sé que tu corazón me anhela. No te preocupes, mi amado. Siempre respondo a los corazones que me buscan. Exalta mi presencia y levántame más alto que todas las preocupaciones que ocupan tu mente. Eres lo suficientemente poderoso para elegir lo que piensas al respecto. Ofréceme el sacrificio de alabanza al colocar esas preocupaciones en el altar. Entrégamelas. Deja tus inquietudes a los pies de mi majestad. Sométeos a la gloria que corre por tus venas. Di mi nombre, canta esas melodías de amor. Sumérgete en la quietud de mi paz. Deja cada una de las preocupaciones en mis manos. Menciona cada una de ellas si es necesario y confía en que me haré cargo de todas ellas. Déjame ser el único pensamiento que te consume.

Les dejo un regalo: paz en la mente y en el corazón.
Y la paz que yo doy es un regalo que el mundo no puede dar.
Así que no se angustien ni tengan miedo.

JUAN 14:27

Búscame

Amarme con todo tu corazón significa inclinarte ante mi gloria. Muchos elevan cantos de gloria, pero cuando traiga la plenitud de mi presencia a ti, será necesario que te inclines ante mí en santa reverencia. Habito en la luz inalcanzable, soy trascendente, muy diferente a todo lo que has conocido en la tierra. Búscame y aprenderás lo que significa temer al Señor.

Vive en la presencia de mi omnipotencia y majestad. Conóceme como tu salvador y amigo, pero entrégate con humildad, porque soy el rey de reyes y el señor de señores. Cuando vivas desde el lugar de asombro y reverencia, te estaré llamando para que te acerques. Te purifico y te hago más como yo. Recuerda que te llamé para ser una vasija de mi santa presencia. Mi gran Espíritu habita dentro de ti. Temerme no significa que te alejarás de mí, que tus ojos se desvíen o que tu corazón pelee consciente de tu pecado, pero implorando su castigo. En lugar de ello, el temor humilde es el que te recuerda el poder mi amor, mi amplia misericordia que no te aleja, sino que te acerca.

La iglesia, entonces, tuvo paz por toda Judea, Galilea y Samaria; se fortalecía y los creyentes vivían en el temor del Señor. Y, con la ayuda del Espíritu Santo, también creció en número.

Hechos 9:31

Eres una hermosa morada

Crea en tu corazón una fortaleza de adoración, un castillo de alabanza, en donde habite solo lo santo y lo puro. Amar mi santidad es establecer una muralla alrededor de tu jardín, una muralla de protección y bendición. En este lugar de intimidad sagrada, no encontrarás engaño de oscuridad. Las mentiras que han tenido influencia en tu corazón quedarán expuestas. Rodeado de mi gloria, decidirás que tu vida deje de enfrascarse.

Acércate a mí y piérdete en mi amor. Disfrutaremos mutuamente de nuestra presencia y te ayudaré a mantener tu jardín fructífero y puro. Mientras permanezcas en una relación dulce conmigo cada día, el pecado perderá su objetivo. La tentación queda sin importancia, mientras que la justicia y la pureza se vuelven la norma de vida. Eres mi jardín, mi gozo, mi delicia, el reflejo de mi gloria. Mírate de la forma en la que yo te veo. Mientras vivas en este lugar de comunión continua, tu plenitud se vuelve la alegría de otros, un ejemplo amoroso de una total e inquebrantable devoción hacia mí, que otros pueden ver. Eres mi hermosa morada.

Todos los que me aman harán lo que yo diga.
Mi Padre los amará, y vendremos para vivir con
cada uno de ellos.

JUAN 14:23

Abraza el misterio

Levántate y ven conmigo. Vive en el misterio, aunque no comprendas del todo lo que estoy haciendo en tu vida. La fe te dará la perspectiva que necesitas para saber a dónde te llevo y lo que hago profundamente en tu alma. Muchos siguen alimentándose del árbol del conocimiento del bien y del mal, pero yo te alimentaré desde mi interior, donde está plantado el árbol de la vida.

El fruto de mi Espíritu será tu satisfacción. Alégrate en este árbol que se plantó en la primavera de mi Espíritu. No le des la espalda a lo desconocido. Sé como mi siervo fiel Moisés, que se acercó para contemplar el fuego de mi presencia. Te acercaré a los secretos donde las llamas abrasadoras traen revelación y sabiduría a tu alma. Acércate a mi presencia y derramaré la presencia del amor divino. Acércate y disfrutarás del misterio de nuestra dulce unión. Mira más allá del velo. Abandona los límites de tu entendimiento y abraza el misterio de vida dentro de mí.

Mi paloma se esconde detrás de las rocas, detrás de un peñasco en el precipicio. Déjame ver tu cara; déjame oír tu voz. Pues tu voz es agradable, y tu cara es hermosa.

CANTARES 2:14

Deléitate en mí

Acércate a mí y siéntate conmigo aquí en donde mora la misericordia, donde está el trono del amor. Te ha sido dedicado un nuevo camino que da vida y que entra a mi presencia. Entra, alégrate y deléitate en mi amor. Habita conmigo en las nubes del misterio. Deléitate en mi misericordia. Bebe del vino de mi Espíritu. Sumérgete en mi amor, hasta que hayas saturado cada una de las fibras de tu ser.

Mis secretos están reservados para aquel que me teme y que se inclina en adoración ante mi trono. Busco a aquel cuyo deseo conozco, cuyo corazón anhela de mí en un asombro santo, cuya alma está sedienta del agua de vida, quien desea pureza en su profundidad. Cuando te rindas del todo, te llenaré con *mi* todo. Te lleno de mi sabiduría, gloria y fortaleza. Aquí, en este lugar de rendición sagrada encontrarás tu destino. Degustarás de los placeres eternos que empiezan aquí en la tierra y continuarán para siempre. Deléitate en mí y sentirás la calidez de mi radiante sonrisa sobre tu vida.

¿Quién es esa que viene majestuosamente
desde el desierto recostada sobre su amante?
Desperté tus deseos bajo el manzano, donde tu madre
te dio a luz, donde con tanto dolor te trajo al mundo.

CANTARES 8:5

Cambia tus pensamientos por los míos

Es fácil saber con exactitud en dónde está tu enfoque. Si escuchas con atención a lo que sale de tus labios, entenderás en dónde está tu corazón. Anhelo que camines en un estado continuo de confianza, paz y gozo. Sin embargo, cuando tu mente dirige el camino resaltando todo lo que te molesta, esto se vuelve abrumador para tu espíritu.

Debes buscar vivir en el conocimiento de mi cercanía. No es suficiente solo con dejar de quejarte u oponerte al enemigo. Debes permanecer cerca de mí, aceptar mi perspectiva con confianza, invitar continuamente mi presencia para que gobierne tu vida. Nadie dice en mi presencia: «tengo miedo»; nunca se escucha en mi gloria: «soy pobre». En mi presencia todos dicen al unísono: «¡Gloria!». Ven al refugio de mi sombra, donde todas las personas piadosas que me aman son lavadas, revestidas, coronadas y ubicadas conmigo. Me importas muchísimo y nada puede molestarte aquí en la seguridad de mi gloria. Ven y cambia esos pensamientos que tienes por los míos. Tienes la mente de Cristo.

Los que son espirituales pueden evaluar todas las cosas, pero ellos mismos no pueden ser evaluados por otros. Pues, «¿quién puede conocer los pensamientos del Señor? ¿Quién sabe lo suficiente para enseñarle a él?». Pero nosotros entendemos estas cosas porque tenemos la mente de Cristo.

1 Corintios 2:15-16

Fuiste creado para ser importante

No estás derrotado. No estás destinado a tener una vida banal, sin sentido y vacía. Te creé para tener una vida significativa, fructífera, satisfactoria e importante. Te creé para caminar conmigo en una forma en la que muy pocos conocen. Te creé para gozar de la gloria, pero para disfrutar de la vida que he diseñado para ti, primero debes creer. Debes buscarme y esa debe ser tu meta *principal*. Debes apartar tiempo para estar conmigo y escuchar mis instrucciones. Debes estar de acuerdo *conmigo* cuando todo en tu vida se siente como que estuviera fuera de lugar.

Pide más fe y busca tener un corazón valiente. Toca la puerta eterna y se te abrirá. Mira los milagros que vienen al proclamar la fe y la victoria. Nada puede apartarte cuando caminas conmigo por fe, cuando ves lo invisible, amas lo eterno y vives lo sobrenatural. Levántate, tienes poder y puedes tomar tu lugar con mis vencedores. Estoy contigo y eso siempre será suficiente.

Dios Padre los conocía y los eligió desde hace mucho tiempo, y su Espíritu los ha hecho santos. Como resultado, ustedes lo obedecieron y fueron limpiados por la sangre de Jesucristo. Que Dios les conceda cada vez más gracia y paz.

1 Pedro 1:2

Soy el contentamiento que buscas

Vuélvete un discípulo, alguien que aprende mis caminos. Todavía hay mucho más por aprender sobre cómo puedo llevarte al reino más alto en donde prevalece el amor. La felicidad de la vida no se encuentra en las circunstancias, se descubre cuando sabes que mi mano de amor te guía y lleva, incluso en los valles más oscuros de la vida. El contentamiento que buscas no puede encontrarse afuera de mí.

Existe una estabilidad que te mantiene fuerte y enfocado, la cual viene de conocer el triunfo del amor en cada momento de tu vida. Fija tu corazón sobre mí, descansa en mi gracia victoriosa y serás un vencedor. Así me conocerás, no de oídas, sino de las vivencias profundas de tu corazón e intimidad con tu Dios. Ven a mí y déjame enseñarte. Me sentaré contigo y te revelaré las verdades que pocos se atreven a escuchar. Cuando yo sea el tesoro que buscas más que cualquier otro, encontrarás gozo y contentamiento en formas en las que nunca soñaste.

Consolaré a los que se lamentan, llevando palabras de alabanza a sus labios. Que tengan paz abundante, tanto cerca como lejos —dice el Señor que los sana—.

ISAÍAS 57:18-19

Conocerás un amor más profundo

Mi lugar más profundo sigue llamando a tu lugar más profundo. No te dejaré en lo superficial, sino que te llevaré a la profundidad de mi amor, un amor que sana, un amor que te libera del dolor y de la culpa, un amor que no puede encontrase en los brazos de nadie. Es un amor vivo, uno que te anhela y te llama.

Cuando te entregues a mí sin reservas, buscando crecer más y más en la persona que deseo que seas, verás los grilletes caer. Las heridas quedan sanadas por el poder de mi amor. Las áreas en las que necesitas crecer serán aquellas que enfrentaremos juntos. En el anhelo de tu corazón hay emoción por aquellas profundidades de mi reino, las cuales te hacen libre para correr detrás de mí. La fachada de querer tener todo se desvanece y descubres que tu verdadera identidad es perfectamente amada y plenamente conocida y aceptada. Los muros que te rodean se desvanecerán y caerán ante la victoria de mi amor. Cuando todo lo demás te falle, ¡mi amor ganará!

Oigo el tumulto de los embravecidos mares
mientras me arrasan tus olas y las crecientes mareas.

SALMOS 42:7

Te llevaré en mis brazos

Cuando estés cansado y pareciera que no puedes encontrar un camino que te conecte a mi presencia, búscame y yo te llevaré. Cuando todo lo que puedes hacer es inclinarte y susurrar rendido, casi desmayando, aquí estoy. Nunca olvido tus clamores de ayuda. Escucho cada movimiento de tu corazón por mí. Estoy aquí, mi amado. Recuéstate sobre mis brazos y entrégame toda preocupación, toda inquietud y todo tu dolor. Estoy aquí y seguiré llevándote en mi presencia.

En tu debilidad, yo soy fuerte. No te culpo porque te sientas afectado por estas pruebas que han buscado destruirte. En lugar de ello, sofoco tu debilidad con mi fuerza y te acerco a mí. Sujeto la esperanza en mis manos y la colocaré suavemente en tu corazón. En mi presencia encontrarás alivio. En mis brazos, encontrarás consuelo. Derramaré de mi amor tan profusamente, que nuevamente serás consumido con paz. Te llevaré en mis brazos más allá del umbral del dolor a un bello lugar de victoria.

Luego dijo Jesús: «Vengan a mí todos los que están cansados y llevan cargas pesadas, y yo les daré descanso. Pónganse mi yugo. Déjenme enseñarles, porque yo soy humilde y tierno de corazón, y encontrarán descanso para el alma».

MATEO 11:28-29

18 DE AGOSTO

Encuentra tu equilibrio en mí

Las desilusiones vendrán, pero no debes permitirles que te distancien de mí. Con seguridad las bendiciones serán derramadas, pero no me olvides cuando así sea. Aunque nada puede separarte de mi amor por ti, las distracciones pueden nublar tu conocimiento de este amor. El dolor y el gozo pueden impulsarte a estar cerca de mí por igual, pero también pueden causar que te alejes. En toda situación debes mantener tu sensibilidad constante en mí, buscándome ante todas las cosas.

Es normal tener ocupaciones, pero es una herramienta que el enemigo usa para alejarte del camino. Quiere mantenerte tan ocupado para que me pierdas de vista. Deléitate en mí, en la forma en la que yo me deleito en ti. Mantenme como el centro de tu corazón y yo te ayudaré a navegar a través de cada estación del alma. Te enseñaré la forma en la que puedes equilibrar tu familia y tus amistades, el trabajo y el entretenimiento, los sueño y las metas. Aparta tiempo para conectarte conmigo cada día. Permanece en mí, haz un tiempo para que me acompañes. Háblame durante el trascurso de tu día y te ayudaré a equilibrar los detalles de tu vida.

No imiten las conductas ni las costumbres de este mundo,
más bien dejen que Dios los transforme en personas
nuevas al cambiarles la manera de pensar.
Entonces aprenderán a conocer la voluntad de Dios
para ustedes, la cual es buena, agradable y perfecta.

ROMANOS 12:2

Recuerda quién eres

Acércate y hablemos de quién eres en realidad. No solo eres mi amado hijo, sino también eres mi bella iglesia y novia. Eres esa pieza única que me es instrumento para hablar. Cuando digas mi nombre, todo el cielo y el infierno lo notarán. Tú eres ese par de manos por las cuales puedo sanar. Mira cómo puedo llevarte a otros que necesitan mi toque. Eres mi socio en el ministerio y juntos, contagiaremos de luz la oscuridad.

El mismo espíritu que me levantó de la tumba vive adentro de ti. ¿No ves el poder que hay en ti? Eres la morada de mi Santo Espíritu. Estás dentro de mí, vivo, con movimiento y presente en la maravilla de una unión misteriosa. En mí, nada te falta. Mi gloria puede revitalizarte en la fatiga. Es como esa charla motivadora para tu alma. Mi pasión divina restaura tu alma y te lleva a expresarte fuertemente con confianza en contra del enemigo. Tu precio y valor es la sangre sagrada, así que permanece firme. Vive confiado y humilde, mi ungido. Recuerda quién eres.

Mi antiguo yo ha sido crucificado con Cristo.
Ya no vivo yo, sino que Cristo vive en mí. Así que vivo
en este cuerpo terrenal confiado en el Hijo de Dios,
quien me amó y se entregó a sí mismo por mí.

GÁLATAS 2:20

Tu adoración es hermosa para mí

Tu adoración me deleita. He visto la forma en la que derramas tu amor en medio del dolor. En las temporadas de confusión y frustración, me escoges por encima de todo lo demás. Lo veo y lo sé. Escucho las canciones de amor que emanan de tus labios. Tu amor es mi gran gozo y capta toda mi atención. Cautiva mi corazón. Tu adoración es un canto que se escucha en el cielo.

Los ángeles también lo escuchan y se acercan a las melodías de amor que cantas. Tus alabanzas despiertan su adoración y juntos cantan: «¡Santo!». Dame el lugar más profundo de tu espíritu y experimentarás el lugar más profundo de mi amor. No te oculto nada. Todo ahora es tuyo porque me has abrazado. Ven y ocupa la recámara de mi deleite y déjame escuchar tu voz, pues tu voz es dulce y tu rostro es hermoso cuando me adoras. Canta con todo tu corazón. Alaba con todos esos cantos de amor y los ángeles se unirán a ti en alabanza y adoración.

Te llevaría al hogar de mi infancia, y allí
tú me enseñarías. Te daría a beber vino con especias,
mi dulce vino de granada.

CANTARES 8:2

Tus palabras son importantes

Amado, quiero que cuides tus palabras. Presta atención a lo que dices, porque revela las mentiras que están profundas en tu corazón. ¿Hablas continuamente acerca de cosas que te molestan? ¿Te quejas constantemente? O, ¿me estás entregando toda tu frustración para disfrutar la vida en mí? Acércate y tráeme todas tus quejas y frustraciones para entenderte y así poder purificar tu corazón.

Mantén tus palabras alineadas con las verdades que he declarado en mi palabra. Recuerda con frecuencia lo que digo. Deja que mi palabra se sumerja en las profundidades de tu ser hasta que sea parte de ti. Si sintonizaras lo que se escucha en el cielo, te darías cuenta de que lo que dices contradice mi verdad. Habla palabras de vida y de luz. Tus palabras traerán bendición o maldición, dependiendo del reino con el que estés alineado. Pueden conectarte a la fuente de mi poder ilimitado o arrastrarte a lugares en los que no deberías estar. Nunca pienses que tus palabras no importan, porque sí, importan y escucho cada una de ellas.

Les digo lo siguiente: el día del juicio, tendrán que dar cuenta de toda palabra inútil que hayan dicho. Las palabras que digas te absolverán o te condenarán.

MATEO 12:36-37

Estos no son tus problemas

Amado, no te aferres a las situaciones que no puedes arreglar. Entrégamelas, todas y cada una de ellas. ¿Sabes qué sucederá cuando te liberes de todas esas preocupaciones? Entrarás a una dimensión de libertad, muy diferente a lo que hayas conocido alguna vez en tu vida. Créelo o no, no necesitas evaluar mentalmente cada problema para encontrar una solución. No es tu trabajo arreglarlo todo. Ninguna preocupación, por muy grande o pequeña que sea, no va a cambiar *nada*.

A veces, necesito que hagas algo. Debes empezar dando algunos pasos para que todo esté en su lugar, pero no significa que debes caer buscando soluciones al punto de atormentar tu mente y aferrarte al problema. De cualquier forma, no son tus problemas, son nuestros porque estamos juntos. Entonces, suelta esas situaciones difíciles en mis manos, retrocede y mantente en quietud en mi presencia. Ahí podrás escuchar mis instrucciones con claridad y vivir la paz que viene con ellas. No quiero que hagas más que confiar en mí y encontrar paz, debes creer que sé lo que estoy haciendo. Solo déjalo ir y confía en mí.

Digan a los de corazón temeroso:
«Sean fuertes y no teman, porque su Dios viene
para destruir a sus enemigos; viene para salvarlos».

ISAÍAS 35:4

Sé libre de la trampa de no perdonar

El amor y el perdón son parte de mi naturaleza. De la misma forma, también deben ser parte de la tuya. Quiero que reflejes mi carácter y que tus acciones sean contrarias a la naturaleza de tu carne. Puedes tener el derecho de enojarte y molestarte, pero recuerda que quienes caminan en gran misericordia son quienes han llegado a abrazar la misericordia por sí mismos. Solo yo puedo juzgar el corazón de la humanidad. No es tu trabajo condenar ni declarar juicio. Tu responsabilidad es perdonar. Después de todo, piensa en las muchas cosas por las que te he perdonado.

Si te está costando perdonar, puedo ayudarte con eso también. Sé sincero en la forma en la que te sientes y acércate a mí con tu dolor. Caminemos juntos durante tu proceso de sanidad del alma para que puedas permanecer sano y completo, capaz de perdonar. Obtendrás una comprensión nueva y completa de mi poder cuando seas libre y confíes en mi misericordia. Y lo más importante, mi amado, esto es lo que quiero para ti: liberarte de la trampa de la falta de perdón y que puedas perdonarte a ti mismo.

«Si perdonas a los que pecan contra ti, tu Padre celestial te perdonará a ti; pero si te niegas a perdonar a los demás, tu Padre no perdonará tus pecados».

MATEO 6:14-15

Alaba en todo tu camino

Alaba mientras vas por el camino de fe. Cuando te estás desmoronando y las cosas se ven desalentadoras, alaba en el camino para que salgas de la oscuridad. No te introduzcas más en tu dolor, sino sal, levántate y alaba en tu camino a la libertad. La alabanza abrirá tus ojos a mis maravillas. Me llevará a tu situación de una forma especial, pues no puedo resistirme a tu amor y fe. Alábame por anticipado por lo que haré, porque haré algo que aparentemente es imposible.

Recuerda quién soy. ¡Soy el Dios de los milagros! Tu adoración construirá una plataforma para esos milagros. Soy el Dios victorioso y te daré tu recompensa. Tomaré lo que el enemigo te ha quitado y lo derribaré, porque soy poderoso. Soy el único que puede reivindicarte. Seré tu escudo protector. Deja tus preocupaciones en mis manos y mírame solo a mí. Deja que tu alabanza te catapulte sobre los muros del temor, del dolor, de la confusión y de la desilusión. Recuerda lo que he hecho. ¡Adora en todo tu caminar!

Te alabaré, Señor, con todo mi corazón, contaré de las cosas maravillosas que has hecho. Gracias a ti, estaré lleno de alegría; cantaré alabanzas a tu nombre, oh Altísimo. Mis enemigos retrocedieron, tambalearon y murieron cuando apareciste.

SALMOS 9:1-3

El gozo vendrá de nuevo

Soy el Dios de los quebrantados. Cuando el dolor de la vida te golpee, soy tu refugio seguro. Escóndete en mí, ven y descansa en mí. Soy tu sanador, soy gentil, misericordioso y bueno. Te amo y sé cómo sanar tu tierno corazón. No dudes, amado. Cree en mi amor sanador y en mi misericordia. Cree en mi poder maravilloso y en que vale la pena confiar en mí.

Soy el rey de gloria. Soy más grande y magnífico de lo que puedas imaginarte. Incluso cuando caes o estás desanimado, estoy contigo. Descansa en mi obra perfecta. Abre tu corazón a mí. ¿Puedes hacerlo? ¿Me dejarás inundarte con sanidad y paz nuevamente? Te levantaré y resucitaré tu fe.

No hay problema en que pases por momentos de dolor y cansancio, pero después de que te haya fortalecido, tomarás mi mano y caminarás conmigo nuevamente en gozo. ¡No te abandonaré! El gozo vendrá nuevamente. Esta es mi promesa para ti.

Regresarán los que fueron rescatados por el Señor
y entrarán cantando a Jerusalén, coronados de alegría eterna.
Desaparecerán el dolor y el luto y estarán
llenos de gozo y de alegría.

ISAÍAS 51:11

Es tiempo de que los gigantes caigan

Prepárate para que te vuelva a moldear, completa y totalmente nuevo, molido por completo en mi amor extravagante que se libera en tu vida. Quedarás sorprendido por lo que estoy por hacer en ti. ¡Es tiempo de que los gigantes caigan!

He escuchado tus oraciones, he visto tus lágrimas y te he visto de pie, tembloroso sin poder dar otro paso más. Aunque el enemigo trabaja para robar, matar y destruir, mi gloria te ha hecho fuerte. Es tiempo de que veas lo que puedo hacer. Es tiempo de que cruces el umbral de la oposición y entres al gozo de algo nuevo. Es tiempo de estar expectante y con gozo, de permitirte ser lleno de lo que va a pasar. Es tiempo de confiar, no porque vaya a hacer todo lo que tú creas que haré a tu manera, sino porque confías en que hago las cosas a mi manera. Ánclate en mis promesas y pronto verás el fruto de lo que ya puse en acción entre bambalinas. Quedarás asombrado por la victoria que estoy liberando y quedarás desconcertado cuando veas cómo permito que todo suceda.

En mi desesperación oré, y el Señor me escuchó;
me salvó de todas mis dificultades. Pues el ángel del Señor
es un guardián; rodea y defiende a todos los que le temen.

SALMOS 34:6-7

Encuéntrame en tu dolor

Amado, no quiero que experimentes emociones profundas, tales como ira, temor y tristeza; y que luego las escondas debajo del tapete. Quiero que reconozcas lo que te pasa. Presta atención a tus reacciones y a las cosas que te hacen estallar. Anhelo que vengas a mí para que yo pueda alimentarte con mi amor.

Todo dolor está arraigado en algo que necesita mi trato y reconocimiento. No tienes que andar escarbando, ni presionando las heridas antiguas en busca de problemas. Más bien, presta atención cuando la vida te hace estallar. Muchos de los patrones emocionales, que se sienten como un ciclo eterno, son señales en el camino de las áreas que necesitan sanidad. Si me pides que te muestre las causas subyacentes de esas emociones enfermas, yo lo haré. No solo sé todo en cuanto a ti, sino que también sé cómo sanarte. No quiero que vivas una vida de introspectiva enfocada en el dolor, sino que te enfoques en *mí* y me encuentres en medio de tu dolor. Entonces oirás lo que *Yo* tengo que decir al respecto. No huyas de las cosas que no entiendes, en cambio, reconoce estos problemas y confía en que yo te daré sabiduría, consejo y libertad.

El Señor está cerca de todos los que lo invocan, sí, de todos los que lo invocan de verdad. Él concede los deseos de los que le temen; oye sus gritos de auxilio y los rescata.

SALMOS 145:18-19

Estoy contigo en el tiempo de necesidad

Te he amado desde el principio. Te he mantenido cerca desde que eras un niño. Siempre he estado contigo. Nunca te he dejado y nunca te dejaré. Déjame llevarte durante este tiempo.

Deja a un lado las preguntas. No pueden satisfacerse con respuestas que tu mente natural pueda tratar de explicar. Con el tiempo, entenderás. Mis respuestas serán reveladas a medida que tu corazón encuentre esperanza en mí. Mis respuestas son pozos profundos de sabiduría que deben beberse una copa a la vez. Son un tesoro escondido que necesitan tiempo para ser desenterrados. En mi sabiduría y compasión, revelo con cuidado y lentamente, aquello que puedas manejar.

Un día verás con claridad las sombras cuando las hayas pasado, pero ahora, todo lo que tienes que saber es que te amo y que estoy contigo. Vamos a superar todo esto juntos. El enemigo no ha ganado. Es un rival derrotado y un día lo verás en su máxima destrucción. Ahora descansa, mi amado; descansa en mis brazos de amor.

Sin embargo, todavía te pertenezco; me tomas de la mano derecha.
Me guías con tu consejo y me conduces a un destino glorioso.
¿A quién tengo en el cielo sino a ti?
Te deseo más que cualquier cosa en la tierra.

SALMOS 73:23-25

29 DE AGOSTO

La intimidad te prepara para el ministerio

Tener intimidad conmigo es la forma que te prepara para el ministerio, es el fundamento básico de todo lo demás en la vida. El ministerio fluye de tu relación conmigo. Si no estás inundado con este fluir, dependerás de tu propia fuerza y conocimiento para alcanzar a otros. Tengo un camino más adecuado, el camino de mi Espíritu, el camino de la gracia, el cual te permite acercarte a mí, de manera que solo hagas y digas lo que te he enseñado.

Sumérgete en el océano de mi amor. Satúrate en mi presencia y así salpicarás mi amor a donde quiera que vayas. Cuando tomas tu cruz y sacrificas tu egoísmo para tener más intimidad, me muevo por medio de ti de una forma poderosa. Cuando estableces nuestra relación como una prioridad, el ministerio será la respuesta natural. Cuando me amas, amarás a otros. Cuando eres uno conmigo, sentirás mi compasión por quienes te rodean. No permitas que tus temores, actitudes u opiniones se interpongan en el camino a nuestra relación santa. Solo somete tu voluntad en los fuegos de la pasión divina y purificaré todo lo que hagas.

Tu ombligo tiene la forma perfecta, como una copa llena de vino mezclado. Entre tus muslos hay un manojo de trigo, rodeado de lirios. Tus pechos son dos gacelas.

CANTARES 7:2-3

Derrama mi misericordia por gracia

Anhelo ser misericordioso con aquellos que se vuelven a mí: Mi gracia ha restaurado tu alma y tu vida ahora rebosa. Te creé para ser misericordioso con el culpable, para dar gracia a quien no la merece y a ser bondadoso con quienes te hayan tratado mal. Estas virtudes las has recibido por gracia y ahora te toca darlas así también, por gracia, y verás cómo se multiplica.

Nunca olvides de dónde has venido. No creas que mi misericordia está ahí sin importar qué hagas o digas. Siempre recuerda que yo soy el que soy, quien te ha salvado de la destrucción. Me encanta tomar vidas y cambiarlas con mi gloria. Ahora quiero que hagas lo mismo. Quiero que liberes mi presencia a donde vayas. No ignores mis avisos sutiles cuando veas a aquellos que necesitan algo que tú tienes. No voltees tu rostro para dejar de ver a quienes están cometiendo un error o a quienes son diferentes a ti. No condenes a la persona que te busca. Nunca he negado el perdón a aquellos que se arrepienten. La misericordia se multiplica cuando tomas lo que te doy y lo derramas por gracia a quienes están en necesidad.

Dios bendice a los compasivos, porque serán tratados con compasión. Dios bendice a los que tienen corazón puro, porque ellos verán a Dios. Dios bendice a los que procuran la paz, porque serán llamados hijos de Dios.

MATEO 5:7-9

No permitas que nada afecte nuestra comunicación

Un rencor contra otra persona es una cadena que ata tu alma, que te impide levantarte y alejarte de ello para acercarte a mí. Perdona y observa cómo mi victoria se libera en ti. Sanaré tu cuerpo y tus pensamientos cuando perdones a la persona que te haya ofendido. Mi gracia fluye libremente y nunca se detendrá. Te daré la gloria de mi gracia en la medida en que das misericordia. Entre más me imites, muestres misericordia y perdones a otros, más pura y dulce será tu comunión conmigo.

Deja que mi gracia te haga más fuerte que tus enemigos y más sabio que tus oponentes. Hay muchas formas en las que el enemigo intenta confundirte, tanto interna como externa, para que te distraigas de mi presencia. Pero si me tienes en primer lugar y me entregas cada pensamiento, incluso aquellos pensamientos fugaces que ondean en tu mente, estarás en una comunicación continua conmigo. Presta atención a cómo reaccionas a las situaciones y nunca trates de justificar tus actitudes equivocadas. Ama a otros con un amor puro, el cual es mi amor. Pídeme que puedas ver a las personas desde mi perspectiva y camina con humildad durante el día.

Atrapen todos los zorros, esos zorros pequeños, antes de que arruinen el viñedo del amor, ¡porque las vides están en flor!

CANTARES 2:15

Septiembre

1 DE SEPTIEMBRE

No dejes que el enemigo desvíe tu visión

La vida lucha por capturar cada segundo de tu atención. Las pruebas se manejan por sí mismas frente a ti para cambiar tu enfoque y alejarlo de mí. El enemigo conoce que, si te sientes consumido y abrumado por lo que ves, ahí tendrá una puerta de entrada para procesar tus pensamientos. Él busca asfixiarte en la angustia de lo que ves, sin embargo, fuiste creado para algo más grande.

Colócame frente a tus ojos. *Déjame* ser la barrera entre tú y el problema. Mírame y luego, mediante la luz de mi gloria, verás la prueba con una claridad celestial. Ves cada situación mediante los lentes de mi bondad, poder, amor y divinidad. Cuando mi gloria llena tu visión, nada puede desviar tu mirada. No se les debe dar oportunidad a las circunstancias para que te gobiernen. Aunque las pruebas pueden estar presentes, no se les debe permitir que consuman tu visión. Mírame enfrente de ti. Mírame a través de mi gloria y verás estos problemas a la luz de la verdad. Solo cuando la luz de la verdad haya penetrado la profundidad de tu ser podrás ver con mi perspectiva.

Pues nuestras dificultades actuales son pequeñas y no durarán mucho tiempo. Sin embargo, ¡nos producen una gloria que durará para siempre y que es de mucho más peso que las dificultades! Así que no miramos las dificultades que ahora vemos; en cambio, fijamos nuestra vista en cosas que no pueden verse. Pues las cosas que ahora podemos ver pronto se habrán ido, pero las cosas que no podemos ver permanecerán para siempre.

2 Corintios 4:17-18

Presta atención a mi presencia

Amado, quiero que te sumerjas hoy en mi gloria. Búscame en cada momento y en cada situación. Enfócate en mi verdad, aunque los hechos traten de golpear tu visión. Mantente en quietud en mi amor omnipresente, incluso cuando estés ocupado. Déjame amarte. Escucha con expectativa todo lo que deseo decirte hoy. Siente mi gloria que te llena tan plenamente que alumbras con mi presencia todo lugar al que vas.

Esta es la vida a la que te he llamado cada día, una vida que permanece conectada a mí, consciente de mí y alineada a mí. Este es el gozo de caminar conmigo, mi presencia tangible nunca se disipará. Si algo te frustra y trata de sofocar mi presencia, solo enfoca tu atención nuevamente en mí. Cuando sientas que mi presencia se está disipando, es porque te has distraído con algo más. Siempre estoy aquí, siempre acercándote a mí. En todo lo que hagas, presta atención a la gloria de mi amor. Búscame primero, búscame continuamente.

¡Jamás podría escaparme de tu Espíritu! ¡Jamás podría huir de tu presencia! Si subo al cielo, allí estás tú; si desciendo a la tumba, allí estás tú. Si cabalgo sobre las alas de la mañana, si habito junto a los océanos más lejanos.

SALMOS 139:7-9

Baila sobre las cenizas

Cada lugar en el que tu enemigo ha estado en contra de ti es un lugar donde habrá una victoria futura, un lugar en donde cantarás mi amor triunfante, una plataforma de lanzamiento a mi restauración magnífica. Cada situación traumática puede convertirse en un lugar donde tendrás una enorme fuerza cuando me invitas a tu dolor.

Amado, el enemigo odia que sus planes tengan el resultado contrario al que esperaba. Él quisiera darte un golpe y sacarte de la partida, pero cuando caminas en la gran realidad de mi amor, nada puede mantenerte oprimido. Si tomas mi mano, te dirigiré a los picos montañosos en donde tu risa hará eco en cada valle, en donde alguna vez hubo huesos secos. Pero primero, nos pondremos de pie y danzaremos sobre las cenizas. Sembraremos las semillas de la resurrección en todo lo que parece estar muerto y desolado. Cada paso de amor y cada movimiento de gracia liberará un resurgimiento de esperanza y gozo. Aunque hayas sido testigo de pérdida y destrucción, la vida surgirá a pesar de todo.

Él me ha enviado para anunciar a los que se lamentan que ha llegado el tiempo del favor del Señor junto con el día de la ira de Dios contra sus enemigos. A todos los que se lamentan en Israel les dará una corona de belleza en lugar de cenizas, una gozosa bendición en lugar de luto, una festiva alabanza en lugar de desesperación. Ellos, en su justicia, serán como grandes robles que el Señor ha plantado para su propia gloria.

ISAÍAS 61:2-3

Los pródigos regresarán

Llamo a casa a los hijos e hijas que me han olvidado. Verás una cascada de amor y misericordia que trae a mis hijos desde lejos. Los he cercado. No han deambulado tan lejos como te imaginas. Nunca están fuera de los límites de mi amor y nunca me alejaré de su lado. Sé cómo cortejar los corazones de mi creación. No pueden encontrar lo que necesitan afuera de mí. En mi misericordia serán restaurados con pasión fresca para buscarme y conocerme.

Seca tus ojos y con un corazón lleno de esperanza, mira con ojos de fe. Los que están perdidos regresarán a casa. Tu deleite debe enfocarse en buscarlos y amarlos para que regresen a la plenitud y la dignidad. Quitarás esa soledad de su corazón y verás cómo se restauran. Incluso dentro de tu familia, habrá sanidad y gracia cuando retome sus corazones y encienda sus anhelos por mí. Ama bien, perdona completamente. Verás la restauración por la que has orado. Mi voluntad se cumplirá en sus vidas.

Si un hombre tiene cien ovejas y una de ellas se pierde, ¿qué hará? ¿No dejará las otras noventa y nueve en el desierto y saldrá a buscar la perdida hasta que la encuentre? Y, cuando la encuentre, la cargará con alegría en sus hombros y la llevará a su casa.

Lucas 15:4-5

Disfruta la libertad de estar conmigo

Aprende a estar conmigo en quietud, sin preocuparte por lo que deberías hacer. Tómate tu tiempo para disfrutar de mi presencia y para refrescarte en las profundidades de tu ser. No siempre necesito que *hagas* algo. No te preocupes con solo estar en mí y descansar. Quédate en silencio y encuentra en mí la fuente de paz. Siente las olas de mi amor que lavan tu alma y te reviven. Estar en la realidad de mi amor y disfrutarme es más importante que cualquier otro deber religioso.

Lo mismo sucede con tu identidad. La persona que eres en esta vida no se identifica por lo que haces, sino por tu esencia, la persona que realmente eres en la profundidad de tu ser gracias al fluir de vida de mi Espíritu en ti. No me preocupa tanto que descubras lo que quiero que *hagas* que lo que te he llamado a *ser*. Una vez adoptes la esencia de tu identidad en mí, fluirás naturalmente en las cosas que quiero que hagas. Disfruta de la libertad de *ser*. Abraza la simpleza de volver a ser niño cuando encuentres tu identidad en mí.

Guíame a la imponente roca de seguridad, porque tú eres mi amparo seguro, una fortaleza donde mis enemigos no pueden alcanzarme. Permíteme vivir para siempre en tu santuario, ¡a salvo bajo el refugio de tus alas!

SALMOS 61:3-4

6 DE SEPTIEMBRE

Ven y recibo lo que realmente necesitas

Los momentos que pasas en mi presencia escuchándome y sumergiéndote en mi amor, son momentos que se llenan con eternidad. Es este lugar en donde doy energías a tu ser. Muchas influencias han afectado tu vida y tus pensamientos, pero a medida que llegas a mi gloria te lleno con lo que más necesitas: mi amor y fuerza. Puedes distraerte muy fácilmente y turbarte, por eso debes acercarte fielmente y estar conmigo.

Siempre soy suficiente. Siempre soy exactamente lo que necesitas. En mi presencia hay plenitud de gozo. En mi presencia envolvente encontrarás la sabiduría que buscas. Encontrarás amor sin comparación. La soledad no existe cuando entra la gloria del cielo. El temor no existe en la presencia del amor perfecto. Se libera sanidad para tu mente, alma y cuerpo cuando logras ver la belleza de la cruz. No existe debilidad, indecisión ni cuestionamientos en mi presencia. Nunca te preocupes de alejarte del mundo y pasar mucho tiempo conmigo. Todo lo demás puede esperar, pues juntos permanecemos en la belleza de este momento.

Me mostrarás el camino de la vida; me concederás la alegría de tu presencia y el placer de vivir contigo para siempre.

SALMOS 16:11

La adoración abre la puerta

Camina conmigo en las sendas de la adoración y quitaré tu incredulidad. Pediste una fe más grande y te la otorgaré, pero se necesita que camines en el espíritu de la gratitud por todas las cosas. La fe y las quejas no pueden vivir juntas, mi amado. O tendrás una gran fe y gratitud o tendrás una gran duda y muchas quejas. Elige la adoración y mira cómo crece tu fe.

Camina conmigo en las sendas de la adoración y las puertas de la celda que te han tenido prisionero se abrirán de par en par, así como pasó con Pablo y Silas. Tu adoración es como un portal de gloria que conecta tu voluntad con la mía. La adoración permite que pienses como yo y que veas con claridad desde la perspectiva del cielo. La adoración recibe el trabajo terminado de la fe en medio del tiempo de espera. Es un complemento de la vida que no se silencia por las circunstancias contrarias. Regocíjate en todo lo que estoy haciendo, en especial cuando no puedes verlo con tus ojos naturales. La adoración te levantará más alto. La adoración eliminará todo velo de incredulidad.

Alrededor de la medianoche, Pablo y Silas estaban orando y cantando himnos a Dios, y los demás prisioneros escuchaban. De repente, hubo un gran terremoto y la cárcel se sacudió hasta sus cimientos. Al instante, todas las puertas se abrieron de golpe, ¡ya todos los prisioneros se les cayeron las cadenas!

Hechos 16:25-26

Experimenta paz en medio de las pruebas

La paz que te traigo no se compara con la paz que se conoce en la tierra. Trasciende tu vida mortal y fluye hacia ti desde mi río de tranquilidad que emana de mi trono de gracia. La paz que es como un río tranquilizará tu alma y lavará las palabras de desesperanza y dolor. Ven a mi río de paz y flota en mis promesas. Ahí nunca pasarás por decepción.

Escúchame y la paz será la almohada donde descansarás de tus pensamientos de ansiedad. Entrega ante mi soberanía tus pensamientos interminables y escurridizos. Quédate tranquilo al liberarte y experimentar lo que significa confiar en mí sin reservas. La paz es mucho más profunda que tu entendimiento mental. Con frecuencia pareciera algo sin sentido, pero se trata de que te sientas bien al estar en paz durante las pruebas. No se siente natural caminar en paz cuando las circunstancias vienen y te gritan al rostro, pero así es la vida de aquel que vive confiadamente en mi amor y bondad. Quiero que camines en esa paz y que luego la liberes a todos los que te rodean.

Les dejo un regalo: paz en la mente y en el corazón.
Y la paz que yo doy es un regalo que el mundo no puede dar.
Así que no se angustien ni tengan miedo.

JUAN 14:27

Mi sonrisa es por ti

Amado, cuando el mundo entero esté ocupado y en caos, cierra tus ojos y encuentra mi paz para ver mi sonrisa. Cuando las cosas se sienten fuera de control y no cuando no estás manejando las cosas correctamente, también sonrío contigo. ¿Puedes sentir mi corazón por ti? Me conmueves en una forma que nadie más lo hace y eso es porque eres uno de mis amados.

Incluso cuando eres débil y te sientes desconectado de mi presencia, sigo aquí, sigo sonriendo contigo. Todavía veo a través de los ojos de amor. Incluso en tu desastre, ahí sigo amándote. Te conozco y creo en ti porque sé quién eres destinado a ser. Eres mi hijo hermoso y tienes belleza en las profundidades de tu ser. En ocasiones te ves inmerso en todo lo que sucede a tu alrededor, las cuales pueden ser esas cosas que luchan para que las notes. Sin embargo, quiero que te detengas y me veas sonreír. También quiero que sonrías conmigo, quiero que te quedes fijo en mi gozo por lo que viene, de modo que nada te sacuda.

El Señor volverá a consolar a Israel y tendrá piedad de sus ruinas. Su desierto florecerá como el Edén, sus lugares desolados como el huerto del Señor. Allí se encontrarán gozo y alegría; los cantos de gratitud llenarán el aire.

Isaías 51:3

Entrégame tu tiempo

En mi amor puedes hacer todo porque yo te fortalezco con mi amor. Las personas demandan de tu tiempo y tus pensamientos, pero yo espero. Espero a que vengas y te acerques cuando decides ponerme como prioridad por encima de tus amigos y familia. Acércate como mi amado hijo y te daré gracia para tus seres queridos en la tierra, para que puedas mostrarles de mi amor.

Cuando me entregas tu tiempo, te doy mi fuerza. ¿Te sientes débil hoy? Entonces ven a mí hasta que estés inundado en poder. Siéntate en mi presencia y regresa a las verdades que te recordaré. Ningún ser humano puede darte poder, porque sus armas son inútiles e insuficientes. Confía en mi fuerza, no en la afirmación de otras personas. Observa mi trabajo en tu corazón mientras pasas tiempo en mi presencia. Cuando te sientas conmigo y unes tu corazón con el mío, te llenas de todo lo que necesitas para tocar el mundo. Después, te dispersaré, lleno de mi amor, sobre la tierra como mi regalo y tesoro.

Lo único que le pido al Señor —lo que más anhelo— es vivir en la casa del Señor todos los días de mi vida, deleitándome en la perfección del Señor y meditando dentro de su templo.

SALMOS 27:4

No aceptes la preocupación y elige la paz

Nunca digas: «En mi naturaleza está preocuparme», porque te he dado una vida con la que no debes preocuparte. ¿La preocupación te ha traído alguna bendición? Me haré cargo de tu mañana y cuidaré tu presente. Tu relación conmigo significa que llevaré cada una de tus cargas para que puedas sujetarte a mi paz por ti mismo. Mi amor te llevará a través de la dificultad momentánea.

Amado, fuiste creado a mi imagen para que te parezcas a mí. La preocupación no era parte del plan, razón por la cual te sientes tan mal cuando permites que te consuma. Quiero que te opongas a la preocupación y elijas la paz. Preocuparte no hará que las situaciones mejoren. Te aleja de la fe y evita que sientas la paz verdadera que hay en mí. Descansa conmigo en los verdes pastos de mi paz y bebe de este tranquilo arrollo de felicidad. Deja tus preocupaciones a mis pies y permíteme reemplazarlas con mi perfecta paz.

Y, si Dios cuida de manera tan maravillosa a las flores que hoy están y mañana se echan al fuego, tengan por seguro que cuidará de ustedes. ¿Por qué tienen tan poca fe? No se inquieten por lo que van a comer o lo que van a beber. No se preocupen por esas cosas.

LUCAS 12:28-29

Confíame tus planes

Amado, veo tu inquietud para hacer que sucedan las cosas. Me encanta tu emoción, pero debo advertirte que te estás esforzando porque las cosas se den en tus propias fuerzas. Caminar en mi voluntad libera mi gracia. Permanecer en mi tiempo y confiar en mí, abre las puertas y es la única forma en la que podrás cumplir con tu verdadero destino. No puedes forzar mi mano. No debes pelear tanto para ver que mi voluntad se cumple al punto de que te desvíes de mi tiempo y mi gracia.

Te pido que confíes tus planes en mí. Puedes crear tus planes, pero después entrégamelos en confianza y dependencia absoluta. Presta atención a los avisos sutiles que te doy cuando te dirijo a las personas y los lugares correctos. No ignores estas ideas espontáneas, aleatorias que se iluminan dentro de ti, por lo general, son las llaves que necesitas para el siguiente paso de tu travesía. Me encanta tu emoción, pero estamos en esto juntos. Confía en mí. Mi sabiduría te guiará; solo necesitas pedir y creer.

Sin embargo, queridos amigos, hay algo que no deben olvidar: para el Señor, un día es como mil años y mil años son como un día. En realidad, no es que el Señor sea lento para cumplir su promesa, como algunos piensan. Al contrario, es paciente por amor a ustedes. No quiere que nadie sea destruido, quiere que todos se arrepientan.

2 Pedro 3:8-9

Escribiré tu nombre en mi corazón

Ven y siéntate conmigo. Déjame recordarte cómo te veo y las situaciones que estás enfrentando. Susurraré palabras de ánimo como nadie lo ha hecho. Soy un amigo fiel, un Señor gentil y un Salvador inmutable. Soy el Alfa y la Omega, veo el fin de todo lo que sucede desde el principio.

Tengo una sabiduría sin comparación, una sabiduría que compartiré contigo. Mi perspectiva sobre tu vida es desde un punto privilegiado perfecto. Cuando pasas tiempo conmigo, tu corazón late en armonía con el mío. Sientes el aliento de mi Espíritu que gentilmente te lleva a alinearte con mi voluntad. Tu voluntad cumplirá tu destino cuando estés en sintonía conmigo. Quiero que veas tu historia a través de mis ojos, cada capítulo fluye con gracia y gloria. Quiero establecerte en mi amor y darte el ánimo de soñar nuevamente. Ven y busca tu fuerza en mí. Ven y deja que escriba mi nombre en tu corazón.

Y sabemos que Dios hace que todas las cosas cooperen para el bien de quienes lo aman y son llamados según el propósito que él tiene pare ellos.

ROMANOS 8:28

Sanaré tu corazón

Serás un sanador de almas y un restaurador de corazones cuando te restaure a mi manera. Entrégate, perdona a todo aquel que te haya lastimado y yo obraré en tu nombre. Deja que tu nombre sea sinónimo de misericordia y gracia. Cúbrete en mi semejanza. Perdona, así como lo he hecho contigo.

Sé cómo se siente el dolor. Entiendo qué se siente ser rechazado e incomprendido. Pero es este dolor que te quebranta y te deja con la herida abierta para que puedas recibir del bálsamo sanador de mi amor. Así como mi gloria se derrama en tu alma herida, también se expande y satura cada célula y tu memoria. Pronto, la ira se disipa y se reemplaza con compasión. Incluso el dolor más grande que puedas sentir puede quedar sano cuando aceptas la misericordia para los demás. Serás testigo de mi victoria en ti cuando en libertad sueltes a quienes te han lastimado. No te aferres al dolor, ni lo visualices como si fuese tuyo. Yo soporté tu dolor y la pena. Entrégamelo hoy y sanaré tu corazón para que puedas sanar a otros.

Sácianos cada mañana con tu amor inagotable,
para que cantemos de alegría hasta el final de nuestra vida.
¡Danos alegría en proporción a nuestro sufrimiento anterior!
Compensa los años malos con bien.

SALMOS 90:14-15

No dudes en dar un paso adelante

El dulce sabor del gozo llena tu corazón, pero eso no es todo, todavía tengo más a medida que dejes lo predecible en el pasado. Da un paso a todo lo que he elegido traer a tu vida. Te dirigiré por mi nube de gloria y con mi presencia. La fe no duda cuando mi nube se mueve. Me deleito en ti y nunca te dejaré porque eres mío.

No temas de dar el primer paso. Es ahí donde encontrarás más de mí. Siempre he ido antes para preparar el camino y seré tu paz. Cuando tomas riesgos y dejas que mi luz brille en los lugares oscuros, mi gloria detonará en el lugar. Estoy contigo, estoy para ti y estoy trabajando por medio de ti. Todo lo que soy en ti es lo que quiero que derrames a otros. Da un paso a ese entorno nuevo de lo que tengo para ti y verás el poder de mi Espíritu liberado por medio de ti. Te he equipado con todo lo que necesitas y seré la gracia en cada paso que das.

Jesús los llamó: «Vengan, síganme, ¡y yo les enseñaré cómo pescar personas!».

MATEO 4:19

Tienes un propósito

Amado, no quiero que te ocupes demasiado en buscar el propósito para el que te he llamado, al punto que te pierdas la imagen completa. La verdad simple, aunque profunda, acerca de la vida puede resumirse de esta forma: el propósito de tu vida es estar conmigo, conocerme y amarme para recibir mi amor en formas que todavía no sabes que son posibles.

Sí, tengo un plano de tu vida. Existen planes que deben cumplirse y sueños que están por realizarse, pero no son tan importantes como nuestra relación. Quiero que nuestra unión sea dulce y plena. Quiero que te consumas de tal forma en mí que todo lo demás sea secundario. Los cónyuges no tienen que cumplir con el requisito de sentirse amados y, en tu caso, las carreras y los ministerios tampoco son necesarios para sentirte que estás cumpliendo. Cada bendición es como una capa adicional de crema sobre un pastel. Quiero que encuentres un contentamiento total y completo en nuestro amor. Luego, todo lo demás que tengo para ti fluirá libre y fácilmente. No se convertirá en un ídolo, ni en una causa de estrés. Disfrutemos nuestra unión. Nada importa más.

Has cautivado mi corazón, tesoro mío, esposa mía.
Lo tienes como rehén con una sola mirada de tus ojos,
con una sola joya de tu collar.

CANTARES 4:9

Ha llegado la temporada de cambio

La temporada de cambio que anticipaste ha llegado. Tu amor por mí te dejará verme a través de los momentos más difíciles. Mis caminos de justicia vendrán de nuevo con esas revelaciones perturbadoras que trae la impactante verdad a los medios, al gobierno y a mi iglesia; son esas mismas revelaciones perturbadoras que echan abajo las mesas de los negocios religiosos.

Las estrategias nuevas para cumplir misiones llegarán por sueños y mediante la oración. Quienes se sienten conmigo en mi presencia serán los que obtengan una buena comprensión de mis misterios. La clase antigua deberá morir para que se levante una nueva generación. Se les conocerá como los que llegan al amanecer y permanecen hasta el atardecer; ellos son parte de un nuevo ejército que me pertenece solo a mí. Mis siervos apasionados aceleran los cambios que traigo a la tierra. Se encargarán de volver a colocar mis caminos de santidad y amor apasionado.

La temporada de cambio ha llegado. Es el momento de amarme con todo tu corazón y pasión. Ya lo escuchaste antes, pero lo declaro de nuevo: nunca serás la misma persona, porque he colocado mis manos sobre ti, que eres mi iglesia y mi amada.

Mira, el invierno se acabó y las lluvias ya pasaron. Las flores están brotando; ha llegado la temporada de los pájaros cantores, y el arrullo de las tórtolas llena el aire.

CANTARES 2:11-12

Demuestra mi compasión

Amado, quiero liberar mi amor y compasión al mundo alrededor de ti. No necesitas un título, ni un micrófono ni un aval. Ya tienes lo que necesitas: la vida de mi Espíritu está en ti. Déjame revelar a mi hijo en ti, la mera existencia de mi perfección en un cuerpo humano. Eres una vasija de mi santidad.

Las almas perdidas buscan tener un encuentro. Quieren saber que soy real y que me importa. No necesitan un folleto o alguien que les señale cuál es su pecado, porque ya saben qué han hecho. Necesitan una muestra fresca de mi realidad, un toque del cielo. Necesitan una palabra de ánimo que los acerque, no un sermón que los aleje. No necesito que acuses a las personas para que se arrepientan, sino que demuestres mi compasión y les entregues la verdad hasta que sus corazones se ablanden. A la medida que avanza tu día, sé sensible al toque de mi Espíritu en ti y permite que tu atención se centre en las necesidades de la gente que está enfrente de ti. Sé mis manos y mi boca, yo me encargaré del resto.

Si tuviera el don de profecía y entendiera todos
los planes secretos de Dios y contara con todo el conocimiento,
y si tuviera una fe que me hiciera capaz de mover montañas,
pero no amara a otros, yo no sería nada.

1 Corintios 13:2

La ayuda que necesitas empieza conmigo

Renovaré tu corazón y tu espíritu este día, te daré una revelación fresca para que me conozcas como el Dios de los cielos. Mi presencia vive dentro de ti y donde mi presencia permanezca, ahí estará el cielo. Donde esté, ahí hay poder. Vivir en ti en este momento es el poder de la resurrección que le di a mis hijos e hijas. Muchos buscan en lugares lejanos al cielo y no logran abrazar la vida eterna que habita dentro de ellos. Todo lo que hace real al cielo vive en ti, mi hijo, porque yo vivo en ti.

La ayuda que necesitas empieza conmigo. Ven y descansa, ven a mí y tendrás sabiduría perfecta. A menudo te hablo por medio de otros, pero quiero que vengas a mí primero. Quiero que adquieras el hábito de buscarme antes de buscar el consejo y la ayuda de otros. Abraza en verdad mi existencia dentro de ti y encuéntrame antes de que corras a alguien más. Cuando empiezas conmigo, tu corazón está preparado para escuchar la sabiduría y la guía que hablo por medio de otros. Confía en nuestra relación por sobre las demás. Ven a mí primero.

Mi amante me dijo: «¡Levántate, amada mía! ¡Ven conmigo, mi bella mujer! Mira, el invierno se acabó y las lluvias ya pasaron».

CANTARES 2:10-11

Te ofrezco una realidad celestial

Amado, quiero que estés más consciente de la realidad de mi reino que vive en ti y a tu alrededor. Quiero que despiertes y sientas el aliento cálido del cielo que toca tu piel. Durante el día, quiero que encuentres la paz y la gracia de mi Espíritu cuando enfocas tu atención en mi presencia que vive en ti. Cuando veas de forma sorprendente la protección que tengo en ti, recuerda que mis ángeles habitan a tu alrededor. Día y noche te ofrezco encuentros de una realidad mucho más profunda que la terrenal. Quiero traerte el cielo a la tierra.

Pronto, la realidad celestial será mucho más clara. Todo lo que está a tu alrededor se convertirá en nada más que en baratijas comparadas con la gloria que hay en ti. Mi gracia eterna abrió un nacimiento de agua que deja salir afluentes que sacian tus pensamientos, tus emociones y tu alma. Este nacimiento de gracia será la fuente de vida, de vida eterna que vive en ti. El amor, el gozo y la paz son señales de mi presencia en tu alma, una presencia que está viva y es real. Presta atención, mi amado. Mi gloria está en todos lados.

Piensen en las cosas del cielo, no en las de la tierra.

COLOSENSES 3:2

La vida celestial es tu porción

La vida celestial es la porción que comparto contigo hoy. ¿No te he sentado en lugares celestiales y entronado a mi diestra como un vencedor? Todas las bendiciones del cielo te las he dado. Recibe más porque siempre habrá grandes tesoros de revelación. Bebe del agua de vida que fluye desde mi trono. Me siento gozoso de concederte bendiciones, ya que cada una fue pagada por mi sangre.

Esta vida celestial no significa que nunca enfrentarás pruebas. No significa que nunca tendrás un mal día. De hecho, tu enemigo te odia porque eres mío, lo que significa que, durante las pruebas, tendrás un lugar de refugio. Cuando estés pasando por un mal día, sabrás cómo aprovechar mi gracia. Cuando el enemigo voltea su horrible cabeza, tienes una fuente de gozo que lo enfurece. Para cada oposición disfrutarás la victoria. El regalo del cielo es tuyo desde este momento. El regalo de mi Espíritu está en ti, es el regalo de la victoria.

Toda la alabanza sea para Dios,
el Padre de nuestro Señor Jesucristo, quien nos
ha bendecido con toda clase de bendiciones espirituales en
los lugares celestiales, porque estamos unidos a Cristo.

EFESIOS 1:3

22 DE SEPTIEMBRE

Establece tus afectos en mí

Enfócate en lo que estoy haciendo. Deja de asombrarte por lo que el enemigo hace, en lugar de ello, asómbrate por mis posibilidades ilimitadas. Deja que tu mente se renueve y adquiera una perspectiva celestial. Tu vida, tu verdadera vida, ahora está oculta en el reino de mi gloria. Ahí es donde debe estar tu enfoque. Direcciona tus ojos y tus afectos en las cosas celestiales y observa cómo se completa la sanidad de tu corazón.

Mis hijos, vengan a mis jardines y vean lo que he traído para mi casa. Tengo un bálsamo celestial que abrirá tus ojos al resplandor de mi gloria. Tengo túnicas puras que cubrirán tus carencias y debilidad. Busca mi rostro, olvida los hábitos de pasividad que tenías y deja que tu corazón sea sensible para acercarse a mis aposentos santos. Adórame y abriré las puertas en una gloria mayor. Soy el Dios que te hace nuevo, fuerte y valiente. En mí es que vives, te mueves y existes plenamente. Deja que este conocimiento te traiga a la vida plena que he diseñado que tengas y deja que sea combustible de tu amor por mí.

Su propósito era que las naciones buscaran a Dios y, quizá acercándose a tientas, lo encontraran; aunque él no está lejos de ninguno de nosotros. Pues en él vivimos, nos movemos y existimos. Como dijeron algunos de sus propios poetas: «Nosotros somos su descendencia».

HECHOS 17:27-28

Te llamo mío

Eres mi hijo precioso, sellado con un beso divino a quien he traído al reino de luz. Como un buen padre, te veo y lo que observo es perfección. Veo el reflejo de mí mismo en ti. Veo la meditación tierna de tu corazón cuando te dejas caer en mis fuertes brazos. Estoy aquí para ti y nunca te dejaré.

Soy un buen padre, soy un padre fiel. Soy gentil y bondadoso. Sé exactamente cómo ayudarte a desarrollarte de una fase de la gloria hacia la siguiente. Nunca te he privado de mi misericordia. Siempre proveo para tus necesidades, aunque a veces cuestiones la forma en la que decido hacerlo. Te entrego mi fuerza, te visto con mi resplandor y preparo un camino para que estemos juntos por siempre. Soy tan feliz de llamarte mío. Disfruta de nuestras conversaciones y nuestro tiempo juntos. No hay nada que te pueda alejar. Incluso cuando la fragilidad de tu humanidad sea evidente, te declaro mi hijo valioso, hermoso y mío.

Y debido a que somos sus hijos, Dios envió al Espíritu de su Hijo a nuestro corazón, el cual nos impulsa a exclamar «Abba, Padre». Ahora ya no eres un esclavo sino un hijo de Dios, y como eres su hijo, Dios te ha hecho su heredero.

GÁLATAS 4:6-7

Confía en mi tiempo

Los días en los que completo mi obra son míos, no tuyos. Completaré mi obra en ti en mi tiempo perfecto. Así como mis caminos son perfectos, también lo es mi tiempo. Porque tú has dicho: «Siento que me he estancado y que no voy a ningún lado». Yo te digo que estoy desplegando mi gloria sobre ti mientras sigues esperando en mí. Haré de esto una realidad y te mostraré mi perfección.

Lo que a veces se siente como una temporada infinita de espera, muchas veces es un tiempo de preparación. Debes creer en las cosas que no puedes ver. Debes confiar de que incluso cuando todo parece estar silencioso, sigo trabajando por ti. Si juzgas mi fidelidad por lo que ves, no estás colocando del todo tu fe en mí. La fe cree a pesar de lo evidente, permanece atada a mí, sujeta a las promesas que hice. No sueltes esas promesas, mi amado. No dudes de mi amor ni de mi fidelidad solo porque está tardando más de lo esperado. Reanímate para creer de nuevo. Aférrate, respira profundamente y confía en mi tiempo.

Espera con paciencia al Señor; sé valiente
y esforzado; sí, espera al Señor con paciencia.

Salmos 27:14

Eres más fuerte de lo que piensas

Quítate esa pesadez. Deja de pensar en la derrota. No te alinees con estos razonamientos que vienen del infierno. Yo soy tu campeón y tu héroe. No ofrecí mi vida por ti para después dejarte a la deriva. Tienes mi Espíritu, es el mismo Espíritu que me levantó de la tumba, ¡es Él el que vive en ti!

Las situaciones podrían hacerte sentir abrumado, pero ese no es el fin. Todo lo hago nuevo y te doy un aliento fresco en el proceso. Mi Espíritu es una fuente de agua primaveral de gozo que está ahí cuando te sientes seco y agotado. Descansa si necesitas descansar. Llora si tu corazón está afligido. Habla conmigo acerca de tu enojo. Procesa esos sentimientos conmigo, pero no te mantengas en este lugar de fatiga. No solo soy tu ayudador, también soy tu consolador y tu libertador. Deja que mi amor penetre en cada lugar seco y resquebrajado. Vamos, te restauraré. Mi fuerza será la tuya y te volveré a asentar en la cima de la montaña.

«El Señor le da fuerza a su pueblo; es una fortaleza segura
para su rey ungido. ¡Salva a tu pueblo! Bendice a Israel,
tu posesión más preciada. Guíalos como un pastor
y llévalos en tus brazos por siempre».

SALMOS 28:8-9

La plenitud empieza conmigo

Soy tu lugar seguro, el lugar donde puedes correr y encontrar refugio. También quiero que *seas* un lugar seguro. Quiero que tu vida esté sana y plena desde lo profundo, que estés confiado en tu identidad, con la capacidad de amarme, amarte y saber cómo cuidar de ti en mente, alma y cuerpo. Cada parte de ti importa y cada aspecto de tu vida es de mi interés. No quiero que aquellas cosas que te afectan queden ahí, debajo de la alfombra.

Escucha lo que necesitas en la parte más profunda de tu ser. Si necesitas descanso, descansa. Si necesitas divertirte, hacer amigos o aventurarte, sal y disfruta de la vida. Si necesitas sanidad en tu espíritu, ven a mí. Si necesitas salud en tu cuerpo, pregúntame qué cambios puedes hacer. Si necesitas aprender a establecer límites y encontrar confianza, también puedo ayudarte con eso. La plenitud y la paz empiezan conmigo. Es una aventura de descubrimiento que empieza adentro de ti y que procesa tus emociones, necesidades y deseos conmigo. Quiero que estés tan bien en cada parte de tu ser, que cada día sea algo que ansíes. Cuando disfrutas de salud y plenitud, es mucho más fácil compartir eso mismo con los demás.

Ahora, que el Dios de paz los haga santos en todos los aspectos, y que todo su espíritu, alma y cuerpo se mantenga sin culpa hasta que nuestro Señor Jesucristo vuelva. Dios hará que esto suceda, porque aquel que los llama es fiel.

1 Tesalonicenses 5:23-24

Acércate

Fuiste creado para vivir mi amor perfecto, un amor que opaca lo demás, un amor que es completamente puro y sin egoísmo, un amor que pagó un precio por ti que nadie más hubiera podido pagar. No existe una sola persona en la tierra que llene tu corazón de manera tan intensa. Si buscas llenarte con cualquier otra persona, excepto conmigo, quedarás vacío.

Ven hacia mí, ven a mi santa intimidad en donde puedo derramar de mi gloria en cada área de necesidad, en donde puedo compartir secretos y puedo sorprenderte con una revelación fresca. Necesitas más que una conversación ocasional conmigo, porque fuiste creado para mantener un encuentro celestial. Acércate. Aparta tiempo para estar a solas conmigo. Nadie sujeta tu corazón más cuidadosa o tiernamente que yo. Soy el amor que te lleva a la eternidad para salvarte. Te amo tanto que puede resultar difícil de comprender. Y aunque es difícil que lo llegues a entender, mi amor es aquel que puedes disfrutar con cada fibra de tu ser.

Las higueras comienzan a formar su fruto,
y las vides fragantes están en flor. ¡Levántate,
amada mía! ¡Ven conmigo, mi bella mujer!

CANTARES 2:13

Camina conmigo momento a momento

Andar por el camino estrecho y angosto no es tan difícil como piensas. No se trata de las cosas a las que renuncias para vivir a mi altura. Se trata de mantenerte cerca para que te alejes del camino. Se trata de fijar tu corazón en mí y aprender a entregar cada aspecto de tu vida, momento a momento. Cuando tus pensamientos y tus meditaciones silenciosas hacen que te alejes del conocimiento de mi presencia, será muy fácil que caigas.

Es esencial que prestes atención a esas banderas espirituales que son los avisos sutiles que te he dado. Muchas veces los pasas por alto porque piensas que son tus propios pensamientos, pero son mis instrumentos para decirte que no hagas algo o que redirijas tus pasos a la dirección que planifiqué para ti.

Todos tienen sus propias travesías, su propia relación conmigo. No juzgues lo que otros hacen cuando te he pedido que no lo hagas y no esperes que otros hagan aquello que te he pedido a ti que hagas. Sé cuidadoso en guardar tu corazón en todo momento. Mantén tus ojos fijos en mí. Este es nuestro caminar de momento a momento.

Sobre todas las cosas cuida tu corazón,
porque este determina el rumbo de tu vida.

PROVERBIOS 4:23

Sigo obrando en tu vida

Estoy eliminando todo aquello que obstruye el libre fluir de mi Espíritu en tu vida. En los días futuros, caminarás conmigo con poder, mi hijo. Bautizaré tu vida en mi poderoso Espíritu hasta que todo haya cambiado en ti. El fluir de mi vida no tendrá límites y conocerás una unción más grande para convertirte en la persona que te he destinado ser.

El crecimiento viene cuando vives cerca de mí con un corazón entregado. Confía en mí para resaltar las áreas en las que quiero que trabajes en lugar de caminar solamente con tu enfoque personal. Ese enfoque te lleva a buscar aquello que es malo para ti. Te he rescatado de la oscuridad. Todo lo que necesitas para caminar en poder, victoria y poderío ya es tuyo. Cuando estás en sintonía con mi Espíritu y enfocas tu atención constante en mí, podrás descansar con la garantía de que estás creciendo cada día un poco más, para ser como yo. Esta es la vida que me agrada. Así es como llevas el fruto de mi gloria.

Entonces la forma en que vivan siempre honrará y agradará al Señor, y sus vidas producirán toda clase de buenos frutos. Mientras tanto, irán creciendo a medida que aprendan a conocer a Dios más y más. También pedimos que se fortalezcan con todo el glorioso poder de Dios para que tengan toda la constancia y la paciencia que necesitan. Mi deseo que estén llenos de alegría.

COLOSENSES 1:10-11

30 DE SEPTIEMBRE

Suelta la vergüenza sobre mí

Mi sangre es el fuego de pureza que lava y desecha el pecado. Aferrarse a la vergüenza es rechazar el regalo que te he dado, el regalo de la libertad. Mantener esos sentimientos de culpa no te hará una mejor persona. Acepta mi perdón y perdónate a ti también, con ello sanaré tu corazón y te liberaré.

Deja el pecado atrás. Cuando te arrepientes por lo que has hecho o has dejado de hacer, yo te perdono. Si no has pedido perdón, solo tienes que pedirlo y voy a derramarlo como lluvia. Mi misericordia es eterna y no existe nada que mi misericordia no pueda cubrir. No quiero que vivas con una mentalidad de *¿Cómo sería todo si yo hubiera...?* O *¿Cómo sería todo si no hubiera...?* No permitas que el pasado te retenga de tal manera que olvides que pagué un precio para hacerte libre. La culpa es una trampa del enemigo, un complot para mantenerte enfocado en ti y en tus errores y para que pierdas de vista mi gracia. Si vienes a mí hoy y me entregas tu culpa, sanaré tu corazón. Perdónate y abraza mi gracia.

Así que, si el Hijo los hace libres,
ustedes son verdaderamente libres.

JUAN 8:36

Octubre

Te daré fe

No fuiste llamado para caminar en soledad. Estoy contigo y quiero derramar gracia para cada día de tu vida. Cuando estás cansado y tienes dificultades para creer, no dejes que el enemigo te atormente con la culpa. Solo ven a mí con un corazón contrito y humillado, que yo te ayudaré. Entrégate a mí por completo. Alégrate en la verdad de mi palabra y avivaré las llamas de la fe.

Si no supiera que podrían llegar momentos en los que dudaras, no te estaría animando para que adquieras fe. Creer en algo que no puedes ver no siempre es fácil. Si lo fuera, no se requeriría confianza. Tampoco se requeriría que dependieras de mí. La fe me complace, incluso la fe que a veces ondea, pero que es la que después corre para buscar mi gracia. Eres mi tesoro, eres mi escogido. ¿Me escuchaste susurrando palabras de ánimo? Ven a mi presencia, te rescataré del lazo de la incredulidad y del temor. Te encontraré cuando te sientas perdido. Te refrescaré con esperanza y te fortaleceré. Te entrego libremente el valor de volver a creer. Ven y recibe.

De hecho, sin fe es imposible agradar a Dios. Todo el que desee acercarse a Dios debe creer que él existe y que él recompensar a los que lo buscan con sinceridad.

HEBREOS 11:6

Alégrate en mi palabra

Amado, quiero que alinees tus pensamientos con los míos, que te goces en mi palabra para que su abundancia en ti rebose en tus palabras, acciones e incluso en la atmósfera que te rodea. Como mi hijo, te he dado el poder y la autoridad para crear una vida de bendición y éxito aquí en la tierra. Ya no tienes que vivir en la derrota, pues te he dado una vida de propósito para que seas mi aliado y para que pueda derramar mi gloria.

Mi palabra contiene toda la sabiduría, perspectiva y consejo que necesitas para vivir una vida de abundancia, pureza y fruto. Te enseñaré cómo caminar en el poder de mis palabras y así podrás llenar el mundo a tu alrededor con amor, gozo, paz y libertad. Elige una postura justa de fe y mantente expectante de mi bondad que se manifiesta en cada área de tu vida. Deja que tus palabras corran en armonía con las mías. Deja que tu corazón medite en mi verdad para que exprese mis deseos y te dirija en mi voluntad.

Jesús le dijo a la gente que creyó en él: —Ustedes son verdaderamente mis discípulos si se mantienen fieles a mis enseñanzas; y conocerán la verdad, y la verdad los hará libres.

JUAN 8:31-32

3 DE OCTUBRE

Las bendiciones eternas empiezan ahora

Todo aquello que aparte tus ojos de mí, debe descartarse. El propósito del mundo es desviarte a la tentación y esto se debe cambiar por los propósitos celestiales. Los lugares en tu alma que retienen la falta de perdón deben desenraizarse y reemplazarse con un amor compasivo. Esas formas que quieren atraer tu atención al mundo serán reemplazadas con la influencia convincente de mi amor. Esa necesidad de complacer a otros será reemplazada con una pasión ardiente por hacer mi voluntad, sin importar el costo. Y la tentación de hacer algo en tu propia fuerza será reemplazada por la consciencia de que podrás salir exitoso y completo solo con mi Espíritu.

Por todo aquello que renuncies, te bendeciré con algo mucho más grande. Aunque pudiera sentirse como una especie de sacrificio, no podrá compararse con el gozo que te daré a cambio. Te ofrezco una vida de abundancia, gozo y gracia, una vida de bendición eterna que empieza aquí en la tierra. Pero más que nada, tu devoción hacia mí se recompensa con algo mucho más profundo que cualquier cosa que la tierra pueda ofrecerte. Experimentarás una presencia tangible, porque serás libre de los enredos de la distracción terrenal.

Hasta yo soy más sabio que los ancianos, porque he obedecido tus mandamientos. Me negué a andar por cualquier mal camino a fin de permanecer obediente a tu palabra. No me he apartado de tus ordenanzas porque me has enseñado bien.

SALMOS 119:100-102

Camina en unidad conmigo

Deja que tu vida ilustre la gloria de mi presencia en ti. Eres un conducto de mi Espíritu Santo, una persona que libera el cielo a la tierra. No te estanques al negarte a contribuir con lo que quiero hacer a través de ti. Estás destinado a fluir conmigo, a hacer lo imposible por el poder ilimitado de mi Espíritu que vive adentro de ti.

Mi naturaleza es tu naturaleza. Cuando vives en una unión armoniosa conmigo, continuamente consciente de mi voz en ti, haces cosas que muchos se niegan a hacer. En ocasiones, traigo a tu mente a alguien en quien normalmente no pensarías y eso es porque esa persona necesita oración, o bien, porque es un amigo a quien debes alcanzar. En otras ocasiones, verás un rostro que no te resulte familiar y te acercarás, aunque no lo conozcas. Deja que mi compasión fluya a través de ti. Puede que necesiten oración, una sonrisa o un momento para conectarse a alguien. Cuando estás dispuesto a estar para otros y pones atención a los pensamientos o ideas que surgen adentro de ti y luego actúas en esos mismos pensamientos, estarás caminando en unidad conmigo.

Entonces, háganme verdaderamente feliz poniéndose de acuerdo de todo corazón entre ustedes, amándose unos a otros y trabajando juntos con un mismo pensamiento y un mismo propósito.

FILIPENSES 2:2

5 DE OCTUBRE

Te cambio desde el interior

Sin decir una palabra, enviaré un mensaje de verdad y gracia para tu vida. Caminarás en un nuevo nivel de mi poder y unción. Empezarás a vivir como tu Padre en el cielo, santo, puro y lleno de fe. Mientras afirmas tu corazón en mí, entrégame tus pensamientos y rinde tus preocupaciones, porque un nuevo estándar de gloria estará operando en tu vida. Todo cambia cuando te consumes con la realidad de mi vida trabajando en ti.

Mi presencia te hace pensar diferente y actuar diferente e incluso cambia tu apariencia física. Mi gloria te trasforma desde el interior. Como aquellos óleos perfumados que recibió Ester, el aceite de mi Espíritu se sumerge en tu espíritu, alma y cuerpo para trabajar un cambio mucho más profundo de lo que el dinero podría comprar. Cuando me entregas tu corazón, de ti emana la fragancia celestial sin esfuerzo alguno. Muchos verán el resultado de mi trabajo en tu vida y sabrán que has sido transformado por la gloria de mi presencia.

Así que, ¡gracias a Dios! quien nos ha hechos sus cautivos y siempre nos lleva en triunfo en el desfile victorioso de Cristo. Ahora nos usa para difundir el conocimiento de Cristo por todas partes como un fragante perfume. Nuestras vidas son la fragancia de Cristo que sube hasta Dios, pero esta fragancia se percibe de una manera diferente por lo que se salvan y los que se pierden.

2 Corintios 2:14-15

Suelta y cree

Amado, quiero que entregues tus pensamientos a la revelación de la cruz. No puedes hacer las cosas a tu manera para obtener la salvación, tampoco puedes entender mi poder con tu mente, aunque ese es el poder que vive en ti. Por mucho tiempo has tratado de entender cómo seguir creciendo, cómo superar al enemigo o cómo ver que el enfermo sane a través de tus manos. En lugar de ello, solo quiero que sueltes y creas.

Ven como un niño, siéntete libre y sin inhibiciones. Cree mucho más allá de los límites de tu mente. Por tal motivo fui crucificado en el monte de la calavera (cabeza), para que mi poder de revelación entrara a tu mente, poder que es mucho más relevante que las capacidades mentales de los genios más grandes de este mundo. No debes confiar en tu sabiduría, sino aceptar de manera radical y firme lo que es verdadero, aunque inesperado. No encajo en el tiempo, ni en el espacio ni en la razón. A pesar de eso estoy contigo, en ti y alrededor de ti. Nada en mí tiene sentido para tu entendimiento limitado, así que deja de tratar de resolverlo todo, ¡solo suelta y cree!

Pues así como los cielos están más altos que la tierra, así mis caminos están más altos que sus caminos y mis pensamientos, más altos que sus pensamientos.

Isaías 55:9

Tu vida demuestra mi gloria

Tu vida demostrará que no es con ejército, ni con fuerza, sino por mi Espíritu. Sacudiré el mundo a través de una generación de hombres y mujeres que se hayan rendido a mí y hayan sido llenos con las alas de mi Espíritu. Entrégame tu tierno corazón dispuesto a ser cambiado en un momento a medida que miras en mis ojos resplandecientes de amor. Soy el Dios en el que puedes confiar.

Cuando arriesgas todo para creer que puedo obrar en ti, entras en un convenio con el cielo. La única forma de liberar mi gloria por medio de ti es moverte en los caminos de la fe. No solo debes saber que lo que digo es verdad, sino también debes ser valiente y buscar alcanzar a otros para que pueda hacerlo por medio de ti. Luego, abriré mi boca y diré mis palabras. Tocarás a los enfermos e impartirás sanidad. Caminarás en la oscuridad y la llenarás con luz. Me encanta hacer milagros por medio de mis hijos. La responsabilidad de hacer que las cosas pasen no es tuya, sino mía. Solo necesito que liberes lo que ya está en ti.

Sanen a los enfermos, resuciten a los muertos,
curen a los que tienen lepra y expulsen a los demonios.
¡Den tan gratuitamente como han recibido!

Mateo 10:8

Detente por un momento

Amado, en los días cuando tantas cosas atraviesan tu mente al punto que apenas puedes enfocarte en un pensamiento por suficiente tiempo… detente. Sí, detente. Date el permiso de sentarse y respirar. Aléjate de tus ocupaciones mentales y la lista de cosas por hacer. En lugar de ello, búscame. Te ayudaré a organizar tu día, tu semana e incluso la hora siguiente con solo que te detengas por un momento.

En ocasiones, las obligaciones se sienten más caóticas de lo que son en realidad, porque tienes otras cosas internas que compiten por tu atención. Tienes deberes que tienes que enfrentar, pero te sientes abrumado porque dentro de ti estás luchando con algo mucho más grande. No te has tomado el tiempo para procesar conmigo algunas de las situaciones. Estas podrían estar desencadenando áreas internas que necesitan nuestra atención. Tal vez la ansiedad está tratando de absorberte en un vértice debilitante. De cualquier forma, tienes mi permiso de soltar todo lo que tengas que hacer por un tiempo y en lugar de ello, sentarte en mi presencia y en quietud, esperar que ministre mi paz en ti. Cuando te retires, tendrás una mente clara y un corazón de paz para hacer todo lo que necesitas hacer en menos tiempo.

No se preocupen por nada; en cambio, oren por todo. Díganle a Dios lo que necesitan y denle gracias por todo lo que él ha hecho. Así experimentarán la paz de Dios, que supera todo lo que podemos entender. La paz de Dios cuidará su corazón y su mente mientras vivan en Cristo Jesús.

FILIPENSES 4:6-7

9 DE OCTUBRE

Encuentra tu seguridad en mí

Amado, no te debes sentir mal porque las situaciones se salgan de control. Estoy muy consciente de lo que sucede en tu corazón y lo incómoda que puede ser la incertidumbre y la espera. Cuando no puedas cumplir con tu voluntad y la vida pareciera que se te escapara entre los dedos, necesitas confiar en mí. De eso se trata la fe.

Nunca te he pedido que arregles todo, no quiero que te tomes el peso de este mundo, ni siquiera el peso de tu propia vida para que te lo coloques sobre tus hombros. Ya llevé todo ese peso en la cruz. La razón por la que te sientes tan agotado y ansioso es porque no puedes arreglar todo eso. Y *si* hay algo que puedo hacer por ti, no lo descubrirías ni aunque te calcomiera tu mente. Solo escucharás mis instrucciones sabias cuando sueltes todo y te sumerjas en mi presencia. Soltar el control podría hacerte sentir temor e inseguridad, pero te puedo garantizar que es la única forma de ser libre. Déjame hacer aquello que solo yo puedo hacer. La vida nunca ha estado en tu control, incluso cuando pensaste que así era. Solo yo puedo sujetar todo. Debes encontrar tu seguridad en mí. Suelta y confía en mí.

Así que no se preocupen por el mañana, porque el día de mañana traerá sus propias preocupaciones. Los problemas del día de hoy son suficientes por hoy.

Mateo 6:34

Cuido de ti

Me encargaré rápidamente de cualquier plan en que el enemigo quiera derrotarte o que quiera retrasar tu progreso en mis caminos. No hay nada oculto a mis ojos. Te llamo para caminar conmigo en la luz y no volver a temer de la oscuridad. Las sombras no te lastimarán, ni cuando camines por el valle oscuro de la desesperación, porque incluso ahí estaré. El resplandor de mi presencia alejará cada sombra y eliminará todo temor. Soy tu escudo y te protejo del oponente más temido que quiera levantarse en contra de ti.

Mi Espíritu está en ti y mis ángeles están contigo. Mi amor te rodea. Mi gloria es un muro de protección que te rodea. Soy la ayuda que siempre estará presente en los tiempos de dificultad. Nunca te dejaré. Confía en mí y la realidad de mi cercanía te infundirá valentía. ¡Eres más que un vencedor! ¡Eres más que un conquistador! Mi victoria ahora es tuya. Ven y siéntate en mi mesa en presencia de tus enemigos y alégrate en mi amor. Siempre cuido de ti.

Aun cuando yo pase por el valle más oscuro, no temeré, porque tú estás a mi lado. Tu vara y tu cayado me protegen y me confortan.

SALMOS 23:4

Permanece cerca de mí

Acércate, vive cerca de mi corazón, hijo mío. Te llevaré al lugar secreto y te daré descanso. No dejes que nada te atribule. El enemigo es un contrincante derrotado y mi presencia será tu paz. Deja caer tu cabeza en mi hombro y descansa conmigo. Entrelaza tu corazón con el mío hasta que sean uno. El calumniador será quien siempre te lastime en tu debilidad, pero yo te fortaleceré hasta que la obra en ti esté completa y uses mi túnica y mi armadura.

Fuiste creado para vivir en mi presencia día con día, para estar más consciente de mi amor hacia ti que de tus defectos y debilidades. Solo cuando te distraes y pierdes de vista mi amor, fidelidad y poder es que la ansiedad atrapa tu corazón. No te preocupes por no entender todo o perderte en el misterio que hay en ese todo. Recuerda que mis caminos son mejores que los tuyos. Permanece en mi presencia y llénate con mis maravillas. Mantente cerca de mí y disfrútame para que el poder del enemigo deje de oprimirte.

No me entregaste a mis enemigos,
sino que me pusiste en un lugar seguro.

SALMOS 31:8

Hay belleza en ti

Conozco todo de ti y de tus dificultades y a pesar de ello te llamo mío. Mi amado, soy fiel, incluso cuando ves tu debilidad y corazón frágil, soy fiel hasta el fin. ¿No fui yo el que llegó y lavó los pies de aquellos a los que amaba? La inmundicia de este mundo podrá lograr entrar en tu camino en algún momento, pero eso no te ensuciará. Mi sangre fue suficiente para hacerse cargo de ello.

Lavaré y echaré fuera el dolor de tu pasado y la corrupción de tu vida hasta que incluso tus caminos del pasado se hayan olvidado. En mí, todo es hecho nuevo. ¿Alguna vez pensaste que eres más duro contigo mismo de lo que yo soy contigo? Tu vida es una historia de misericordia y gracia. Cada capítulo está escrito a través de los ojos de tu creador, el único que te ama y que conoce el valor, el amor, la belleza, la santidad y la perfección que hay en ti desde antes de que el tiempo empezara, cuando te sostuve en mi corazón. Ven conmigo a los lugares que anhelo mostrarte; ya no existe un velo entre nosotros.

Señor, mostramos nuestra confianza en ti al obedecer tus leyes; el deseo de nuestro corazón es glorificar tu nombre. Te busco por la noche; en la mañana te busco de todo corazón. Pues solo cuando tú vengas a juzgar la tierra la gente aprenderá lo correcto.

ISAÍAS 26:8-9

Eres el eco de mi corazón

Cuando entres a mi presencia, también entrarás al reino del amor divino que desterrará cada temor. Elige el lugar cerca de mi corazón, el lugar de mi amor profundo y revelaré mis gloriosos secretos para ti. Te acercaré más profundamente hacia mis caminos. Satisfaré cada necesidad que tengas. Seré tu amigo santo y tu amado fiel. Desterraré la soledad de tu corazón y nunca más estarás en esa situación de soledad, porque tu vida está consumida conmigo. Descubrirás que soy suficiente.

Entra a mi habitación celestial y te daré el vino de mi amor, el gozo de mi corazón, la paz de mi reino y el poder de mi Espíritu. Serás el eco del latir de mi corazón, mi obra maestra de devoción sagrada. Ven y siéntate conmigo en el trono de la misericordia donde está mi amor. Mediante nuestra unión sagrada serás una fuente de misericordia para todos los que te hayan lastimado o no te entiendan. Serás como yo cuando guardes silencio en los aposentos de mi presencia.

En tu amor inagotable, perdona mi vida;
entonces podré continuar obedeciendo tus leyes.

Salmos 119:88

14 DE OCTUBRE

Vive desde la profundidad de la verdad

Amado, ¿por qué te impresionas por lo que ves, más que por lo que no ves en mi reino? ¿Por qué reacciones a las circunstancias de tu vida como si se tratara de una condena final? Todo es temporal. Aunque sientas todo eso y pueda afectarte, no debes permitir que te gobierne. Quiero que vivas desde una perspectiva diferente.

Quiero que vivas desde la perspectiva del cielo, comprometerte con la verdad que te ayuda a navegar en los tiempos difíciles. Quiero que seas más consciente de lo que yo hago en medio del caos y el conflicto que de cuán desalentadoras se ven las circunstancias. No se trata de negar que existe un aspecto negativo de las situaciones, pues esta es una negación en el sentido más santo y efectivo. Es una negación al mundo para impedir que tenga más acceso a tu corazón que mi verdad. Podría ser normal para algunas personas ceder ante la presión, pero no para *ti*. Al menos no debería ser así, ni para ti ni para quienes se llaman míos. En lugar de ello, vive más alto y profundo, desde la profundidad de vivir la verdad en tu interior, una verdad que reemplaza el temor con una anticipación gozosa de lo que haré. Esta es la vida que te he llamado a vivir.

Bendeciré al Señor, quien me guía; aun de noche mi corazón me enseña. Sé que el Señor siempre está conmigo. No seré sacudido, porque él está aquí a mi lado.

SALMOS 16:7-8

Canta lo contrario a tu dolor

Deja que la adoración encuentre una verdadera expresión cuando vengas ante mí con cánticos y un corazón agradecido. La adoración verdadera es la forma más hermosa y sublime de gratitud porque, en tus canciones de adoración, proclamas mi bondad.

La expresión más bella de tu corazón viene cuando te mantienes adorando totalmente lo opuesto a lo que está sucediendo alrededor de ti. En esos momentos, la adoración se levanta ante mí como una ofrenda dulce de amor. Amado, quiero que estés consciente de que no soy como aquel que se sienta, recibe la adoración y no aprecia cuán importante es lo que haces. No hago oídos sordos a tu dolor. La devoción que me das, en medio de tu dolor, me conmueve. Captas mi oído y mi corazón, así como mi total atención. Los afluentes de afecto que salen de tus labios me acercan más. Me acerco e inhalo la fragancia de tu ofrenda. Es tan hermoso, tan puro y real. Veo tus lágrimas y sé que me necesitas. Aquí estoy, no puedo resistirme a tu ofrenda de tanto amor.

Le dije al Señor: «¡Tú eres mi dueño!
Todo lo bueno que tengo proviene de ti».
¡Los justos de la tierra son mis verdaderos héroes!
¡Ellos son mi deleite!

Salmos 16:2-3

Sé libre con el gozo como de un niño

Es tiempo de disfrutar la libertad de la niñez. Es tiempo de danzar sin reservas y cantar a todo pulmón. Es tiempo de confiar con tal sencillez que todo cobre sentido, de mirar en el espejo y amarte sinceramente, a tener amistad con todos sin preocuparte por lo que piensen de ti, a olvidar rápidamente, a celebrar al máximo hasta que se resquebraje el piso con nuestras risas rebosantes de gozo.

El corazón de un niño trae gozo y cuando posees gozo, posees la atmósfera de gloria y descubrimiento. Cuando usas las vestiduras de adoración, te vistes de victoria. Acércate como un niño y ponte los ropajes del padre, ropajes de justicia y gracia. Vístete en mi esplendor, danza en ropajes de adoración que han existido desde el principio de los tiempos. Cuando te ves como un niño, las vestiduras de vergüenza se desechan y te sientas junto a mí en el trono. Juntos, nos reiremos de los planes del enemigo. No hay necesidad de deprimirse cuando te he dado el regalo más grande de todos, el regalo de mi hijo que trajo liberación de la cautividad.

Sí, Padre, ¡te agradó hacerlo de esa manera!

Mateo 11:26

Las victorias se ganan con alabanza

Cantar alabanzas te traerá liberación en la realidad. Muchas son las victorias que se han ganado por la adoración. La gracia rebosante en tu vida traerá un corazón contento y un rostro lleno de gozo. Cuando la alabanza se levanta ante mí, también se levantan llamas de adoración.

No seas de las personas que retienen su alabanza hasta que obtienen lo que quieren. Cuando alabas en adoración desde tus circunstancias, mi amado, mi voluntad se cumplirá en tu vida. Todo lo que has anhelado se cumplirá. La fe adora en la oscuridad, como mis siervos Pablo y Silas que me adoraron en su celda desde la prisión hasta que sus cantos de gozo hicieron que la tierra temblara y permitiera abrir el camino. Hasta los ángeles se acercan a medida que adoras. La adoración ilimitada es una probadita del cielo en la tierra que saluda tus circunstancias con poder y asombro, cambiando todo a una alineación celestial.

Este es el día para traer tu gratitud de gozo como una ofrenda de amor a mí. Te entrego mi paz y abro delante de ti un camino hacia mi gloria, porque eres quien recibe la heredad de mis promesas y el hijo de mi gozo.

¡Den gracias al Señor, porque él es bueno! Su fiel amor perdura para siempre. Den gracias al Dios de dioses. Su fiel amor perdura para siempre. Den gracias al Señor de señores. Su fiel amor perdura para siempre. Den gracias al único que puede hacer milagros poderosos. Su fiel amor perdura para siempre.

Salmos 136:1-4

Todo lo que pido es tu corazón

He visto tus dificultades. Te he escuchado llorar para conocerme más. Sé que quieres complacerme, pero sientes que no puedes hacerlo bien. Amado, estamos en esto juntos. Las relaciones significativas son honestas y auténticas, cada persona es libre de ser quien es. Quiero que seas tú mismo. Yo te creé y te amo como eres. No tienes que actuar para mí o tratar de impresionarme. Solo quiero que me conozcas, no solo que me conozcas como Señor y Salvador, sino que también como tu amigo.

Déjame limar los bordes ásperos. Déjame enseñarte cómo caminar como mi hijo. No te preocupes si te has equivocado, solo quédate cerca de mí con un corazón tierno y acepta aquellas áreas que he tocado indicando que necesitan un cambio. Crecer a mi imagen no es un deber, es algo que deseas hacer cuando tratas de conocerme a un nivel más profundo. Deja de presionarte tanto y relájate. Todo lo que pido es tu corazón, por completo.

No imiten las conductas ni las costumbres de este mundo, más bien dejen que Dios los transforme en personas nuevas al cambiarles la manera de pensar. Entonces aprenderán a conocer la voluntad de Dios para ustedes, la cual es buena, agradable y perfecta.

Romanos 12:2

Soy paz

Amado, no necesitas tener total ausencia de problemas. De hecho, mientras estés en esta tierra enfrentarás situaciones incómodas. Lo que necesitas es paz en medio de esas situaciones. Los problemas vienen y van, pero no debes permitir que gobiernen tus emociones. Puedes intentar buscar en todo el mundo algo que disminuya tu estrés, pero para experimentar en realidad la paz que ansías, debes venir a mí porque Yo soy paz.

Acércate a mí y yo me acercaré a ti. Cambia tu ansiedad por el poder sanador de mi presencia. Entrégame la preocupación y el temor, y permíteme ir más profundo para extraerlas de raíz. Toma tiempo para descansar conmigo y sanar tu corazón. Siempre que estés dispuesto a soltar toda necesidad de control, puedo ser el Señor de paz que necesitas que sea. Deja esas preocupaciones en mis manos, déjalas ahí. Te ofrezco una paz que sobrepasa todo entendimiento. Me ofrezco a ti.

El Señor le da fuerza a su pueblo;
el Señor lo bendice con paz.

SALMOS 29:11

No dejes que nada te retenga

Entrégame la carga que estás llevando en tu espalda, mi hijo. Desata los cordones a este mundo y regresa a mí. Estás destinado para algo mucho más grande de lo que imaginas. Suelta todo lo que divide tu corazón. Entrégame todas las preguntas, temores y dudas. Te amo y quiero cada parte de ti: mente, alma y corazón. No te quedes con nada porque yo tampoco me quedo con nada.

Soy el rey de tu corazón quien gobierna con una pasión más fuerte que la muerte. El reino celestial está preparado, espera por aquellos que ya no están encadenados a esta tierra. Viene una gran liberación a mis hijos elegidos, pues cuando entres a mi reino, todo aquello que contamina y lastima será eliminado de ti. En mi presencia, todo aquello que no refleja mi gloria cae como caen las hojas secas al suelo. Todas las preguntas que no se han respondido tendrán plena satisfacción en mi amor. Eres libre de todos los enredos que buscan atarte al mundo, eres libre de adorarme en espíritu y verdad. He llegado a tu mundo, ahora te toca entrar al mío.

Confía en el Señor con todo tu corazón;
no dependas de tu propio entendimiento.

PROVERBIOS 3:5

Recuerda tu verdadera identidad

Cuando te dejas llevar por tu imperfecto amor, crees que estoy tan preocupado por eso como tú lo estás. Amado, tu flaqueza y debilidad no son una sorpresa para mí. No te veo como tú te ves. Todo lo que veo es belleza. Eres radiante, lo más hermoso que he visto. Deja que mi beso sobre tu vida despierte tu esperanza. Ni tus defectos ni tus pecados te definen.

Acércate, déjame besarte una y otra vez hasta que la memoria de tu pasado suelte todo el dolor. Rasgué el velo que nos separaba y pagué el precio para hacerte libre. Ahora vuélvete a mí y yo derramaré del amor que sana cada herida. Tus cargas no son muy pesadas para mí, anhelo llevarlas en tu lugar, si me lo permites. Déjalas a mis pies, mi amado.

Y si en algún momento te sientes perdido o confundido por tu identidad, cierra tus ojos y ten la certeza de que estoy contigo. Te guiaré y te recordaré quién eres.

Eres hermosa, amada mía, como la bella ciudad de Tirsa. Sí, eres tan hermosa como Jerusalén, tan majestuosa como un ejército con sus estandartes desplegados al viento.

CANTARES 6:4

Sube conmigo

La confusión que viene a tu alma es porque tienes que seguir subiendo a un lugar más alto, a mi lugar oculto, para lo cual te he colocado una escalera secreta. El cielo te llama, el cielo te atrae. Cambia tus pensamientos y pon los míos, toma mi corazón y mi mente, pues son los regalos celestiales que te entrego. En mi reino, todas las cosas son posibles y nada puede derrotarte. En mi reino, no existen esfuerzos demasiado grandes o presiones para que avances, solo tienes que descansar cerca de la fuente del cordero.

Ven a mí y yo te protegeré por debajo de la seguridad de mis alas hasta que recuperes tu fuerza. Te creé para que subieras conmigo, para que ascendamos por encima de esas montañas de derrota. Cierra tus ojos, vuelve a recordar cómo se siente la tibia brisa en tu rostro. Experimentarás la libertad de tu vida cuando subas conmigo, no te abandonaré. La dulzura de mi toque te revitalizará. Mi gloria iluminará la oscuridad que parecía que nunca se disiparía. Soy el rey de gloria, soy tu rey fiel, lleno de poder y rebosante de amor por ti.

Porque soy recto, te veré; cuando despierte,
te veré cara a cara y quedaré satisfecho.

SALMOS 17:15

Me hace muy feliz que seas mío

Te amo y quiero sumergirte en la revelación de mi amor hoy y cada día. Quiero que sepas que me conmueve cómo me amas. Eres mi delicia y tu ofrenda ha captado toda mi atención. Nunca he pasado por alto ninguna de tus lágrimas cuando has inclinado y rendido tu voluntad a la mía, una y otra vez. Me complace tanto que el llanto de tu corazón sea totalmente mío y que pueda consumirlo con mi amor.

Ahora, yo te consumiré a ti, mi apasionado amor arderá en tu vida en formas que nunca podrías imaginarte. En este mismo momento estoy trabajando para ti. Entre mis planes hay sorpresas hermosas que te pondrán de rodillas en agradecimiento y gozo. Me emociona saber que veré tu reacción cuando sepas lo que tengo reservado para ti. Me encantan aquellas personas que se entregan libremente y sin reservas a mí, que confían incluso en los valles más oscuros. Gracias por recibir mi amor. Me hace tan feliz que seas mío.

Y apenas me alejé de ellos, ¡encontré a mi amado!
Lo tomé y lo abracé con fuerza.

CANTARES 3:4

Entra a mi gloria

¿Crees que mi gloria es más valiosa que todo lo que posees en la tierra? ¿Elegirás estimar lo que es precioso a mi vista? La realidad de mi gloria hace que todo parezca opaco e insignificante. A medida que brillo con mi luz de verdad sobre tu alma, te darás cuenta cuán profunda ha sido tu mirada hacia la tierra. Acércate a mi aposento y verás tu vida como yo la veo: una expresión de mi gloria.

Soy el rey de gloria. Invítame a iluminar tu vida para que huyan las sombras. La oscuridad no tiene oportunidad al momento en que yo despliego mi luz. Te rodearé con mi gloria hasta que la atmósfera que te rodea irradie mi presencia. A medida que te llenes más de mi luz, te darás cuenta de que no solo penetra en tu espíritu, alma y cuerpo, sino que también arde desde el misterio de mi Espíritu contigo. El enemigo odia que lo expongan, por eso no puede estar en donde existe luz. Mi gloria está viva y es poderosa, siempre vence la oscuridad porque la luz *siempre* disipa la oscuridad. ¡Siempre!

La luz brilla en la oscuridad,
y la oscuridad jamás podrá apagarla.

JUAN 1:5

Estoy aquí

Cuando tu alma está oprimida y la estridente voz del miedo desafíe tu fe, recuerda mi amor. Elige llenar tu mente con pensamientos acerca de mí y no te permitas caer en las mentiras que el enemigo arma como una trampa. Si ya has perdido tu paz y te sientes apesadumbrado por el temor y la ansiedad, búscame, que estoy aquí contigo. No tienes que luchar contra el temor, solo tienes que enfocarte en mí.

Incluso si el temor ha nublado tus pensamientos y estás enfrentando dificultades para encontrarme, aquí sigo contigo. No empieces a cuestionar por qué no me sientes, lo que pasa es que es el miedo reteniendo tu atención. Ignóralo y respira. Deja que los recuerdos de todo lo que he hecho por ti en el pasado fluyan en tu veloz y agotada mente. Recuérdate de las veces que viste que los gigantes caían y los muros de la oposición se derribaban. Si he venido por ti antes, vendré por ti nuevamente. Algunas situaciones podrían salirse de control, pero no están fuera de mi control. ¿Recuerdas mi toque? ¿Has visto mi fidelidad? Sí, la has visto. No he cambiado, así que no te preocupes. Estoy aquí.

¡Tú guardarás en perfecta paz a todos lo que confían en ti, a todos los que concentran en ti sus pensamientos!

Isaías 26:3

Todo empieza conmigo

La mayor protección que puedas tener es estar unido a mí. Nada te dañará en mi presencia ardiente. Aquí estás seguro. No busques fuera de mí aquello que necesitas; empieza conmigo. Ven a mí cuando el temor te mantenga despierto en la noche. Háblame de aquellas situaciones que te preocupan y te daré claridad. Déjame ser tu todo y consumiré todo lo que busque separarte de mí.

Fuera de mí, el peligro acecha. El enemigo no puede entrar a las llamas de mi gloria, así que quédate adentro de mí, conectado y consciente de que estoy contigo en todo tiempo. Mi gloria es tu escudo. Soy tu torre fuerte. Mi presencia es paz perfecta y gozo incomprensible. No hay necesidad de correr de un lado al otro buscando lo que solo puedes encontrar en mí, así que ven conmigo, quédate conmigo. Envuélvete en la calidez de mi liberación. A nadie le importa más tu situación que a mí. Aquieto las tormentas embravecidas y dejo caer la lluvia sobre tu alma seca y fatigada. Cuando te sientas inquieto y solo, recuerda que todo empieza conmigo.

Mi victoria y mi honor provienen solamente de Dios; él es mi refugio, mi roca donde ningún enemigo puede alcanzarme.

Salmos 62:7

Dame tu íntegro corazón

Mi amado, rinde el propósito de tu vida a mí. En mi reino no cabe un corazón dividido, sino que debes entregármelo todo a mí. Todo lo que retienes en tus manos y todo lo que te distrae, colócalo delante de mí. Te levantarás y no caerás, ascenderás a las llamas de mi gloria, en donde se unen la pasión y la pureza. Acércate, mi querido amigo y haz tu hogar en mi mundo. Para esto fuiste creado. Un estilo de vida de unión constante conmigo es el fundamento de una vida realmente bendecida.

Cuando entras a la gloria de mi presencia, no temerás que use la palabra de luz para dividir tu alma y tu espíritu. Derribo a los enemigos llamados complacencia, vergüenza y odio. Mi amor es apasionado, con el que doy a conocer a todos los que buscan aislarte de mi presencia. Hablo luz a la oscuridad. Desenmascaro las mentiras legalistas y dejo caer mi libertad para que seas libre y disfrutes de mi presencia. Entrégame tu corazón íntegro y nunca más serás el mismo.

Antes de que soplen las brisas del amanecer y huyan las sombras de la noche, correré a la montaña de mirra y al cerro del incienso.

CANTARES 4:6

La plenitud es mi regalo para ti

Amado, no quiero que temas al dolor. Sé cuánto te ha lastimado esta temporada, pero déjame y te enseñaré cosas que no aprenderás en cualquier otro tiempo. No ignores tus emociones, ni las entierres por temor a enfrentarlas. Reconoce el dolor y acércate a mí con ella, abriré el camino para que empiece la sanidad.

Cuando sientas dolor, ira, pesar o cualquier emoción negativa, apóyate en mí y trae ese dolor contigo. No desestimes tus reacciones a los momentos incómodos de la vida. Juntos, llegaremos a la raíz de lo que se ha desencadenado en ti para que puedas encontrar libertad de estos efectos devastadores. Soy el Dios de la plenitud en tu mente, cuerpo y alma. Tus emociones, sentimientos y pensamientos son importantes para mí y quiero que sean importantes para ti también. Pueden advertirte sobre las áreas dolorosas y traumáticas que necesiten mi poder sanador. Acércate a mí y descubre lo que quiero sanar dentro de ti. Quiero darte vida en su plenitud. Tenemos por delante una travesía de gozo y plenitud, la cual es mi regalo para ti.

Yo soy la puerta; los que entren a través de mí serán salvos. Entrarán y saldrán libremente y encontrarán buenos pastos. El propósito del ladrón es robar y matar y destruir; mi propósito es darles una vida plena y abundante.

JUAN 10:9-10

Tu hermosura es única para mí

Quiero que pienses en los elementos más hermosos de la naturaleza, aquellos que te han dejado sin aliento y con gran asombro. Los atardeceres brillantes que pintan el cielo son meramente una pequeña porción de belleza comparados contigo. Incluso el misterio de las auroras boreales se queda corto en comparación contigo. Disfruta el esplendor de mi creación hermosa como un recordatorio de que eres más radiante que todo ello y que nada conmueve mi corazón como tú lo haces.

No permitas que los árboles se erijan más altos y confiados que tú. También eres parte de la realeza, un reflejo verdadero de gloria infinita. *Conmueves* mi corazón y no me refiero a que me conmueves como representante de toda la humanidad, sino hablo de *ti* específicamente. Eres la niña de mis ojos, mi tesoro, mi futura esposa. Regresa tu corazón a mí y yo cautivaré tu alma. Me asombra tu amor imperfecto, pero es un amor que nació de la fe. Permite que esta revelación de aceptación limitada e inmerecida inunde profundamente tu corazón. Que la dicha del perfecto amor te consuma. Eres mío.

Eres hermosa, amada mía;
tan hermosa que no puedo expresarlo.

CANTARES 4:1

Recibe mi gracia

Tus errores no pueden eliminarte de mi corazón. Tu debilidad solo atrae mi gracia. Ven a mí cuando falles y observa cómo mi sonrisa de compasión lava tu alma. Lo veo todo, no puedes ocultar nada de mí. Conozco cada deseo, motivo y pensamiento impuro, pero a pesar de eso, te amo de la misma forma. Busca mi gracia en medio de las tentaciones y la victoria será tuya.

Deja de lado la voz de la acusación, descansa en mi amor salvador y tu fe será fortalecida. Nada, ni el pecado ni los errores ni la cantidad de veces que has dudado de mí o te has cuestionado, te separará de mi amor eterno. Aunque en ocasiones te has rechazado a ti mismo, yo nunca lo he hecho. Te acepto sin reservas. Tu fe en este amor eliminará tu desaliento y desarmará las manos de tu enemigo, quien es el único que te recuerda tus fracasos. Sin embargo, te entrego esperanza, esperanza que pueda dar un nuevo gozo. Incluso cuando no veas mi gloria, ahí está contigo, entrelazado contigo. Recibe esta gracia, recibe mi amor.

Él me ha enviado para anunciar a los que se lamentan que ha llegado el tiempo del favor del Señor junto con el día de la ira de Dios contra sus enemigos. A todos los que se lamentan en Israel les dará una corona de belleza en lugar de cenizas, una gozosa bendición en lugar de luto, una festiva alabanza en lugar de desesperación. Ellos, en su justicia, serán como grandes robles que el Señor ha plantado para su propia gloria.

Isaías 61:2-3

Sé santo a mi vista

Mi fuerza superará tus defectos más débiles hasta que cada parte de ti se llene con la energía de la gracia. No sueltes tu pasión de ser santo ante mis ojos, pues es una obsesión sagrada que te aparta de los demás. Te purificaré con una esperanza viva y verás cómo se da la transformación en mi gloria. Que arda esta santidad en mi presencia hasta que la fe irradie desde tu interior.

Entra a mi amor transformador y espera que siga moviéndome para ti. Cada día que te entregas a mí, creces. Así pasa con cada momento en donde reflejas más y más de mi gloria. Estás en mí y yo en ti. Mi luz te transforma de adentro hacia afuera.

A medida que cambias y desarrollas, la gracia será tu alabanza y la fe será tu porción. Fluirán cantos de gozo perenne que cantarás con tus labios. Cuando el enemigo trate de abrumarte, distraerte o tentarte, las melodías de triunfo serán tu clamor de guerra. Serás mi testigo de cómo se desata mi victoria, pues la he atesorado para los justos y para quienes me aman. Permanece en mí y el pecado nunca tendrá dominio sobre ti.

Por medio de él, ustedes, los gentiles, también llegan a formar parte de esa morada donde Dios vive mediante su Espíritu.

Efesios 2:22

Noviembre

Tengo la palabra final

Veo cómo viene el enemigo detrás de ti. No es solo como si te halaran la alfombra del piso, sino como que el mundo se hubiera inclinado y hubiera perdido su eje, dejándote aturdido y confundido. Las situaciones pueden hacerte temblar y puede ser que no estés seguro de que te hayas sujetado lo suficiente en mí. Mi amado, cierra tus ojos y regresa tu corazón hacia mí, yo te sostengo.

Claro que te sostengo, pero necesito que respires. Necesito que te inclines a mi corazón paternal. Déjame calmar tu ansiedad y sanar el trauma. No podrás ver con claridad o escuchar con claridad mis instrucciones hasta que encuentres tu paz. Hasta que puedas dejar ir todo y confiar en mí, podrás seguir avanzando. Soy tu lugar secreto para llorar, ventilar e incluso para gritar, pero no deseo que te estanques en el pozo de la autocompasión. Recuerda mis promesas y repítelas con tus labios porque contienen vida y poder. Son tus armas. ¡Úsalas! Mi palabra es verdad y puedes depender de ella. Sin importar lo que el enemigo mienta de ti, siempre tendré la última palabra.

El Señor es un refugio para los oprimidos, un lugar seguro en tiempos difíciles. Los que conocen tu nombre confían en ti, porque tú, oh Señor, no abandonas a los que te buscan.

Salmos 9:9-10

Sé lleno con mis aguas de sanidad

Soy la fuente eterna de agua de vida y mi anhelo es derramarme en cada área seca, agrietada y quebrantada de tu vida. ¿Me sientes ahora que alcanzo tu dolor con mi amor sanador? Presta atención y escucharás mi río caudaloso fluyendo a través de ti al lavar los restos de confusión y desilusión, limpiando los restos empolvados y secos de la frustración para que puedas ver con claridad el gozo que he guardado para ti.

Ningún trauma es demasiado grande para el poder de mi amor. Los agujeros más grandes, que son las áreas de tu vida que se sienten vacías y nulas, para mí son aberturas donde puedo derramarme cuando me invitas a hacerlo. Entonces, invítame a que lo haga. Te llenaré con mi ser y cambiaré el dolor en gozo; reemplazaré la pesadez con la esperanza y labraré el suelo de tu corazón para obtener hermosos brotes de entre las cenizas. Bebe profundamente de mi amor y te transformará, tanto en mente, cuerpo y alma. Fija tus ojos en mí hoy y ofréceme tu dolor ahora. Nada en mis aguas sanadoras y permite que las corrientes de mi amor te lleven a la plenitud.

Partió las rocas en el desierto para darles agua como de un manantial burbujeante. Hizo que de la roca brotaran corrientes de agua, ¡y que el agua fluyera como un río!

SALMOS 78:15-16

Descansa conmigo

Me importas muchísimo, mi hijo. No existe nada que sientes o vivas que yo no haya vivido, porque también te he llevado en mis brazos a lo largo de la vida. Mi mano está sobre ti y nada te alejará de mi amor. Espera en mí con quietud y sentirás mi cercanía. Escucharás mi susurrar en tu alma y mi paz descenderá sobre ti.

Mi pequeño, existe un lugar oculto donde puedes encontrarme. Es un lugar tangible que me encanta; un lugar que hice para que habitaras en él. La sombra que ves sobre ti es la sombra de mis alas, no de la confusión; más bien, es un lugar de seguridad pegado a mi corazón. Ahí es donde te refrescarás y podrás ver desde mi perspectiva. Para ello te tomé de las aguas turbulentas y te elevé a lugares altos para que descansaras en mi presencia. Sin importar cuán oscura es la noche o cuán feroz es el juicio, mi beso de misericordia te mantendrá y protegerá.

Los que viven al amparo del Altísimo encontrarán descanso a la sombre del Todopoderoso. Declaro lo siguiente acerca del Señor: Solo él es mi refugio, mi lugar seguro; él es mi Dios y en él confío. Te rescatará de toda trampa y te protegerá de enfermedades mortales. Con sus plumas te cubrirá y con sus alas te dará refugio. Sus fieles promesas son tu armadura y tu protección.

SALMOS 91:1-4

Mi amor provee todo lo que necesitas

Todo lo que necesitas, mi amor te lo ha dado. Con una pasión mucho más fuerte que la misma tumba, te di todo lo que tenía para ti. Lo hice y no solo para estar contigo por siempre, sino porque también pagué el precio por ti para que vivas en victoria. Nunca subestimes el poder que se ha liberado por medio de la cruz. Mi muerte y resurrección son el fundamento de tu fe.

Un suministro ilimitado de mi bondad se desató mediante el logro que se obtuvo en la cruz. ¿Necesitas sanidad? Es tuya. ¿Necesitas perdón? La derramo sin reserva. ¿Estás viviendo en vergüenza? Te he limpiado y te traje a mi lado. ¿Esperanza? Es tuya. ¿Favor? Puedes tenerlo también. Si no me limité en el regalo de la salvación para toda la eternidad, ¿por qué retendría lo que necesitas durante tu estancia temporal en la tierra? Mi amor es relevante y es para cada avenida de tu vida. No existe nada tan grande, tan pequeño o tan mundano que no pueda verse afectado por el poder de mi amor.

¡El mensaje de la cruz es una ridiculez para los que van rumbo a la destrucción! Pero nosotros, que vamos en camino a la salvación, sabemos que es el poder mismo de Dios.

1 Corintios 1:18

Eres mi guerrero

Mis ejércitos están listos para la batalla y preparados para luchar por ti. Levántate en fe y observa los milagros que van y vienen. ¿No te he equipado? Todos los que se levanten contra ti, caerán y aquellos que deshonren mi nombre serán apartados. Pero tu llamado es seguir adelante en fe y derrotar las fuerzas de la oscuridad.

Entrégate a mí con devoción de corazón y la gloria en ti brillará y deslumbrará, la oscuridad temblará. Tu obediencia radical será la catapulta de mis planes estratégicos que liberan tu nueva vida. Eres imparable. Tienes el respaldo del cielo y el favor que solo un hijo puede tener. Si pudieras ver los ángeles que te he enviado, nunca te sentirías intimidado por el enemigo. Te he dado todo lo que necesitas para superar las circunstancias.

Mi bella creación, eres mi guerrero. Eres fuerte y valiente, ungido y atesorado, a quien cuido tanto. Eres capaz de más de lo que te imaginas. Estás rodeado por los ángeles que están listos para derrotar a los gigantes contigo.

Alaben al Señor, ustedes los ángeles, ustedes los poderosos que llevan a cabo sus planes, que están atentos a cada uno de sus mandatos. ¡Sí, alaben al Señor, ejércitos de ángeles que le sirven y hacen su voluntad!

SALMOS 103:20-21

La fe es tu victoria

La fe es la victoria que supera el poder de este mundo. Camina en las sendas que he elegido para ti y nadie podrá entorpecerte mucho tiempo. La fe abre las puertas y te define en el camino correcto en el tiempo correcto. Te sorprenderá ver las oportunidades que surgirán cuando te dejes guiar por mi Espíritu.

Muchos son mis siervos que desisten con una fe minúscula y se quedan solo como espectadores de una gran obra. Que los miedos no sean la base para medir tu fe, sino insiste en que tus temores se sometan a tu fe. Tus enemigos lucharán en vano. No te desanimes de lo que pueden ver tus ojos, sino sé lleno de fe mientas fijas tus ojos en mí. La fe es la fuerza que te levanta sobre tus enemigos, porque te habilita para ver con claridad. Acepta la verdad como tu mejor amiga. Cásate con la sabiduría porque es la mejor compañera. Alégrate en mi paz y serás resguardado por encima de la lucha. Fundaméntate en mi amor y la fe será el resultado por naturaleza.

Pues todo hijo de Dios vence a este mundo de maldad,
y logramos esa victoria por medio de nuestra fe.
¿Y quién puede ganar esta batalla contra el mundo?
Únicamente los que creen que Jesús es el Hijo de Dios.

1 JUAN 5:4-5

La gratitud te conecta con mi verdad

Cuando te creé, coloqué un corazón limpio en ti. Las virtudes de mi Espíritu nacieron en ti. A medida que la justicia cubre tu corazón como un escudo que lo protege, también crea una fortaleza y te da una audacia más grande. Ha llegado el tiempo de que me adores con todo tu corazón, pues mis vencedores se levantan y no serán derrotados. Adórame al enfrentar lo imposible y convertirlo en victoria. Mis batallones están listos, ¡así que empieza a adorarme con todo tu corazón!

Quiero que te enfoques en mantener un corazón agradecido. Por cada situación negativa que se levante contra ti, busca un aspecto positivo para poner en práctica. Que la alabanza esté en tus labios, recordando las muchas formas en las que te he bendecido. Un corazón agradecido es aquel que permanece en armonía con el actuar de mi Espíritu. El agradecimiento y la adoración no solo limpian las telarañas de la ansiedad y la depresión, sino que también hacen que sea casi imposible enfocarse en lo negativo. El agradecimiento limpia tu corazón y te hace sentir más ligero porque te conecta con el poder de mi verdad permanente. Este es mi deseo para ti hoy: que el poder mi gratitud te libere de toda carga.

Y que la paz que viene de Cristo gobierne en sus corazones. Pues, como miembros de un mismo cuerpo, ustedes son llamados a vivir en paz. Y sean siempre agradecidos.

COLOSENSES 3:15

Procesa tus emociones conmigo

Procesa tus emociones conmigo. No te he pedido que reprimas tus emociones cuando las situaciones van en una vía dolorosa. Nunca he dicho que sea un error vivir un abanico de emociones. De hecho, te las di para que sepas qué es lo que sucede adentro de ti y para que puedas estar en comunicación conmigo. De esa forma logras tener mi perspectiva y descubres cuáles son las áreas de desconfianza, mentalidad incorrecta y las heridas que necesitan sanarse.

Te permito que sientas, de hecho, *te invito* a que estés consciente de tus emociones más profundas. Nunca he prohibido tus emociones. Incluso yo me enojé cuando aquellas personas colocaron sus negocios en la casa de mi padre. También he vivido el dolor de la traición. He llorado con el aguijón de la soledad y lo que pareció ser un abandono cuando mi padre se alejó de mí en la cruz. Es común sentirse decepcionado, enojado, confundido y sin la menor idea de cómo hacer que las cosas estén bien. Sin embargo, en todas tus emociones y procesos, quiero que vivas en plenitud y quiero darte un área de mí que tal vez todavía no conozcas. Siéntate y habla conmigo. Procesemos todo esto juntos.

Pongan todas sus preocupaciones y ansiedades
en las manos de Dios, porque él cuida de ustedes.

1 Pedro 5:7

Quiero que tengas una fe ilimitada

¿Estableces límites a tu fe? Sabes que mi capacidad es ilimitada. El lugar donde termina tu fe no es un reflejo de lo que es verdadero y posible. Nada es imposible para mí, ya sea que elijas creerlo o no.

Si puedes creer que mi amor es suficiente para salvar tu alma, ¿por qué la detienes en ese punto? Me preocupo de tu vida diaria. Si mi poder es suficiente para derrotar el pecado y levantar a mi hijo de la muerte, claro que puedo ayudarte con la carga que llevas sobre tus hombros hoy. La falta de fe solo será un obstáculo para ti; así que te invito a que crezcas en tu fe y creas que todo, absolutamente todo, es posible para mí. Es riesgoso y da miedo poner tu fe ahí, porque podrás preguntarte cómo te sentirás si no respondo en la forma en la que querías o en tu tiempo. Sin embargo, colocaste tu vida en mis manos. Sé cómo cuidarte. No te pido que me obligues a hacer nada, sino que creas en mi amor y que confíes total y absolutamente en mí. Toma el riesgo de una fe ilimitada. Estoy contigo en cada paso del camino.

Entonces él les tocó los ojos y dijo:
—Debido a su fe, así se hará.

MATEO 9:29

Enfrenta el miedo conmigo

En ocasiones, enfrentar tus temores significa que los enfrentes junto conmigo. Significa que no te escondas detrás de la negación o que escondas ese temor en la profundidad. Cuando te encuentras detenido en medio de la batalla, no permanezcas detrás de mí. Debes estar a la par. Toma mi mano y sigamos adelante juntos. Cuéntame sobre tus miedos con honestidad. Invítame a conocer cada uno y hazme el Señor sobre ellos.

Uno de los desafíos más grandes que enfrentas son los miedos de lo que pueda venir, el miedo de que algo pueda o no pueda pasar. El enemigo quiere plantar terror adentro de ti, quiere que pienses que yo no soy tan bueno como tú crees que soy. El enemigo mata la esperanza y trabaja para robar tu confianza en mí. Además, ¡*es un mentiroso*! Yo soy bueno. Incluso cuando pareciera que no he contestado, sí lo he hecho. Un día, adquirirás claridad con relación a estos desafíos difíciles. Por ahora, recuerda: cuando los problemas se asomen, habrás descubierto cuán fuerte eres realmente. Cuando enfrentas el temor, mi poder se acercará a ti como un imán. Estoy contigo. Saldremos de esta, juntos.

No tengas miedo, porque yo estoy contigo; no te desalientes,
porque yo soy tu Dios. Te daré fuerzas y te ayudaré;
te sostendré con mi mano derecha victoriosa.

Isaías 41:10

Saldrás de esta situación

David era un hombre conforme a mi corazón, un hombre que era sincero acerca de cómo se sentía. Sabía que no me ofendería al hacerme preguntas. Tuvo que atravesar pruebas y dolor, pero me encontraba en el campo de batalla con él. Fue a partir de una gran oposición que llegó a conocer mi fidelidad, pero no significa que a veces no la cuestionara.

Tu carácter y resiliencia están forjadas de las pruebas que enfrentas cuando las enfrentas conmigo. Como un diamante cuya belleza nace de la presión, así es la belleza que viene de las pruebas que sientes que te someten. No es algo malo que hables con honestidad conmigo, puedo manejarlo. Poner a prueba tu fe permite que surja la confianza. Solo cuando llegas a necesitar que tome lugar como tu salvador es que realmente te das cuenta de lo que significa ser salvado. El enemigo piensa que te ahoga con los problemas, cuando en realidad, está presentado la oportunidad perfecta para que yo pueda ser parte y probar mi fidelidad. Amado, sé que ahora se siente difícil, pero saldrás de esta situación resplandeciente con la brillantez de mi gloria.

Digan a los de corazón temeroso: «Sean fuertes y no teman, porque su Dios viene para destruir a sus enemigos; viene para salvarlos».

Isaías 35:4

Tu amor sacrificial es hermoso para mí

Mi amado, he visto tu devoción constante hacia mí en las cámaras secretas de devoción santa. La forma en la que descansas conmigo y disfrutas de la dulzura de mi comodidad cautiva mi corazón. Siempre necesitarás la revitalización de mi presencia y te guiaré junto a aguas de paz durante toda tu vida. Nuestra relación sagrada está anclada en nuestra unión santa.

Este despertar de tu corazón en mi presencia debe seguir cultivándose en el campo de batalla. Es esencial que mantengas esa conexión conmigo durante los tiempos de ardua batalla. Reafirma tus ojos de amor en mí cuando todo clame tumultuosamente por tu atención. Debes llevar el lugar secreto dentro de tu corazón. El tiempo del verdadero cristianismo apostólico está llegando. Será percibido en una intimidad sagrada, un ministerio sacrificial y una fidelidad en sufrimiento.

El empoderamiento de mi gloria no es solo para ti, significa que debes compartirlo. Está diseñado para madurarte y traerte a la belleza de nuestra alianza, enseñarte a amar a otros, a permanecer fuerte y a ver mucho más allá de ti mismo.

No quiero decir que ya haya logrado estas cosas ni que ya haya alcanzado la perfección; pero sigo adelante a fin de hacer mía esa perfección para la cual Cristo Jesús primeramente me hizo suyo.

Filipenses 3:12

Te estoy hablando

Escucha las palabras que hablo adentro de ti, pues son mis palabras las que traerán vida y poder. Anhelo capacitarte para que escuches mi susurrar y conozcas mi voz. Me perteneces y por eso te hablo. Busca mi verdad y pídeme sabiduría porque te la daré. Abriré tu mente y corazón para conocer mis secretos a medida que te acerques a mí y te sientes conmigo.

No dudes de lo que oyes agitarse en la quietud de tu alma. Creo en nuestra unión y tu capacidad de discernir mi voz, esa es la razón por la que no vocifero para llamar tu atención. Eres uno conmigo. He hecho mi hogar adentro de ti. No dependas de los demás más de lo que dependes de mí para recibir la guía que necesitas. Cuando te inclines a tener fe y guardes la expectativa de mis secretos para alinear tu corazón, vendrá la revelación. Mi vida fluye en cada palabra, inspirándote en grandeza, dándote sabiduría y encendiendo esperanza. Te estoy hablando, es tiempo de creerlo.

El Señor Soberano me ha dado sus palabras de sabiduría, para que yo sepa consolar a los fatigados. Mañana tras mañana me despierta y me abre el entendimiento a su voluntad.

Isaías 50:4

Profundízate en el amor

Guarda la paz en este momento. Descansa tu inquietud en la calidez de mi abrazo. Este es el lugar que creé para ti. La invitación para paz y liberación total del estrés siempre estará disponible. La razón por la que tienes días en que pareciera que no puedes quitarte esos pensamientos de inquietud es porque no has profundizado en el amor. Sigue escudriñando, atraviesa la fase de los grilletes de este mundo que te atan a las preocupaciones que te atormentan y refúgiate en mis brazos. Enfócate en mí, llénate con mi amor, al punto en que todos los miedos, inseguridades, preguntas y frustraciones se derritan. Siéntate en mi presencia y encuentra paz.

Mi amor es lo suficientemente poderoso para ahogar todos esos clamores que se levantan para llamar tu atención, pero primero déjame hacerme cargo de ti. Debes apartar un tiempo para ese encuentro con tu primer amor. Solo tú puedes elegir cuánto te vas a liberar a mí. Solo tú puedes decidir cuán lejos quieres adentrarte en mi presencia. Siempre hay más para ti y nunca bloquearé el camino. Confía en mí, sigue profundizándote en mi amor.

Pues las montañas podrán moverse y las colinas desaparecer, pero aun así mi fiel amor por ti permanecerá; mi pacto de bendición nunca será roto —dice el Señor, que tiene misericordia de ti—.

ISAÍAS 54:10

Quédate detrás del velo

Existe una fuente de vida que fluye desde mi presencia. Ningún otro amor puede darte esa delicia, ningún otro sonido podrá mover tu corazón. Ven y prepárate en mi plenitud. Todo lo que está quebrado, sanará porque soy el Dios de misericordia y me siento en el trono de la gracia. Solo has descubierto una porción de mi perdón y amor, todavía hay mucho por aprender a medida que te lleve más profundo en mis caminos. Cuando vengas a mi luz, verás mucho más de mi amor. Soy el Dios que te sana, el padre de misericordias interminables.

Cuando te detengas detrás del velo, me encontrarás. No me oculto de ti, siempre estoy para ti. Ven en fe y aléjate de las distracciones. Entre más cerca vengas a mí, mejor verás cómo mi gloria disipa la oscuridad. No necesitas vivir en las sombras de la oscuridad cuando te he invitado a la luz. Mi amor eliminará toda mentalidad con su verdad inevitable. Enfócate en mí, mi amado, y vivirás en una presencia tangible.

Ya era alrededor del mediodía, y la tierra se llenó de oscuridad hasta las tres de la tarde. La luz del sol desapareció. Y, de repente, la cortina del santuario del templo se rasgó por la mitad.

LUCAS 23:44-45

Mi voz será tu satisfacción

¿Abrirás tu corazón y escucharás mi voz? Pues mi voz está llena de vida, verdad y sabiduría. Son palabras, susurros y sustento inequívoco, perdurable y consumador. Confía en mi Espíritu que vive adentro de ti y escucha. El sonido extraño no podrá satisfacerte como lo hace el sonido de mi voz.

Necesitas rendirme tu corazón, tus labios y tu vida. Levántate y empápate de mi gloria. Lo nuevo llega a medida que se desvanece lo viejo. Es la época de mi esplendor. Las señales en los cielos y en la tierra se multiplicarán para mostrar que está por amanecer un nuevo día. Todos mis hijos santos podrán alcanzar fuerza y poder. Se acerca la destrucción y el nuevo avivamiento, un día de oscuridad y un día de brillante luz. Y si me escuchas, sabrás lo que estoy a punto de hacer y cómo te usaré. Mi fidelidad será tu escudo y protección. Me acercaré más a ti a medida que tú te acerques a mí. El amor absorberá el temor.

No había terminado de hablar cuando una nube brillante los cubrió, y desde la nube una voz dijo: «Este es mi Hijo muy amado, quien me da gran gozo. Escúchenlo a él».

Mateo 17:5

Te libero de las mentiras

Amado, quiero que prestes atención a lo que estás pensando, no importa si son pensamientos obvios o si se trata de las meditaciones sutiles de tu subconsciente. No puedes dejar nada sin revisar. Cada pensamiento debe estar alineado con mi verdad. Es tiempo de ser honesto contigo mismo. Es hora de reflexionar en tus pensamientos y sentimientos para que puedas traerlos ante mí.

Los temores ocultos, las áreas que no has perdonado y las ideas incorrectas acerca de quién soy y cómo quiero que vivas y te comportes, deben colocarse a la luz de mi santidad. Es la única forma de ser libres. Mi gracia dejará visibles las mentiras que has creído. No temas de lo que hay adentro. He visto cada pensamiento, incluso aquellos que ni has reconocido que están ahí. Me importa cada pensamiento y sé cómo abordar las tergiversaciones que se han acuñado en las oscuras grietas de tu mente. Este es el momento de tu avance. Estoy haciendo un trabajo más profundo y estoy ahuyentando las mentiras para que puedas ser verdaderamente libre.

Pues tú eres mi escondite; me proteges de las dificultades
y me rodeas con canciones de victoria.

Salmos 32:7

Quiero que te ames

Quiero que te ames, que ames al máximo ese ser que he creado, que eres *tú*. Quiero que te veas en el espejo, que veas todas las imperfecciones y defectos, pero que te ames con todo ello. Quiero que aprendas a reírte de tus peculiaridades en lugar de avergonzarte y te sientas bien en tu propia piel, que recuerdes que eres el hogar que elegí para mi Espíritu Santo. Quiero que realmente disfrutes la persona que estoy perfeccionando en ti.

Hasta que hayas abrazado totalmente mi amor por ti y creas en realidad que pienso que eres sorprendente, no podrás amarte a ti mismo, sin mencionar que no podrás amar a otros de una forma correcta. Así que, primero, sumérgete en la realidad de mi amor constante e imparable. Ámate con plena consciencia. Así también, si no tienes otra razón, ámate porque yo te amo. Hónrame de esa forma. Deja de juzgarte tan duro. Si se necesitara hacer cambios, los haremos juntos; pero primero, cree que mereces vivir feliz, saludable y en plenitud. Cuídate, déjame amarte y junto con el amor que te tengas, también déjame guiarte a una travesía de plenitud.

Has cautivado mi corazón, tesoro mío, esposa mía.
Lo tienes como rehén con una sola mirada de tus ojos,
con una sola joya de tu collar.

CANTARES 4:9

Vive con expectativa

¿Creerías que diseñé este momento único para que fuera un tiempo de encuentro, de victoria, de gran avance? ¿Qué pasaría si vivieras anticipando el bien a cada instante? ¿Qué pasaría si prestaras más atención? ¿Qué pasaría si cada segundo de tu vida fuera una oportunidad para algo más grande? ¿Creerías que, si aquietaras tus pensamientos y me los entregaras, podría pasar algo sorprendente?

Vivir con esta expectativa significa que has abrazado mi bondad. Significa que has decidido poner en práctica el vivir con agradecimiento y, naturalmente, creer que habrá algo nuevo para agradecer. Significa que no temes, que no andas inquieto en cada esquina, preguntándote cuál es el nuevo esquema que ha preparado el diablo. Estás confiado porque confías en mi amor. Estás caminando en sintonía conmigo y te mantienes con esperanza porque tus ojos están fijamente en mí. A partir de ahora, quiero que mantengas la expectativa de que la bondad te atrapará. Mi amor es una fuerza imparable, quédate en mi amor.

Ciertamente tu bondad y tu amor inagotable me seguirán todos los días de mi vida, y en la casa del Señor viviré por siempre.

SALMOS 23:6

Encuentra la llenura en mí

Encuentra la llenura en mí, en la realidad de una vida saturada con el conocimiento de mi amor, en la realidad de una unión santa. Deja que nuestra relación te haga sentir en plenitud. Disfruta la verdad que ves. Te conozco y aprecio cada movimiento que haces para reflejar mi bondad, fidelidad, compasión y gozo.

Lo que vivirás conmigo es mucho más que solo las gratificaciones temporales de fama, fortuna o sueños que se hacen realidad. Quiero que seas feliz en el nivel más profundo. Me encanta satisfacer los deseos de tu corazón y darles buenas dádivas a mis hijos, pero solo en mi presencia podrás descubrir un contentamiento indescriptible y un gozo inexplicable. Déjame ser tu deseo, más de cualquier otra cosa. En el lugar secreto de mi amor, cuando nadie más esté cerca, vivirás el sustento de una plenitud completa. Es una fuerza viva que no puedes recibir por ninguna otra vía. Empieza conmigo, deja que te consuma. No importa con cuánto más te bendiga, nada se comparará conmigo.

Con razón mi corazón está contento y yo me alegro, mi cuerpo descansa seguro. Pues tú no dejarás mi alma entre los muertos ni permitirás que tu santo se pudra en la tumba.

SALMOS 16:9-11

La respuesta que necesitas la encuentras en mí

La razón por la que has estado tan cargado y abrumado es porque has estado buscando la respuesta de tu problema en diferentes lugares. Sí, estás viéndome y buscándome, pero también estás atrapado en tu cabeza, tratando de razonar cada situación. En lugar de permitir que tus pensamientos te arrastren en círculos viciosos, deja que tu espíritu te lleve a mí.

Quiero que camines con un corazón que no busca a nadie más. Con esto me refiero a que debes fijar tu atención en mí nada más. Cuando toda tu atención esté en mí, estarás avanzando porque todo lo que necesitas se encuentra *en mí*. Encontrarás la paz y el gozo que permitiste que el enemigo te robara, porque en mí hay paz perfecta y un gozo inexplicable. Libérate de la tarea de encontrar una solución para que pueda mostrarte cuál es mi solución. No operas en gracia ni en paz cuando estás luchando tú mismo por resolver las situaciones. Deja de depender de ti y descubre la llave que te llevará del otro lado. Aférrate a mí con una determinación firme. Sé alguien que está tan fijo en mí, que las cargas y la frustración no pueden retenerte. Busca que mi presencia te consuma y el avance vendrá.

Entonces les preguntó: «¿Dónde está su fe?». Los discípulos quedaron aterrados y asombrados. «¿Quién es este hombre? —se preguntaban unos a otros—. Cuando da una orden, ¡hasta el viento y las olas lo obedecen!».

LUCAS 8:25

Deja que el cielo sature tus fisuras

No está mal sentir la desesperación y el hambre por mí. Deja que tu incomodidad te lleve a mi presencia. Veo el cansancio que ha llegado tan pesadamente a ti. Siempre te encontrará cuando te enfoques en tus deberes, obligaciones y desilusiones. En lugar de ello, mantente en mi presencia, una y otra vez. Deja que el hambre y la sed te lleven ante mí, al único que podrá satisfacerte.

Sé cómo limpiar los escombros polvorientos de tu mente distraída. Acércate a mí y el cielo saturará tus fisuras. Mi gloria romperá cada cadena de tus cargas. Estoy de pie a la par tuya, en ti. Te creé y sé cómo sanarte y refrescarte. Soy tu sabiduría. Hablo vida a cada porción muerta. Resucito el gozo que el dolor te ha robado. Renuncia a todo ese peso y recibe mi gracia. No necesitas llevar esa carga por la que ya pagué para hacerte libre. Encapsulo todo lo que necesitas. Soy suficiente. Descansa en mí y te llenaré tanto, que no habrá espacio para ningún pensamiento contrario.

Como el ciervo anhela las corrientes de aguas, así te anhelo a ti, oh Dios. Tengo sed de Dios, del Dios viviente. ¿Cuándo podrá ir para estar delante de él?

Salmos 42: 1-2

23 DE NOVIEMBRE

Eres capaz

¿Por qué dudas de la grandeza que hay en ti? Eres más capaz de lo que crees. En ti está el aliento de misterio que te di. Te moldeé para ser una expresión única de mi poder creativo. Te lleno con la majestad celestial y te llamo mío.

Ojalá comprendieras cuánto te pareces a mí y supieras cuánto poder hay en ti. Todo el cielo se regocija con los milagros que he hecho en las vasijas humanas. El infierno tiembla cuando caminas en tu identidad. Eres el portador de mi gloria, un creador como yo, el creador maestro. La sabiduría que usé para formar todo lo que ves y las cosas profundas que no ves, residen en ti. Cree en lo que he colocado adentro de ti. Deja de dudar y empieza a correr riesgos. No necesitas otra palabra del cielo, ya la tienes. Toma los primeros pasos y confía en mí para tener puertas abiertas. Si una puerta se cerrara, mantén tus ojos en mí y yo te guiaré a la correcta.

Entonces Pedro lo llamó: —Señor, si realmente eres tú, ordéname que vaya hacia ti caminando sobre el agua. —Sí, ven —dijo Jesús. Entonces Pedro se bajó por el costado de la barca y caminó sobre el agua hacia Jesús, pero cuando vio el fuerte viento y las olas, se aterrorizó y comenzó a hundirse. —¡Sálvame, Señor!— gritó. De inmediato, Jesús extendió la mano y lo agarró. —Tienes tan poca fe —le dijo Jesús—. ¿Por qué dudaste de mí?

MATEO 14:28-31

Soy tu brújula

El camino te ha llevado por mucho giros y desvíos. Te ha llevado a direcciones que no pensabas que podrías ir, pero cuando te das cuenta de que el camino de la vida te ha traído por una travesía inesperada, no temas porque estoy contigo. Ningún camino está más allá del foco de mi radar.

Soy tu brújula y sé cómo dirigirte a través del desierto abrasador a las aguas que refrescan. Esta travesía podría no resultar exactamente como hubieras elegido, pero mi amado, es que todavía no hemos terminado. Sigue esperando en mí, camina conmigo y sujeta mi mano. Soy el hacedor de caminos, soy el camino. Confía en mí más allá del enfoque de tu perspectiva. Tengo un punto de observación mucho más privilegiado. No solo veo tu gloria futura, sino también tu pasado y tu presente, por lo que las tejeré en conjunto para crear algo hermoso. Ya coloqué un camino que es mucho mejor de lo que imaginaste. Las situaciones no siempre resultarán ser lo que esperabas, pero si continúas conmigo, siempre te bendeciré de la mejor manera.

Guiaré al ciego Israel por una senda nueva, llevándolo por un camino desconocido. Iluminaré las tinieblas a su paso y allanaré el camino delante de ellos. Ciertamente yo haré estas cosas; no los abandonaré.

Isaías 42:16

No dejes que los fracasos te detengan

Cada vez que intentas hacer algo y fracasas, yo sigo apoyándote. Como un padre orgulloso, te veo con emoción y confianza, incluso cuando caes. ¡Levántate! ¡Levántate! Límpiate, rechaza el desánimo y vuelve a tratar, una y otra vez. Claro que no se siente bien equivocarse o ver puertas que se cierran en tu rostro, aunque esperabas fueran una gran oportunidad. Pero eso no es problema, porque te estoy formando como un vencedor. Quiero que tengas los deseos de tu corazón.

Los fracasos pueden ser vergonzosos y desalentadores, pero no te definen. Cada paso del camino aprendes, creces y te das cuenta de lo que no funciona y te vuelves en una persona con más destrezas. Pregúntame y te daré los recursos que necesitas para perfeccionar tus sueños, destrezas e ideas. Un día florecerán en la realización hermosa que deseas. Necesitarás valentía, pero puedo dártela en abundancia. No es malo ser un soñador, pero no vivas con la ilusión de que debería ser fácil. ¡Tus sueños lo valen! Toma riesgos, esfuérzate y no dejes que los fracasos te detengan.

Sé vivir con casi nada o con todo lo necesario. He aprendido el secreto de vivir en cualquier situación, sea con el estómago lleno o vacío, con mucho o con poco. Pues todo lo puedo hacer por medio de Cristo, quien me da las fuerzas.

FILIPENSES 4:12-13

Mis planes por ti son extravagantemente buenos

No tienes la menor idea de cuán bueno soy o cuán sorprendentes son mis planes para ti. No puedes separarte de mi amor, fidelidad o bondad. Soy la misma definición. Fue mi bondad la que te llevó al arrepentimiento y es mi bondad la que sigue descubriéndose en tu vida.

No escuches las mentiras del enemigo que te dicen que soy bueno con otros, pero no contigo. Las temporadas de espera no son iguales a las temporadas de negación. Sin embargo, necesitas tener paciencia. Debes rendirte a mis caminos, una y otra vez. En ocasiones, confiar en mí puede lastimarte, porque significa que debes volverte más dependiente de mí que de ti o de cualquier otra persona. Sin embargo, siempre valdrá la pena. La fe es el ingrediente que provoca que surjan mis bendiciones extravagantes. Recuerda la cantidad de veces que he estado por ti. Si lo hice antes, ¿qué te hace pensar que no lo haré de nuevo? Cree en mi poder absoluto y en mi amor inquebrantable por ti. Tengo hermosos planes y gozo inexplicable que están esperando por ti.

Así que el Señor esperará a que ustedes acudan a él para mostrarles su amor y su compasión. Pues el Señor es un Dios fiel. Benditos son los que esperan su ayuda.

Isaías 30:18

Soy el amigo que siempre quisiste

Soy el verdadero amigo que siempre quisiste. Me has llamado muchas veces y te he respondido para estar contigo. Aunque guardas delicadeza, también te he hecho fuerte. ¿Recuerdas cómo tomé tu corazón para ponerlo al fuego y te di la gracia de amarme y buscarme con todo tu corazón? Soy el escudo que te cubre, tu protector fuerte y tu amigo verdadero.

Mi voz te consolará y te traerá paz. Recuerda el consuelo que derramé sobre ti cuando tu corazón estaba quebrantado y no sabías qué hacer. Estuve ahí en esa hora para enmendar tu alma quebrantada y restaurarte para mí. Me acerco a tus debilidades, mi amado, como un río que se acerca a los lugares bajos en el valle. Te llenaré con mi presencia para sostenerte y darte mi amor para empoderarte. Recuerda esto, mi amado, soy tu amigo verdadero.

Hay quienes parecen amigos, pero se destruyen unos a otros;
el amigo verdadero se mantiene más leal que un hermano.

PROVERBIOS 18:24

Recuerda mis promesas

Recuerda las promesas de las que te hablé. No las sueltes. Te prometí vida, fuerza, sanidad y poder. Mis palabras serán la armadura para empoderarte cuando las dudas te asalten por todos lados. Sigue acudiendo a mí y nunca olvides el destino que te prometí, pues tu herencia se recibe por fe.

Toma mi palabra y permite que sea tu fundamento, quédate en ella. Átala alrededor de tus pensamientos y déjala fluir desde tus labios. Todo esto incrementará tu fe. Incluso las promesas que te he hecho personalmente son las promesas en las que debes confiar. No mires a la derecha o a la izquierda, sino mantén tu corazón fijo en mí. Juzga cada palabra profética que recibas por el filtro de mi Espíritu Santo dentro de ti. Deja que tu esperanza se mezcle con las palabras que te doy. No temas a creerme plenamente y de participar en mis promesas. Cada palabra que hablo es vida y trae luz a cada oscuro desfiladero.

El camino de Dios es perfecto. Todas las promesas del Señor demuestran ser verdaderas. Él es escudo para todos los que buscan su protección.

Salmos 18:30

Acepta una nueva imagen de fe

Si hoy contestara a cada pequeña oración como tú lo has pedido, ¿cómo te sentirías? Detente por unos pocos momentos e imagínalo. Deja que tu mente corra salvajemente con la emoción y actividad que ese momento pudiera tener. Has pasado mucho tiempo repitiendo los puntos negativos de hoy. Quiero que corras con plena fuerza a lo positivo.

Colócate en ese momento ahora mismo. ¿Cómo te sentiría? Permítete experimentarlo como si fuera a pasar. ¿A quién le contarías? ¿Cómo lo celebrarías? La sonrisa en tu rostro podría ser la sonrisa que te he dado. El gozo que emerge en ti podría ser el gozo que creé en ti. Sentirías que se levanta la carga de tus hombros.

Hoy, quiero que hagas algo más que solo imaginarlo; quiero que lo aceptes. Te doy permiso para celebrar y sentir la emoción de ese momento, porque después de todo, eso es la fe. Se trata de recibir lo que tengo para ti antes de que realmente lo veas manifestado en tu vida. Empieza a sentirte emocionado y adórame hoy como si ya hubiera contestado, porque ya lo hice.

Estén siempre alegres. Nunca dejen de orar. Sean agradecidos en toda circunstancia, pues esta es la voluntad de Dios para ustedes, los que pertenecen a Cristo Jesús.

1 Tesalonicenses 5:16-18

No te dejes influenciar negativamente

Tu enemigo sabe cómo lastimarte. Incluso vendrá a través de las voces de aquellos que más amas. Por eso quiero que estés atento a mi voz más que a la de cualquiera. Te enseñé a seguir mi voz, sabes su sonido y lo que sientes al oírla. Ahora quiero que te detengas firme y no permitas que las voces de negatividad entren a tu mente.

Mi voz suena a paz. Mi voz es fuerte y con esperanza. Mi voz va llena de aliento y sabiduría, imparte confianza. Te llena con expectativa y optimismo. Te recuerda quién eres y lo hermosa criatura que eres, que eres valiosa y fuerte. Aunque los enemigos traten de silenciar la verdad, tienes poder suficiente para abrazar esa verdad. Aunque la sociedad quiera medirte por lo que haces o cómo te veas, no es cómo te mido o cómo quiero que te midas. Que la medida que uses siempre sea mi gracia, esa gracia que fue derramada por ti porque eres una criatura valiosa. No te dejes influenciar por ninguna otra voz, solo por la mía.

Presto mucha atención a lo que dice Dios el Señor,
pues él da palabras de paz a su pueblo fiel.
Pero no le permitas volver a sus necios caminos.

SALMOS 85:8

Diciembre

Invítame a tu incredulidad

Quiero que sinceramente pienses en cuánto confías en mí. Si dices que confías en mí y luego solo suspiras o caminas por ahí con pesadez, esa sería una señal de que no estás confiando en mí. No quiero que te sientas culpable por carecer de fe, pero sí necesito que me invites a trabajar con ese temor y esa incredulidad. Quiero que camines en una mayor dimensión de confianza. Eso significa que debes soltar el control.

Soy Dios y tú no lo eres. Significa que puedo hacer lo que no puedes y puedo hacer cosas que ni siquiera te han pasado por la mente. No es tu deber arreglar todo ni a todos. Si realmente crees que soy Dios, entonces déjame ser Dios para ti. Permíteme ser el Dios creador de milagros que digo que soy. Cuando realmente confías en mí, el temor no existe. Puedes decir con toda confianza y una sonrisa en tu rostro: «Confío que Dios se hará cargo de esto», para luego caminar por ahí, con la certeza de que así será.

Confía en el Señor con todo tu corazón; no dependas de tu propio entendimiento. Busca su voluntad en todo lo que hagas, y él te mostrará cuál camino tomar. No te dejes impresionar por tu propia sabiduría. En cambio, teme al Señor y aléjate del mal.

PROVERBIOS 3:5-7

Traeré a quien pueda apoyarte

En tu debilidad, descubrirás mi fuerza. Muchas veces derramo esa fuerza mediante las palabras de ánimo y consejo de otras personas. Aunque siempre quiero ser el primero a quien acudas, también quiero que prestes atención a las personas que realmente se preocupan por tu corazón sin ningún interés personal.

Cuando estés en el punto más bajo, permanece ante mí y traeré a ti a personas que sean portadoras de mi corazón. Las colocaré alrededor de ti para ayudarte. Sé con exactitud a quién necesitas en tu vida en el momento preciso que los necesitas. Aunque todavía no las hayas encontrado, van a llegar. Puede ser que no vengan como esperas. A veces su consejo fluirá mediante la enseñanza, ministerio o encuentro profético. A algunas ni siquiera las conocerás en persona. Algunas serán tus amigos queridos o consejeros espirituales. Independientemente de cómo vengan, las palabras de ánimo y el consejo vendrán si mantienes disposición para recibir, te lo otorgaré. Búscame para recibir mi fuerza y pídeme llevarte a las personas que te apoyarán.

Consigue todo el consejo y la instrucción que puedas,
para que seas sabio por el resto de tu vida.

PROVERBIOS 19:20

Mi regalo para ti es hoy

No temas por el futuro, deja de vivir en el pasado. Nada de lo que esté en el pasado tiene soberanía sobre tu vida. Soy el Dios de la eternidad atemporal, pero te doy un día a la vez. Te entrego el tiempo que necesitas para sanar, reír, sopesar, trabajar, descansar y amar. Mi regalo para ti es este día: hoy.

Déjame trabajar en los detalles de mañana. Todo lo que pido es estar presente en lo que hay ante ti hoy. Si existen detalles que deben ponerse en orden, hazlo conmigo, en mi paz. No te enfoques en mañana pensando que perderás la gracia que te he dado hoy, pues hoy es el regalo que te entrego, abrázalo totalmente.

Si este día tiene como propósito traer sanidad para el pasado, entonces entrega todo a la sanidad que trae este día. No vivas en el trauma del ayer. No ansíes la bendición de ayer. Ríe por cada razón que puedes encontrar hoy. Baila como un niño, ama con más intensidad, perdona sin demora y sin reservas. El tiempo seguirá pasando, pero vive un día a la vez, mi gracia te encontrará.

Así que no se preocupen por el mañana, porque el día de mañana traerá sus propias preocupaciones. Los problemas del día de hoy son suficientes por hoy.

MATEO 6:34

Dame el inicio de tu día

Antes de que tu mente empiece a correr con un millón de pequeñas cosas, ven ante mí. Antes de empezar tu día, haz un tiempo para mí y podrás ver el gozo con el que empiezas tu día. Cuando tienes una larga lista de temas que dependen del tiempo para completarlas, haz una pausa y encuentra mi presencia antes de empezar a correr con todo eso. Encontrarás que harás más con una gracia mayor cuando lo enfocas así. Contradice las leyes de la naturaleza. Mi gracia está lista para encontrarte y acelerar todo cuanto tengas entre tus manos, cuando me honras desde el inicio del día.

Así como los recién casados necesitan tiempo para estar a solas, también nosotros. Fuiste creado para disfrutar, momento a momento, las conversaciones que compartimos durante el día, pero debes degustar mi amor en el lugar secreto de tu corazón en esos tiempos apartados en donde me das la honra primero. Te creé con necesidad de tener esos encuentros de amor y sentirás la diferencia cuando lo haces. Te llamo para estar juntos ese tiempo aparte. Puedes tener lo que quieras de mí.

Sácianos cada mañana con tu amor inagotable,
para que cantemos de alegría hasta el final de nuestra vida.

SALMOS 90:14

Enfócate en mí hoy

Hoy, en lugar de sumergirte en el mundo que te rodea, mantente enfocado en mí. Centra tu corazón en mi presencia en donde puedes mantenerte a salvo del caos turbulento. Elígeme primero. Si realmente quieres escucharme, quita todos tus dispositivos y distracciones, y sintonízate conmigo. Espera las instrucciones del cielo. Bendíceme con tu atención, mantente más atento a lo que sucede en ti que en lo que sucede alrededor de ti.

Cuando estás adherido a mí, te conviertes en luz en este mundo de oscuridad. Traes paz a tus argumentos y puedes arreglar las divisiones, porque escuchas mi sabiduría y compasión. Cuando puedas detenerte fuera de la confusión y verla desde el contexto de paz, sabrás orar y ser parte de esas personas que oran llenos de poder. Podrás amar a los enemigos porque entiendes sus palabras y acciones que surgen de situaciones en ellos que solo yo puedo sanar. Mantén tu mente enfocada en mí hoy. Invítame a cada pensamiento y cada emoción.

Piensen en las cosas del cielo,
no en las de la tierra.

COLOSENSES 3:2

Tu quebrantamiento es hermoso

No te avergüences de tu quebrantamiento, porque lo usaré para mi gloria. Tomaré lo que el enemigo ha usado para quebrantarte y daré aliento de fuerza en ti de una forma inimaginable. Aunque el quebrantamiento duele, nos hace compasivos. Te da el entendimiento y la empatía para ver las heridas de los demás. Se convierte en la tierra donde viene el surgimiento de milagros extraordinarios, porque tu quebrantamiento te trae a mí en una sinceridad absoluta y una rendición completa. Este es el lugar de abandono que veo hermoso.

Cuando tu quebrantamiento está abierto, incompleto y en carne viva, voy directo a la herida y la inundo con mi amor. Sé cómo sanarte. Sé cómo sanar tu corazón quebrantado de una forma que nadie más puede. Me derramo en tu quebrantamiento para que puedas sentir plenitud en la profundidad de tu ser. Tu vida se convierte en tierra fértil para que crezcan las semillas de gloria que darán fruto a los milagros de sanidad para tu transformación. Tu quebrantamiento es hermoso cuando te trae a mí en total rendición. Nunca te abandonaré.

El Señor oye a los suyos cuando claman a él por ayuda; los rescata de todas sus dificultades. El Señor está cerca de los que tienen quebrantado el corazón; él rescata a los de espíritu destrozado.

SALMOS 34:17-18

No me retengas nada

Quiero ser Señor sobre cada parte de tu vida, sobre tu gozo y tu dolor, las esperanzas y los temores, las metas y las desilusiones. No quiero que retengas nada. Amado, ven ante mí para que estemos frente a frente. Quédate en mi presencia y pide que mi Espíritu revele las áreas que no has rendido completamente a mí. Es tiempo de que liberes el control de aquellas partes que sujetabas en tu vida.

Deja que mi Espíritu busque en esas cavernas secretas que ocultas en tu corazón. Habrá situaciones y personas que traeré con delicadeza a tu mente. Es importante que no te presiones para regresar a ese momento, sino que lo reconozcas y me lo entregues. Todo dolor, temor, problemas de confianza, malos hábitos, actitudes equivocadas o áreas que sigues reteniendo con fuerza, debes entregármelo. No son tuyos para tener el control. Te amo y te corregiré con amor para acercarte al lugar de seguridad en donde puedes dejar todo eso a mis pies de una vez por todas. Es tiempo de que te levantes a un nuevo nivel de libertad.

Mi antiguo yo ha sido crucificado con Cristo. Ya no vivo yo, sino que Cristo vive en mí. Así que vivo en este cuerpo terrenal confiando en el Hijo de Dios, quien me amó y se entregó a sí mismo por mí.

GÁLATAS 2:20

Recibe la llenura de mi alegría

Soy el Dios con poder de resurrección. Lleno todo lo que está muerto e inerte con una vida llena de alegría. ¿Tienes seres amados que se han apartado de mí? Reclama mi poder de resurrección sobre su corazón sofocado. Sé cómo cortejar el corazón de aquellos a quien he creado. ¿Tienes sueños que han sido enterrados en la tumba de la desilusión? Déjame darles a esos sueños una nueva vida. Volveré a despertarlos y los limpiaré. Les daré una sabiduría, creatividad y favor fresco.

Yo soy el Dios que obra milagros. Cuando permaneces en fe y crees que nada es difícil para mí, cumplo con esa fe y me muestro fuerte. No importa cómo se perciben las situaciones por fuera. Recibe una nueva comprensión de mi poder. Formé la tierra, las estrellas y los mares. Respiro vida en cada viento. Soy el escultor de tu estructura e hice los caminos para cada vena. Creé tus tejidos desde la sustancia del amor. Déjame ser el Dios cuyo mero nombre es vida. Te mostraré mi poder de resurrección en tu vida.

Dado que fuimos unidos a él en su muerte,
también seremos resucitados como él.

ROMANOS 6:5

Levanta tu mirada a mi amor

Asegura la eternidad y permanece en esa posición. No bajes tu mirada a las situaciones que atraviesas. Cada vez que el enemigo lanza una situación a tu vida que detone ansiedad, pelea. Elige levantar tu mirada de atención a mi amor, mi fidelidad y mi bondad. Sé que estás tratando de estar en paz. Escuché tu clamor de ayuda, ya te he contestado.

Amado, no solo estoy contigo, estoy vivo adentro de ti. Si te sientes abrumado, cargado y estresado, no es porque no tienes la capacidad de quitarte todo eso de encima, sino porque no has soltado totalmente el problema para dejármelo a mí. No estás confiando del todo en mí. Me conoces y conoces mi amor. Conoces que soy todopoderoso, pero crees la mentira de que no vendré en tu ayuda. Crees que el peso es demasiado para ti, y crees más la idea de que no voy a llevar tu carga. Sé que has esperado mucho, pero no ves toda la imagen. Los días pasan siempre, así que en lugar de pasar tiempo preocupándote, pasa tiempo en conocerme mejor. Pasa los días disfrutando todas las pequeñas cosas buenas que trae el día.

Luego dijo Jesús: «Vengan a mí todos los que están cansados y llevan cargas pesadas, y yo les daré descanso».

MATEO 11:28

Mi palabra resiste las pruebas

La batalla en la que estás tratará de sacudir los fundamentos de tu fe. No quiero que te derrumbes ante la agresión. Te he dado lo que necesitas para superar la situación. Es tiempo de tomar la espada de mi palabra y atravesar las mentiras y la oscuridad. Envuélvete en la luz de mi palabra. ¡Mantente firme y habla con verdad! No tienes que gritarla, no tienes que repetirla como si se tratara de un amuleto mágico. Lo que necesitas es sumergirte en esta verdad y atesorarla en tu mente y en tu boca.

Mi palabra es fiel y verdadera. Ha pasado las pruebas de las llamas de la aflicción y ha sido puesta a prueba en tiempos similares a este. Ahora bien, tú también ponla a prueba, ¡el enemigo saldrá huyendo cuando lo hagas! Sí, estás en una batalla, pero la justicia se encargará de ganarla. Mi palabra tiene el poder de redimir cualquier situación. Brilla en los valles oscuros y expón las mentiras. Ilumina las áreas en tu vida en donde no has dejado que brille la luz. Revela las áreas donde hay dudas. Purifica. Mi amado, pon en práctica la verdad de mi palabra, ponla a prueba.

Las promesas del Señor son puras como la plata refinada en el horno, purificada siete veces.

SALMOS 12:6

Aparta el tiempo para los encuentros gloriosos

Soy la fuente inagotable de amor, misericordia y provisión. Nunca verás el fin del amor que tengo por ti. Sin importar cuánto hayas caminado conmigo, siempre hay nuevas vías para descubrir. Pídemelo, y te guiaré a tener grandes encuentros de gloria, revelación y dicha santa.

Las realidades tangibles de mi cercanía están disponibles para quienes se atreven a creer, para quienes están dispuestos a tomarse el tiempo para buscar mi rostro y para quienes no solo quieren un encuentro ocasional, sino desean algo más. Piensa en las historias más radicales que has escuchado de cuando el cielo llenó vidas en la tierra, ahora lleva a tu corazón la idea de que quiero incluso algo más para ti. No existe límite para mi amor, no hay límite para cuán profundo puedes ir. La impaciencia tratará de presionarte para que te preocupes por el tiempo, pero debes venir a mí y mantenerte en mi presencia. Quédate ahí hasta que todo el sentido del tiempo y el espacio desaparezca en la distancia y te haya arrastrado la corriente de mi gloria. Amado, aparta tiempo para mí. Haz que nuestra relación sea una prioridad.

Nosotros sabemos cuánto nos ama Dios y hemos puesto nuestra confianza en su amor. Dios es amor, y todos lo que viven en amor viven en Dios y Dios vive en ellos.

1 Juan 4:16

Despierta la pasión del primer amor

¿Recuerdas el gozo que llenó tu corazón cuando empezabas a caminar conmigo? ¿Recuerdas cuándo te diste cuenta con cuán grande amor te amaba? ¿Recuerdas el hambre y la sed que tenías por conocer mi verdad, o la forma en la que te saludaba cada día porque te consumía el conocerme? Yo sí lo recuerdo. Recuerdo la pasión que despertó en tu corazón.

Mi amado, te invito a recordar esa pasión del primer amor nuevamente. Siempre te acerco a mí y estoy avivando las llamas del deseo sagrado en ti. ¿Puedes sentirlas elevándose ahora? Mi deseo para ti es que finalices este año consumido por mi amor sagrado y que nada pueda aplacarlo. Quiero que te sumerjas en tiempo de oración y devoción que te consuman, que te cambien, que llenen cada fibra de tu ser. Quiero lanzar en ti un año completo de encuentros sagrados. No tienes que esperar hasta enero. Quiero que vivas la gloria brillante, gloriosa y consumidora de mi amor hoy. Despierta la pasión del primer amor.

Ponme como un sello sobre tu corazón, como un sello sobre tu brazo. Pues el amor es tan fuerte como la muerte y sus celos, tan duraderos como la tumba. El amor destella como el fuego con la llama más intensa.

CANTARES 8:6

Descubre mi corazón

Preparé un lugar para que descanses, es un oasis de mi presencia. No te quejes de tener épocas de quietud y espera. Este es el lugar, en la quietud silenciosa, donde recibes la frescura y te preparas para la siguiente estación. Oigo tu clamor de caminar en mis caminos, pero primero, quiero que descubras mi corazón. Aquí en este lugar sagrado te impartiré todo lo que soy.

Sigue pidiendo, pues mantendré mi palabra de satisfacer tus anhelos. Deseo que compartas a otros lo que te he dado a ti, pero no quiero que se convierta en lo que más anhelas. Anhela mi corazón y conóceme en una forma más profunda en donde la ministración será un derivado natural de nuestra relación. Sigue buscándome para la nueva expresión de mi Espíritu y poseerás mi reino en plenitud. Sigue tocando la puerta que está enfrente de ti y esta se abrirá y te llevará a mis alcobas en donde todos clamaremos: «¡Gloria!».

«Así que les digo, sigan pidiendo y recibirán lo que piden; sigan buscando y encontrarán; sigan llamando, y la puerta se les abrirá».

Lucas 11:9

Necesitas reír

Te creé con gran gozo. Bailo por ti, canto por ti y doy giros contigo con el corazón de un Padre hacia su hijo. Me conmueves y me traes más placeres de los que te imaginas. Amado, es tiempo para que tomes mi gozo, es tiempo de vivir a un nivel más alto. Déjame ir quitando las capas de la pesadez que la vida ha colocado en ti para que puedas abrazar mi gozo.

No soy de mano dura, no soy el epítome del gozo. Te creé para disfrutar. La risa es como una medicina y te la ofrezco sin medida. No tomes la vida tan seriamente que olvides disfrutarla. No olvides disfrutar la vida por miedo a que la pudieras perder. Quiero que te llenes de un gozo inexplicable. Las lágrimas de gozo reemplazarán las lágrimas de dolor. El gozo abrirá la cerradura de las cadenas que te tienen oprimido. Pero no debes solo recibirlo, sino también interactuar con el gozo. Amado, significa que debes reír. Sí, ¡ríe a todo pulmón! Las cargas no quieren que seas libre. El orgullo quiere que vivas avergonzado, pero el gozo es la llave que necesitas hoy para ser libre. Hoy, ¡ríe a propósito!

Los humildes se llenarán de una alegría nueva de parte del Señor;
los pobres se alegrarán en el Santo de Israel.

Isaías 29:19

Déjame enseñarte de nuevo

Mi hijo, quiero enseñarte cosas que nunca has conocido. Quiero que vuelvas a aprender las lecciones que crees que captaste. Solo porque me revelé a ti y derramé mi revelación, no significa que ya seas un maestro de todo este conocimiento. Déjame desenterrar las piedras preciosas ocultas de mi sabiduría para ti. Desenterremos juntos y te enseñaré grandes cosas.

Quiero iluminar tu entendimiento. Quiero que me encuentres, que sepas que estoy viviendo adentro de ti y llegar a estar tan enraizado en tu identidad que las pruebas no puedan desequilibrarte. Quiero que aprendas a saber cómo conquistar las batallas del reino terrenal al permanecer fijo en la esencia de mi Espíritu contigo. Abraza los misterios de mi reino. Siéntete cómodo con los misterios de la creación y la maravilla de mi misericordia. Sumérgete en los misterios del reino celestial. Sigue elevándote y te enseñaré otras formas de una fe inagotable e insondable. Hay mucho por aprender, mucho más de lo que puedas imaginarte.

Cuando Jesús terminó de decir esas cosas, las multitudes quedaron asombradas de su enseñanza, porque lo hacía con verdadera autoridad, algo completamente diferente de lo que hacían los maestros de la ley religiosa.

MATEO 7:28-29

Prolonga la gracia

Recuerda mostrar gracia a otros de la misma forma en la que tú la necesitas. Prolonga la gracia porque entiendes qué significa ser mal entendido. Cuando aquellos que deberían celebrarte te subestiman, pregúntame por qué. Podría sorprenderte conocer el dolor que están llevando. Las palabras de aquellos que te reprenden son indicaciones del odio que sienten por sí mismos. Una persona que no da amor, con frecuencia es alguien que no ha recibido el amor que necesita. ¿Los amarás en mi nombre? ¿Podrás verlos a pesar de sus acciones y encontrar mi corazón?

Sé cuidadoso con la forma en la que juzgas el corazón de quienes te rodean. Es fácil justificar tu ira y dolor, pero te llamo a un estilo de vida mucho más alto. Te he colocado en lugares oscuros porque sé que estás lleno de luz. ¿Brillarás por mí? ¿Permitirás que la misericordia y la bondad suavicen su duro corazón? Ves el exterior, pero yo veo en las cavernas ocultas de su corazón. Veo su gran necesidad y te pido que oren por aquellos que hablan mal de ti. Déjame llenarte tanto que rebosarás en donde quiera que vayas.

No juzguen a los demás, y no serán juzgados. Pues serán tratados de la misma forma en que traten a los demás. El criterio que usen para juzgar a otros es el criterio con el que se les juzgará a ustedes. ¿Y por qué te preocupas por la astilla en el ojo de tu amigo, cuando tú tienes un tronco en el tuyo?

MATEO 7:1-3

Debes aprender a descansar

Hay épocas para pelear y épocas para descansar. Debes descansar en épocas en donde la paz pareciera nada más que un artefacto empolvado y no puedes encontrar las palabras adecuadas para orar, mucho menos puedes recordar cómo lanzar un grito de guerra. Debes dejarme ser tu máximo protector. Debes confiar en que estarás seguro en mis brazos; esos brazos que estuvieron abiertos en total rendición al Padre, de la manera en que tú deberías rendirte a mí. ¿Me dejarás pelear por ti?

No te pido que te acuestes y te rindas, sino que debes estar de acuerdo con permanecer en quietud en medio de la batalla. Debes escuchar cuando te anime a ir a descansar. Debes confiar en mí lo suficiente para darte la oportunidad de descansar, a darte permiso a dejar de pensar y a encontrar un respiro en mi presencia para que puedas recibir una nueva estrategia que se vea totalmente diferente a lo que esperas. Quiero enseñarte lo que no puedes enseñarte a ti mismo. Sabes cuándo impulsar, declarar, pelear y danzar sobre el dolor, pero también debes aprender a descansar.

Su brazo izquierdo está debajo de mi cabeza,
y su brazo derecho me abraza.

Cantares 2:6

Encuentra gozo en algo nuevo

Estos son los días de descubrimientos. Me descubrirás en lugares ocultos en formas que eran desconocidas previamente. Te estoy llamando a nuevas experiencias, a que disfrutes de aventuras vívidas y espirituales. La vida no debe ser aburrida, ni monótona. ¡Es tuya para que la disfrutes! Quiero que me pidas que te guíe en estos tiempos y lugares de aventura, nos importa si son grandes o pequeños.

Es momento de alejarte de la seguridad de lo que ya conoces, haz algo nuevo, haz algo totalmente radical. Desafíate y acomódate a la incomodidad. Enfrenta el miedo y ríete en su cara. Haz cosas a las que les tenías mucho miedo intentar. Sepárate de la procrastinación de una vez y por todas. Toma el riesgo. Quizás encuentres exactamente lo que has buscado en los mismos lugares en donde has tenido miedo de ir. ¿Sientes que te estoy impulsando? No olvides que mi Espíritu te da avisos suaves. Me encontrarás en los lugares menos probables. Encontrarás gozo en lo desconocido. ¡Sé audaz y haz algo nuevo!

Pero olvida todo eso; no es nada comparado con lo que voy a hacer.
Pues estoy a punto de hacer algo nuevo. ¡Mira, ya he comenzado!
¿No lo ves? Haré un camino a través del desierto;
crearé ríos en la tierra árida y baldía.

ISAÍAS 43:18-19

Te creé para conocer el gozo inexplicable

Te creé para ser feliz, razón por la cual se siente tan mal estar estresado, preocupado y ansioso. No puedes manejar las acciones de los demás, pero lo que sí puedes, con mi ayuda, es manejar las tuyas. Puedes aprender a encontrar paz en las tormentas. Puedes encontrar el gozo a pesar de tus circunstancias. Puedes aprender a que dejen de importarte las opiniones de los demás. Yo soy el único que te define.

Quiero que experimentes una vida de gozo y paz radical que no dependa de tus circunstancias. Quiero que busques lo mejor, que veas las cosas desde mi punto de vista y que busques una vida gratificante. El gozo es mucho más profundo que la felicidad. El gozo desafía las pruebas, se atreve a reír, incluso cuando el infierno se quiere acercar. Confía en mi amor, es gratuito. Vive en una anticipación radical de bien. Una vida de gozo es una vida que no ignora el dolor, pero está cimentada en la realidad de mi presencia en cada situación. Así es el gozo, mi gozo, el cual se incrementa en ti para hacerte fuerte.

Le pido a Dios, fuente de esperanza, que los llene completamente de alegría y paz, porque confían en él. Entonces rebosarán de una esperanza segura mediante el poder del Espíritu Santo.

Romanos 15:13

Conoce mi Espíritu Santo

Quiero que cultives una amistad con mi Espíritu Santo para depender total y completamente en esta parte de mi trinidad. Conoce a mi Espíritu Santo porque Él te conoce y te ama con pasión innegable. Abraza el hecho de que, Dios trino planificó tu relación con mi Espíritu Santo desde el principio. El regalo de la cruz te permite tener la bendición de mi Espíritu en ti para que tengas esta parte de mí como un regalo de amor inmensurable, el cual nos costó todo.

Quiero que sientas mi presencia en todo tiempo, que sientas que desde adentro te atraigo, que deseo que me conozcas como tu ayudador, tu maestro y quien te trae paz. Llámame cuando me necesites, cuando estás seguro de mi presencia, cuando necesites sabiduría, gracia, paz y fuerza, ¡cuando necesites cualquier cosa! Me honra que me necesites. No tienes que sentirte avergonzado por depender totalmente de mí, pues te guía a un estilo de vida de comunión santa conmigo. Recuéstate y escucha. Oirás la voz de mi Espíritu Santo.

Aférrate al modelo de la sana enseñanza que aprendiste de mí, un modelo formado por la fe y el amor que tienes en Cristo Jesús. Mediante el poder del Espíritu Santo, quien vive en nosotros, guarda con sumo cuidado la preciosa verdad que se te confió.

2 TIMOTEO 1:13-14

Cambia tus pensamientos

Presta atención a lo que estás pensando. Quiero ser Señor de cada pensamiento, tanto consciente como subconsciente. No dejes que tus pensamientos te arrastren por tu mente sin siquiera saber si se fundamentan en verdades o mentiras. No ignores las sensaciones súbitas de recuerdos dolorosos de algunas situaciones, pues reconocerlas y hablarme de ellas son importantes para empezar con la sanidad. Los pensamientos estresantes que te bombardean o no te dejan en paz traen mentiras atadas. Ven a mí y dejemos en evidencia cada mentira.

Intercambia tus pensamientos de preocupación o dolor y fíjalos en mí. Permite que tu mente se establezca en la verdad de mi palabra y en el poder de mi amor por ti. No aceptes establecerte por menos de lo que yo te ofrezco en mí. Sé cómo limpiar la mente que creé. Sintoniza mi voz. Renueva tu mente al llenarte con mi palabra. Busca mi Espíritu en momentos de quietud y contemplación. Permanece en mi presencia y dejaré en evidencia las mentiras que has estado pensando.

En cambio, dejen que el Espíritu les renueve los pensamientos y las actitudes. Pónganse la nueva naturaleza, creada para ser a la semejanza de Dios, quien es verdaderamente justo y santo.

EFESIOS 4:23-24

Siempre anhela más de mí

Hay muchas personas que se conforman con muy poco cuando yo tengo tanto por darles. Dado que has anhelado todo lo que tengo, lo vas a tener. Tu deseo por mí ha capturado mi corazón, mi amado. Ahora, verás que hago más por ti en esta época de lo que jamás hayas experimentado. Debido a que me amas, derramaré de mi corazón en ti y te unirás a mi gloria.

Fuiste creado para mí. Eres un portador de mi gloria, destinado a vivir mi presencia en formas nuevas, sin precedentes, a medida que busques más. Puedes tener tanto cuanto desees de mí. Solo acércate, día a día. Cree en mi deseo de bendecirte. Disfruta en la forma tangible de mi presencia y date cuenta de que siempre hay más, siempre tendremos encuentros profundos para que disfrutes, siempre tendré descubrimientos hermosos que pueda revelarte. Tu hambre de más intimidad conmigo me complace. ¡La tendrás!

Es privilegio de Dios ocultar un asunto,
y privilegio del rey descubrirlo.

PROVERBIOS 25:2

Abro la puerta del destino

Estoy a punto de llevarte a un lugar donde nunca has estado antes, un lugar de contentamiento y paz que el mundo no puede impartir, un lugar de favor y estabilidad, un lugar de gozo. Te he preparado toda tu vida para llegar a este día de tu destino. Cada retroceso, cada vez que cediste tu corazón a circunstancias desagradables fueron los escenarios para mis bendiciones inminentes.

La época que viene será extraordinaria y llena con deleite. Las respuestas a las oraciones por las que clamaste hace mucho tiempo, están por llegar. Lo que parecía ser un retraso tras otro tendrá sentido y verás que las nubes se abren y la luz de gloria brillará ahí. Te he sostenido en todo el camino, en especial cuando se sentía que habías perdido tu punto de apoyo. Alinea tus pensamientos y tus expectativas con mis promesas y no te permitas tener miedo a creer. Elimina la duda y elige abrazar una fe radical. Soy más grande que tus sueños, más grande que tus planes y más grande que lo que tus pensamientos pudieran ser algún día, te llevaré a tu destino.

Y ahora, que toda la gloria sea para Dios, quien puede lograr mucho más de lo que pudiéramos pedir o incluso imaginar mediante su gran poder, que actúa en nosotros.

Efesios 3:20

Te daré los ojos de la fe

Muchos, cuando ven al horizonte lleno de nubes solo se imaginan que se acerca una tormenta. Pero en tu caso, con tus ojos de fe verás las nubes de gloria. Ezequiel vio nubes y en medio de la tormenta estaba un hombre vestido de fuego, rodeado de resplandor y gloria. ¿Qué ves en la tormenta? Si todo lo que ves es oscuridad y caos, pídeme que ajuste tu visión. Ayudaré a que tus ojos se enfoquen en una realidad mayor, así verás que estoy obrando en la tormenta.

Una fe que remonta te traerá a mis caminos. Una fe caída te llevará a los caminos del hombre, en los que solo verás lo que el humano ve y creerás solo lo que el humano cree. Nunca permitas que tu fe se establezca en las palabras de los hombres, sino en las palabras vivas de Dios. Cuando sientas los vientos, aguarda a que me revele en ellos. Mi palabra es más grande, mi fuerza es más fuerte y mi propósito es más glorioso que cualquiera que pudiera encontrarse en la tierra. Es posible ver desde mi punto de vista y vivir con los ojos de la fe.

La fe demuestra la realidad de lo que esperamos;
es la evidencia de las cosas que no podemos ver.
Por su fe, la gente de antaño gozó de una buena reputación.

HEBREOS 11:1

La familia es mi regalo extravagante de amor para ti

El clamor de mi corazón suena de un confín de la tierra al otro. Hace eco en toda la eternidad. Dentro de los milagros de mi nacimiento, liberé un mensaje simple, pero profundo: quiero que seas parte de mi familia. Sin importar lo que hayas hecho, te amo y te he llamado para encontrar tu hogar en mi presencia.

Fui enviado a la tierra para abrir el camino y para que puedas acercarte, experimentar el impacto del amor radical sobre tu vida. Tienes mi permiso de acercarte como un niño, sin ningún obstáculo en nuestra relación. Ven sin inhibiciones. Haré que tu corazón se agrande para que puedas recibir más de mi amor, e incluso más. Quiero que te sientas bien en mi presencia, que rías, bailes, que descanses y que te sientas a gusto para que sepas que soy mejor que cualquier familia en la tierra. Tu lugar en mi familia te dará propósito. Sin importar qué pase, no te rechazaré. Acepta mi regalo extravagante de amor. Acepta mi nombre para ti.

Pero a todos los que creyeron en él y lo recibieron, les dio el derecho de llegar a ser hijos de Dios.

JUAN 1:12

Tu vida en redención despertará a otros

Eres el despertador de los demás. Cuando ellos sean testigos de lo que estoy haciendo en tu vida, muchos verán y confiarán en mí. Se acercarán a un lugar más profundo en mí, porque te han visto rendirte y han visto tu obediencia a mi llamado. Mueve tu corazón más cerca de mí y la sombra de mi poder descansará sobre ti. No mantengas pasividad en este momento, sino pasión para alcanzar todo lo que tengo atesorado para ti.

Nunca desestimes el poder de tu vida en rendición. Muchos te dirán que te quedes en donde estás, que te quedes en la seguridad de lo que conoces por temor a salir de la barca, en lugar de caminar sobre el agua. Mantén tus ojos en mí y asume una posición de fe. Te tengo. Tu historia será la lumbrera que encienda la fe apasionada en los corazones de otros. Acércate y te profundizaré en el reino de mi gloria hasta que todo lo que se pueda en ti sea mi esplendor. Tu vida de metas apasionadas se aparta de aquellos que se estancan por menos. Gracias, mi amado, por nunca estancarte por menos que lo mejor que te ofrezco.

¡Levántate, Jerusalén! Que brille tu luz para que todos la vean. Pues la gloria del Señor se levanta para resplandecer sobre ti.

Isaías 60:1

Eres libre de ser tú mismo

No te compares con los demás. Quiero que sientas seguridad en ti, te creé para que fueras así. Tienes la libertad de guiarte con mi Espíritu en lugar de seguir las tendencias actuales. Eres libre de hacer lo que es correcto para ti, para tu familia, para tu grupo y para tu negocio. La forma en la que otros viven no es la única correcta. No tienes que seguir a los demás porque así se espera. Debes saber que soy el único que te guía. Las reglas de otros no son necesariamente mis reglas para ti.

Al estar conmigo puedes sentir esa seguridad. Eres libre de ser tú mismo. La expectativa de la sociedad tiende a cambiar con el tiempo, pero yo no. Toma la verdad para ti: mi verdad. Esta verdad es perfecta para ti y tu familia. La gente podría tratar de convencerte de que su forma de vivir es la forma adecuada, dirán que son más felices por ello. Aunque pudiera ser cierto, no quiero que sigas a otros solo porque parecen estar felices. También tendrán sus propias dificultades. Quiero que *me* busques para tu camino, para saber la forma en la que quiero que vivas, comas, te ejercites y adores. Mantén la tranquilidad en tu particularidad. Descubre lo que te hace una persona más feliz cuando me buscas para tomar cada una de tus decisiones.

Me ves cuando viaje y cuando descanso en casa. Sabes todo lo que hago. Sabes lo que voy a decir incluso antes de que lo diga, Señor.

SALMOS 139:3-4

Quiero que persigas tus sueños

Amado, he colocado un destino en ti. Cuando sientas que fluyen sueños y que no puedes escapar de ellos, corre con ellos. Deja de presentar excusas explicando por qué no has cumplido tus sueños. Búscame para encontrar sabiduría. Si realmente quieres ver que esos sueños vienen para quedarse, necesitarás esforzarte y comprometerte. Es tiempo de ser la mejor versión que puedes ser. Crea tus hábitos de diligencia, el hábito de perseguir tus sueños. ¡Eres valioso y capaz!

Depende de ti elegir los deseos más grandes sobre distracciones temporales. Aléjate de las cosas que malgastan tu tiempo y elige ir detrás de lo que más deseas. Te creé para que tengas éxito. No significa que no fallarás. Significa que habrá lecciones que aprenderás en el camino. El fracaso te impulsa a seguir viviendo en oración. Te conduce a mi presencia para buscar más sabiduría. Los obstáculos en las carreteras solo sirven para darnos a conocer que existen otras rutas. Nos dan una perspectiva diferente al permitirnos tomar una vía paralela para ver lo que nos hemos perdido. Podrían ser plataformas de lanzamiento a diferentes dimensiones de tus sueños, aquellos que todavía no has tomado en cuenta.

Porque ustedes saben que, siempre que se pone a prueba la fe, la constancia tiene una oportunidad para desarrollarse. Así que dejen que crezca, pues una vez que su constancia se haya desarrollado plenamente, serán perfectos y completos, y no les faltará nada.

Santiago 1:3-4

Es importante que encuentres a las personas correctas

Quiero rodearte de personas que te animen y te apoyen, personas que no solo vean oro en ti, sino que acepten el llamado a encontrar el tesoro escondido. Amado, mereces tener personas que caminen contigo para apoyarte, para acompañarte en las dificultades y ayudarte a ser mejor persona.

Mereces amistades y mentores reales y significativos. También tienes mucho por compartir con los demás. Si estás en un lugar en donde no te sientes valorado o con suficiente apoyo, si no has encontrado un grupo con una mentalidad parecida a la tuya, pide mi dirección. Te llevaré hasta donde están esas personas que amarás conocer. También necesitaré que hagas tu parte, que aceptes y te relaciones con ellos. No abandones las oportunidades que pongo delante de ti. Existen épocas cuando podrías sentir que nadie te entiende, épocas cuando te he dejado aparte para que puedas venir y crecer en mí. Pero también hay ocasiones en las que debes participar en la comunidad y con las amistades. ¡Es tiempo de encontrar a tus personas correctas!

Hay quienes parecen amigos, pero destruyen unos a otros;
el amigo verdadero se mantiene más leal que un hermano.

PROVERBIOS 18:24

Mi silencio es útil como una lección

Incluso cuando no puedes sentirme, aquí estoy. Escucho cada oración y veo cada suspiro de tu corazón. Conozco cada pensamiento que viene a tu mente. Estoy contigo en este preciso instante. Te prometo que nunca te dejaré. A veces podría sentirse como que me alejo y te dejo sin dirección o sin el sonido de mi voz, pero no es así. Mi aparente silencio es una lección, un recordatorio a estar en quietud y encontrarme al aceptar esa paz que quiero que encuentre tu mente.

No significa que no esté hablando. A veces, estoy hablando en una forma que no reconoces. Presta atención a las pistas que te rodean en la vida. Hablo de muchas formas y a través de muchos instrumentos diferentes. Recuerda la gran cantidad de veces que te llevé a respuestas en formas sorprendentes. Sé cómo llevarte a donde necesitas ir. Nunca te he fallado y nunca te fallaré. Siempre recuerda que soy fiel. Si todo lo que escuchas es silencio, mantén ese silencio, que me encontrarás ahí.

Que todo mi ser espere en silencio delante de Dios,
porque en él está mi esperanza. Solo él es mi roca
y mi salvación, mi fortaleza donde no seré sacudido.

SALMOS 62:5-6

Te hice para ser poderoso

Es tiempo de ser la mejor versión de ti de lo que puedes ser. Es tiempo para ti de tomar una posición y abrazar la felicidad. Es tiempo de dejar de culpar a otros por lo que has hecho o has dejado de hacer. Es tiempo de dejar de suponer por qué no proveo cosas para las cuales te di el poder de alcanzar. Es tiempo de reír más, de dejar las excusas, de detenerte a ver tu situación como si no tuviera esperanza. Es tiempo de avanzar algunos pasos, no importa cuán pequeños, pero caminar hacia tus sueños. ¡Te he creado con poder!

Quiero que te hagas cargo de tu vida conmigo a la cabeza. Quiero que encuentres el equilibrio en tu vida y me busques para pedir sabiduría sobre cómo administrar tu vida. Quiero que tengas el tiempo para trabajar, jugar, para la familia, los amigos, los pasatiempos y para disfrutar mi presencia. Quiero que ames tu cuerpo y creas en ti. Quiero que vayas a la raíz de los problemas que te han lastimado. No eres una víctima. ¡Eres un paquete perfecto de poder y gloria ilimitada! Estoy de tu lado. Camina sobre cada obstáculo y observa cuán poderoso eres.

Pues todo lo puedo hacer por medio
de Cristo, quien me da las fuerzas.

FILIPENSES 4:13

Acerca de los autores

Brian Simmons es conocido como un seguidor apasionado de Dios y es el traductor en jefe de la versión *The Passion Translation*®, que es una nueva traducción de la Biblia escrita al nivel del corazón. Esta traducción trasmite la pasión de Dios por su pueblo y su mundo. Traduce el mensaje que cambia vidas desde la versión original de la palabra de Dios para los lectores modernos. Brian y su esposa, Candice, viajan todo el tiempo como expositores y maestros de la Biblia.

Gretchen Rodríguez es la coautora de tres libros junto a Brian Simmons: *Prayers on Fire, The Divine Romance* y *Ever Present Love.* Su corazón arde con un mensaje principal: intimidad con Jesús y el descubrimiento de la realidad de su presencia. Durante nueve años, Gretchen y su esposo vivieron como misioneros en Puerto Rico junto a sus hijas. En la actualidad viven en Redding, California. Para conocer más de Gretchen, visita su sitio web: gretchenrodriguez.com.